"美丽中国系列"丛书编委会

美丽中国系列

美丽中国先行区建设

贾卫列　蔡颖萍　沈琪霞——编著

云南人民出版社

图书在版编目（CIP）数据

美丽中国先行区建设 / 贾卫列, 蔡颖萍, 沈琪霞编
著. -- 昆明 : 云南人民出版社, 2025. 5. -- (美丽中
国系列). -- ISBN 978-7-222-23778-0

Ⅰ. D614

中国国家版本馆CIP数据核字第2025MJ5450号

项目策划：李银和
项目统筹：陈　晨
特约编辑：顾　颖
责任编辑：陈　晨　欧　燕
责任校对：董　毅
责任印制：代隆参
装帧设计：王冰洁　越凡文化

· 美丽中国系列 ·

美丽中国先行区建设
MEILI ZHONGGUO XIANXINGQU JIANSHE

贾卫列　蔡颖萍　沈琪霞　**编著**

出　版　云南人民出版社
发　行　云南人民出版社
社　址　昆明市环城西路609号
邮　编　650034
网　址　www.ynpph.com.cn
E-mail　ynrms@sina.com
开　本　720mm×1010mm　1/16
印　张　14.25
字　数　250千
版　次　2025年5月第1版第1次印刷
印　刷　昆明德厚印刷包装有限公司
书　号　ISBN 978-7-222-23778-0
定　价　58.00元

如需购买图书，反馈意见，请与我社联系。
图书发行电话：0871-64107659

云南人民出版社微信公众号

人类文明的进步史，本质上是一部人与自然关系的演进史。从"敬畏自然"到"征服自然"，从"掠夺开发"到"和谐共生"，人类在探索中不断校准与生态共处的坐标。在当代的全球文明进程中，"生态"这一古老却历久弥新的命题，正以前所未有的紧迫性和战略高度，重塑人类社会的思想格局与发展范式。

2012年11月，党的十八大报告提出："努力建设美丽中国，实现中华民族永续发展。"在人类文明处在转折的时刻中，美丽中国建设是引领中国未来发展的关键词之一，不仅给全国人民描绘了一幅未来中国的秀美画卷，明确了我们的奋斗目标，同时也为全球生态文明建设提供了一种极具现实意义和未来导向的"中国方案"。

经过十余年持续努力，生态文明建设已由理念提出、制度设计，迈入全面实施、系统深化的新阶段。我国从顶层战略的布局到具体政策的落地，从环境质量的明显改善到治理能力的整体跃升，"美丽中国"正逐步由愿景走向现实，由蓝图演变为一幅幅可见、可感、可持续的生态画卷。

回顾我国开启的生态复兴历程，"美丽中国"理念提出以来，神州大地上演着生态觉醒的壮阔史诗。无论身处大江南北的任何地方，污染防治攻坚战让蓝天白云不再是奢侈品，山水林田湖草沙系统治理使大地重披锦绣，中国生态文明建设的创新实践持续展示生态治理的成效。2023年12月，中共中央、国务院印发《关于全面推进美丽中国建设的意见》，系统擘画了新阶段美丽中国建设的目标愿景和任务路径，标志着美丽中国建设进入全面推进、纵深实施的新阶段。2025年1月，国务院办公厅转发了《关于建设美丽中国先行区的实施意见》，生态环境部牵头并会同多

美丽中国先行区建设

个部门出台了《美丽城市建设实施方案》《美丽乡村建设实施方案》，初步构建起以"1+1+N"为主体架构的政策体系，统筹推进城市、乡村和区域多层次的绿色发展与生态文明建设。我们看到的不仅是政策文本的迭代升级，更是一个古老文明对可持续发展道路的哲学思考："如何在高质量发展中守护生态根脉？怎样在现代化进程中留住乡愁记忆？"

严格遵循国家的战略部署，结合中国各地美丽中国建设的实践，"美丽中国系列"丛书的编纂，以大众的视角解构这场波澜壮阔的生态变革。《美丽中国先行区建设》解码制度创新与路径突破，展现绿色发展高地的打造、美丽区域建设和政策机制的创新；《美丽城市建设》聚焦空间治理智慧，探索绿色低碳、环境优美、生态宜居、安全健康、智慧高效的城市建设，探索以城市为载体的美丽中国建设实践路径；《美丽乡村建设》深入肌理，从中国传统乡村的生态环境综合治理到乡村优秀的生态文化的复兴，诠释以"千万工程"为标志的乡村振兴何以让乡土中国焕发时代生机。三本读物既独立成篇又浑然一体，犹如三棱镜折射出中国在引领人类文明的生态复兴征途上的多维光谱。

"美丽中国系列"丛书虽然定位于让公众了解、领会、参与、贡献美丽中国建设的实践，但其深层价值在于超越就环境谈环境的窠臼。当我们将生态治理置于百年未有之大变局中审视，会发现它既是应对气候危机的全球治理命题，更是关乎文明存续的人类终极课题。中国用不足全球9%的耕地、6%的淡水资源，支撑着近20%人口走向生态现代化。我国已构建了全球最大、发展最快的可再生能源体系，建成了全球最大、最完整的新能源产业链；我国还是全球"增绿"最快最多的国家，贡献了全球1/4的新增绿色面积。这场人类历史上规模最大的生态文明实践，正在创造一种新的文明范式——它不追求征服自然的快感，而是探寻天人合一的智慧；不迷信消费主义的增长，而是创造绿色发展的价值；不困于先污染后治理的传统道路，而是开创发展保护协同的新模式。

如果我们站在宇宙的层面看待我们生活的蓝色星球，站在人类文明发展的新的历史方位来审视，美丽中国建设已从简单的环境治理升华为文明的重塑。这要求我们以更深邃的历史眼光、更宽广的世界视野，理解美丽中国建设背后的文明抉择。期待"美丽中国系列"丛书能成为思想传播的媒介，让更多人参与这场文明迭代的激情实践。"每一株破土的新绿，都在书写未来的编年史；每一条复清的河流，都在鸣奏文明的交响乐。美丽中国的故事，将由每个时代的书写者共同完成。"

美丽中国建设的硕果，使中华大地奏响了新时代"富春山居图"的动人乐章，这是中国式现代化不可或缺的生态图景，也是人类生态复兴的绿色基石。今天，越来越多的国家和国际组织开始关注和研究中国的生态文明建设实践。"双碳"目标的庄严承诺，绿色"一带一路"的不断推进，生态合作的日益拓展，中国在全球生态治理中的话语权与影响力持续提升。

美丽中国建设，不仅是一项国家战略的纵深推进，更是亿万中国人共同参与、共同建设、共同分享的时代事业。美丽中国之美，不仅是自然之美、生命之美，更是发展之美、文明之美。

祝愿我们在这条通往生态文明新时代的道路上，行稳致远，不负山河、不负人民、不负未来！

中国气候变化事务原特使
全国政协人口资源环境委员会原副主任
国家发展和改革委员会原副主任
原国家环境保护总局局长

2025年5月

一、京津冀减污降碳协同和生态修复示范区

1. 京津冀生态环境协同保护体制机制

京津冀生态环境协同保护体制机制是指北京市、天津市、河北省三地政府为共同改善生态环境质量，促进区域生态文明建设而建立的一系列跨区域治理体系和合作机制。这一体制机制的核心目标是通过统一规划、联防联控、共治共享，解决跨区域生态环境问题，实现区域生态环境质量整体改善。

2015年，京津冀三地原环保厅局正式签署了《京津冀区域环境保护率先突破合作框架协议》，以大气、水、土壤污染防治为重点，以统一立法、统一规划、统一标准、统一监测、协同治污等为突破口，联防联控，共同改善区域生态环境质量，共享区域生态环境质量改善成果。

京津冀协同发展国家战略实施以来，三地完善协作机制，深化协同内容，拓展协同领域，共同实施《京津冀协同发展生态环境保护规划》《京津冀产业协同发展实施方案》《京津冀能源协同发展行动计划（2023—2025年）》，签订了《密云水库上游潮白河流域水源涵养区横向生态保护补偿协议》《"十四五"时期京津冀生态环境联建联防联治合作框架协议》，印发了《关于加强京津冀生态环境联建联防联治工作的通知》……从政策层面构建了京津冀生态环境协同保护体制机制。

2015年，京津冀三地环保部门正式建立了环境执法联动工作机制，成立京津冀环境执法联动工作领导小组，共同制定年度执法联动重点，统一执法联动工作，开创了有部署、有行动、有标准，相互支持、共同配合的环境执法新局面。2019年，京津冀下沉联动执法层级，建立相邻县、区、市间的生态环境执法联动工作机制。

北京市与河北省、天津市相邻的所有区都完成了执法联动下沉工作，区级的问题可以自行联动解决，能快速解决交界处和共同关注的环境违法问题。2021年，以综合执法改革为契机，三地进一步健全京津冀环境执法联动工作机制，增加了线索移送、宣传曝光以及"吹哨"三项制度，其中"吹哨"制度明确了对于交界处发现的重大环境违法行为，一地发现，即启动"吹哨"制度，另外两地及时"报到"协同开展查处工作，随时开展执法联动。2022年，成立了京津冀生态环境联建联防联治工作协调小组，推动区域层面生态环境保护的重要目标、重大任务落地，协商解决跨省市重大生态环境问题。

2024年，三地联合印发《深化京津冀大气污染联防联控工作的意见》《京津冀协同发展林长制协同联动工作机制（试行）》，印发实施《2024年津冀近岸海域联合保障工作要点》，签订《京津冀"无废城市"协同共建合作框架协议》，统一发布《碳普惠项目减排量核算技术规范 低碳出行》标准，联合制发《2024—2025年京津冀生态环境联合联动执法工作方案》，签署《打击治理污染环境违法犯罪框架协议》；北京市与雄安新区签署《关于合作推进全国温室气体自愿减排交易工作的备忘录》。

京津冀地区通过建立和完善生态环境协同保护体制机制，取得了显著成效。三地持续深化的合作，将进一步推动区域生态环境质量持续改善，助力京津冀协同发展战略的实施。

2. 京津冀生态环境协同立法

京津冀生态环境协同立法是指北京市、天津市、河北省在生态环境领域，通过制定和实施统一或协调的法律法规、政策措施，以解决跨区域环境问题、提升区域生态环境治理能力的法律保障体系，旨在通过法治手段促进京津冀生态环境一体化治理，加快区域绿色低碳发展的进程。

京津冀三地共享大气、水域、土壤资源，污染跨区域扩散问题突出，单一行政区治理效率低，排放标准的差异产生责任推诿，对同一类违法行为的处罚力度相差极大，污染治理重复投入造成巨大浪费。只有通过协同立法，才能打破行政壁垒，实现区域一体化整体治理。

京津冀生态环境协同立法主要包括统一的生态环境保护标准、大气污染联防联控立法、水资源保护与治理立法、生态补偿制度框架、信息共享与联合执法机制，以及推动绿色低碳发展相关立法。如：2017年4月三地联合发布《建筑类涂料与胶粘剂挥发性有机化合物含量限值标准》，2017年9月1日起在京津冀同步实施；2020年5月1日，京津冀同步实施《机动车和非道路移动机械排放污染防治条例》；京津冀三地历年签订的生态保护补偿协议，标志着协同立法工作取得突破，法治建设不断加强，有力推动京津冀协同发展。

2018年11月，北京市、河北省签订第一期《密云水库上游潮白河流域水源涵养区横向生态保护补偿协议（2018—2020年）》；2022年8月，签订第二期协议（2021—2025年）。2017年6月，天津市、河北省签订第一期《引滦入津上下游横向生态保护补偿协议（2016—2018年）》；2019年12月，签订第二期协议（2019—2021年）；2023年1月，签订第三期协议（2022—2025年）。2018年12月，水利部海河水利委员会、京津冀晋四省市水利部门和永定河流域投资有限公司共同签署《永定河生态用水保障合作协议》。2023年8月，北京市、河北省签订了《官厅水库上游永定河流域生态保护补偿协议》。至此，京津冀水源上游潮河、白河、滦河、永定河流域实现生态保护补偿全覆盖。

京津冀生态环境协同立法是破解区域生态环境问题、推动绿色低碳发展的关键。统一环境标准，能够消除不同地区排放标准差异，避免"污染转移"，确保生态环境政策在三地同步落地，不给污染企业留下监管空白；从法律层面明确三地生态责任分工，实现责任共担；用协同立法统一市场规则，避免因法律冲突影响跨区域投资；统一监管力度，使跨区域打击环境违法行为有法可依。协同立法是中国区域生态立法的先行探索，为全国其他区域协同治理提供示范。

3. 京津冀大气污染联防联控

京津冀大气污染联防联控机制是指北京市、天津市和河北省三地政府为应对跨区域大气污染问题，建立的一套协同治理机制。该机制旨在通过统一规划、联合监测、协同执法、应急联动等方式，提高大气污染治理的整体效能，减少区域性雾霾和重污染天气的发生。

一直以来，京津冀地区面临严重的大气污染问题。三地地理位置相邻，产业结构也相似。河北、天津部分地区仍依赖燃煤供暖，冬季采暖季污染物排放量大增。河北存在众多的钢铁、水泥、化工等高耗能、高排放行业，这是京津冀大气污染的重要来源。北京、天津机动车保有量较大，河北柴油货车较多，尾气排放导致氮氧化物和$PM_{2.5}$质量浓度升高。前几年，建筑工地、道路施工、露天堆场等，也是重要的扬尘污染源。三地的大气污染相互影响，河北的污染物可以随风输送到北京和天津，加重污染程度。空气污染物扩散具有强区域传输特征，单靠某一城市或省份治理难以取得理想效果。

在大气污染防治上，京津冀大气污染联防联控主要统一大气污染物排放标准，制定高污染行业淘汰计划；加大对钢铁、水泥、化工、火电等重点行业实行超低排放改造，降低二氧化硫、氮氧化物和颗粒物的排放，推广清洁能源；统一机动车排放标准，减少跨区域重型卡车尾气污染和推广新能源货车，加强公共交通协同发展，推动北京、天津、河北公交、地铁互联互通，减少私家车出行；建立京津冀空气质量监测数据共享平台，实现联合监测与信息共享，同时共享污染源清单；统一制定重污染天气应急预案，联合发布空气污染预警，同步实施区域错峰生产措施；北京、天津向河北提供生态补偿资金，支持河北改善能源结构、发展清洁产业，建立区域生态补偿机制。

2023年，京津冀三地$PM_{2.5}$年均浓度与2013年相比下降60%左右，重污染天数均大幅削减，优良天数大幅增加。2024年，京津冀及周边地区$PM_{2.5}$平均浓度为42.2微克每立方米，较2017年下降33.8%，重度及以上污染天数比率为1.7%，较2017年下降4.9个百分点；O_3平均浓度为179微克每立方米，同比上升0.6%；平均优良天数比例为68.3%，同比上升3.9个百分点；平均重度及以上污染天数比例为1.7%，同比下降2.0个百分点；由沙尘天气导致的平均超标天数比例为1.7%，其中重度及以上污染天数比为0.1%。

4. 京津冀煤炭消费总量控制

京津冀煤炭消费总量控制是指北京市、天津市和河北省为了改善大气环境质量，减少燃煤污染，通过政策、法规、市场手段等措施，对煤炭消费总量进行严格管控，逐步降低煤炭在能源结构中的占比，推动清洁能源替代，促进绿色低碳发展。

长期以来，煤炭是京津冀地区的主要能源。河北省煤炭消费量最高，主要用于钢铁、水泥、火电、供暖等行业；北京市煤炭消费量较低，近年来已基本实现"无煤化"；天津市煤炭消费量介于北京和河北之间，主要用于工业生产和发电。煤炭消费带来的环境问题，燃煤排放的二氧化硫、氮氧化物、细颗粒物等污染物是导致雾霾和空气污染的主要来源，煤炭燃烧也是主要碳排放来源，不利于碳达峰、碳中和目标的实现。因此，减少煤炭消费总量、提高清洁能源使用率，是京津冀大气污染治理和能源结构优化的重要任务。

《空气质量持续改善行动计划》提出，持续深入打好蓝天保卫战的三大重点区域是京津冀及周边地区、长三角地区和汾渭平原。京津冀及周边地区包含北京市、天津市、河北省9个地级市以及雄安新区和2个县级市、山东省13个市、河南省14个地级市以及1个县级市。重点区域继续实施煤炭消费总量控制。到2025年，京津冀及周边地区煤炭消费量较2020年下降10%左右。

实施京津冀煤炭消费总量控制，必须实行煤改清洁能源，加快能源结构调整。提高清洁能源占比，加快西部、北部清洁电力输送至京津冀；限制重点行业燃煤使用，如河北省要大规模关停高污染、高能耗的煤炭企业，严格控制新建燃煤项目，引导钢铁、水泥、玻璃、陶瓷等行业采用天然气、电力、生物质能等清洁能源，推动企业节能改造。三地要分别设定煤炭消费上限，确保总量下降，优化煤炭使用结构，倡导市场化手段调控以减少煤炭消费；加强政策监管与考核，强化环保协同执法，深化区域联动考核机制，推动全社会参与。

5. 跨省零排放货运通道

京津冀跨省零排放货运通道是指在京津冀区域内，通过新能源车辆（电动卡车、氢燃料电池货车）、铁路联运及配套基础设施，构建的跨区域货物运输网络，实现全链路温室气体与污染物零排放（直接排放），旨在减少传统燃油货运车辆带来的空气污染和碳排放，提升京津冀区域绿色物流水平，促进交通运输行业的低碳转型。

京津冀跨省零排放货运通道主要依托高速公路、铁路专线、港口枢纽、城市配送中心等重要交通节点，通过政策支持、基础设施建设、技术创新等措施，推动新能源货车、智慧物流、无缝衔接运输的发展，从而形成覆盖京津冀主要城市、产业园区和港口的绿色运输网络。

京津冀地区是我国重要的经济和物流枢纽，货运高度依赖柴油货车，柴油货车排放的大量氮氧化物和细颗粒物是造成雾霾的主要来源之一。货运行业是京津冀地区碳排放的重要贡献者，传统燃油货车频繁进出城市，造成城市道路拥堵和噪声污染。建立跨省零排放货运通道，是持续深入打好蓝天保卫战的要求，也有利于碳达峰碳中和目标的实现。

建设京津冀跨省零排放货运通道，一是要推广新能源货运车辆，大规模应用电动货车，推动氢燃料电池重卡，加快淘汰柴油货车；二是建设绿色货运基础设施，加快布局新能源充换电网络，在重点港口、高速公路服务区、物流园区加快建设氢燃料加氢站，发展铁路货运专线，鼓励公铁联运、铁水联运模式，减少公路货运依赖；三是打造智能化绿色物流网络，建设应用智慧物流平台，推行城市绿色配送，推广无缝衔接多式联运；四是设立低碳货运示范区，北京、天津、河北重点城市设立"零排放货运试点"，建设绿色港口和物流园区，实行柴油货车限行政策；五是提供政策优惠，给予新能源货运车辆购置补贴，实施高速公路绿色通行优惠，提供绿色物流企业税收优惠。

《京津冀协同发展交通一体化规划》和《京津冀交通一体化发展白皮书（2014—2020年）》提出，车辆结构加快转型升级，推动区域货运绿色化发展，加快新能源货车推广使用，推动城市物资终端实现绿色配送。

6. 渤海重要岸线、重要滨海湿地和河口海湾修复

渤海作为中国重要的半封闭内海，其生态系统具有极高的生态价值和经济价值。

长期以来，由于围填海、工业污染、过度捕捞等人为因素和自然因素，渤海的岸线、滨海湿地和河口海湾面临生态退化问题。自然岸线比例下降、人工岸线过度硬化，导致生物栖息地丧失；滨海湿地因围填海、盐田开发等建设，湿地净化功能

减弱；辽河口、黄河口、滦河口等受陆源污染、泥沙淤积影响，生态功能衰退。

修复渤海重要岸线，植被恢复，可以恢复自然岸线形态，有效治理沿海侵蚀，增强海岸防护能力，提高岸线生态功能；修复渤海重要滨海湿地，可以退养还湿减少人为干扰，调节水动力改善湿地水文环境，恢复植被和生物多样性，增强湿地生态服务功能；修复渤海河口海湾，可以减少污染排放改善水质，恢复红树林、海草床等典型生态系统，保护生物栖息地，促进鱼类和其他海洋生物繁衍。

渤海重要岸线、重要滨海湿地和河口海湾修复，要通过空间规划约束、环渤海三省一市跨区域协同、基于自然的解决方案和现代科技支撑推进。通过退养还滩、生态化海堤建设、侵蚀防控、生境连通性恢复，恢复自然岸线形态，重建海岸带生态屏障；通过水文连通性恢复、植被重建、外来入侵物种治理、栖息地优化、污染治理，提升湿地生态功能，保护生物多样性；通过陆海统筹污染治理、泥沙调控、关键物种保护、生态流量保障，改善水质，恢复河口生态系统服务功能。

《渤海综合治理攻坚战行动计划》提出，重点实施陆源污染治理行动、海域污染治理行动、生态保护修复行动、环境风险防范行动。划定并严守渤海海洋生态保护红线，实施最严格的围填海管控，强化渤海岸线保护，强化自然保护地选划和滨海湿地保护，加强河口海湾综合整治修复，加强岸线岸滩综合治理修复。

《重点海域综合治理攻坚战行动方案》提出，巩固深化渤海生态保护修复成效，因地制宜实施黄河口、辽河口、滦河口等河口湿地保护修复，不断提升渤海生态系统质量。

《美丽海湾建设提升行动方案》提出，重点实施美丽海湾建设提质增效行动、典型海洋生态系统保护修复行动、重点入海排污口整治行动。聚焦红树林、珊瑚礁、海草床、滨海盐沼等典型海洋生态系统，高质量推进海湾生态保护修复任务，依法加强海洋生态保护与修复监管。

《深化渤海（辽宁段）综合治理攻坚战实施方案》提出，加强海洋环境风险防范和应急监管能力建设，推进美丽海湾建设。因地制宜实施辽河口等河口湿地保护修复，推动入海河口、海湾、滨海湿地等典型生态系统保护修复和海岸线、砂质岸滩等的整治修复，推进人工岸线生态化建设。

《河北省渤海综合治理攻坚战实施方案》提出，重点开展陆源污染防治攻坚、海洋污染防治攻坚、海洋生态保护修复攻坚、环境风险防范攻坚、旅游旺季生态环境保障攻坚。严守海洋生态红线，严格控制围填海工程审批，加强海岸线开发管控与修复，强化滨海湿地保护，加强河口海湾和滨海湿地综合整治修复，加强海岸带保护与修复重构绿色生态海岸。

《山东省打好渤海区域环境综合治理攻坚战作战方案》提出，强化陆源入海污染控制、海岸带生态保护、海洋污染防治。严守生态保护红线，加强自然岸线保护，开展海岸带生态系统保护修复，强化自然保护地选划和滨海湿地保护，建立各类滨海湿地类型自然保护地，开展重点河口海湾生态修复，加强岸线岸滩综合治理修复，严格围填海管控。

《天津市打好渤海综合治理攻坚战三年作战计划（2018—2020年）》提出，坚决禁止填海造地，全面整治入海污染源，深入整治陆源污染排放，坚决保护自然岸线，大力保护海洋生态系统。加大沿海滩涂生态保护和修复力度，加强海洋生态红线区管理，推进海洋生态修复和补偿，大力加强湿地保护。

7. 华北地区地下水超采综合治理

华北地区是我国乃至全世界地下水超采最严重地区之一，长期过量开采形成了大面积地下水漏斗，地下水位持续下降、含水层疏干、地面沉降、生态退化，一度引发地面沉降、海水入侵等问题，严重威胁区域水资源安全和可持续发展。

据统计，华北地区1959—2020年地下水累计总超采量为1625亿立方米，其中可恢复的地下水超采量为1067亿立方米，包括869亿立方米浅层和198亿立方米深层可恢复超采量。

华北地区地下水超采综合治理旨在缓解地下水资源过度开采问题，恢复地下水位，确保区域水资源的可持续利用。一是严格控采与替代水源。划定禁采区、限采区，关闭城市集中超采区自备井，安装计量设施，严控农业灌溉取水量，以南水北调中线工程向华北供水，减少北京、天津城区对地下水的依赖，扩大再生水利用，推广海水淡化。二是农业节水增效。调整种植结构，压减高耗水作物，推广抗旱品种，个别地区实施"季节性休耕"，推广滴灌、喷灌等高效节水技术，建设智慧农业系统。三是地下水回补与生态修复。利用河道、坑塘、废弃矿井实施地下水回补，建设渗滤井、渗滤池等工程，增强雨水入渗能力，开展河湖生态补水，恢复河道基流，恢复湿地面积。四是管理与机制创新。推行农业水价综合改革，建立"超用加价、节约奖励"机制，探索跨区域水权交易，严格落实《地下水管理条例》，建立京津冀水资源协同管理平台，实现数据共享与联合执法。

《华北地区地下水超采综合治理行动方案》提出，以京津冀地区为治理重点，通过采取"一减、一增"综合治理措施（"一减"即通过节水、农业结构调整等措施，压减地下水超采量；"一增"即多渠道增加水源补给，实施河湖地下水回补，提高区域水资源水环境承载能力），系统推进华北地区地下水超采治理，逐步实现地下水采补平衡，降低流域和区域水资源开发强度，切实解决华北地区地下水超采问题，为促进经济社会可持续发展提供水安全保障。

8. 共建太行山—燕山区域生态安全屏障和沿海生态防护带

太行山—燕山区域是华北地区重要的生态安全屏障，维护着京津冀城市群生态安全。太行山—燕山区域以山地、森林、草原、湿地等生态系统为核心，承担着水源涵养、水土保持、气候调节、防风固沙、生物多样性保护、发展生态文化与旅游等多重功能，维护华北地区生态平衡，促进经济和社会的可持续发展，是京津冀及周边区域的生态安全基石。

打造太行山—燕山区域生态安全屏障，需以系统性思维统筹生态修复、资源管理、产业转型和制度创新，通过"自然修复+人工干预+长效管护"模式，构建多层次、立体化的生态防护体系。一是开展全域生态规划，在《京津冀国土空间规划（2021—2035年）》基础上编制太行山—燕山生态安全专项规划，明确"三区三线"，推动"多规合一"，建立京津冀蒙晋五省区市跨区域协同机制，统筹水资源分配、污染联防、生态补偿。二是开展生态系统修复与功能提升。大力开展天然林保育，实施退化林改造，重视森林防火与病虫害防控，修复山地森林系统；退耕还草还湿，开展沙化土地治理，建设草原与防风固沙带；提升水源涵养能力，恢复河流生态廊道连通，开展湿地扩容，修复水系与湿地。三是水资源优化与可持续利用。开展地下水超采治理和雨洪资源化利用，建设海绵城市。四是构建生物多样性保护网络。大力开展生态廊道建设，恢复流域的滨河植被带，保护旗舰物种。五是促进绿色产业转型，实现生态价值转化。大力发展林下经济，实行生态旅游升级，通过生态补偿、碳汇交易、水权交易等实现生态产品价值。六是建设智慧生态监测平台。构建"空—天—地—网"一体化监测体系，实时监控植被覆盖、水土流失等指标，建立生态安全预警模型。七是倡导公众参与社会共治。通过生态科普、公众参与活动，提高全民环保意识，推动政府、企业、社区、科研机构的合作，共同推进生态安全屏障建设。

《全国重要生态系统保护和修复重大工程总体规划（2021—2035年）》提出，实施北方防沙带生态保护和修复重大工程，开展京津冀协同发展生态保护和修复，加强燕山—太行山水源涵养林建设、水土流失治理。

沿海生态防护带是环渤海区域重要的生态屏障系统，以天津、河北唐山和沧州海岸带为核心，通过整合湿地、盐沼、防护林、人工鱼礁等生态要素，构建起抵御海洋灾害、净化陆海污染、维系生物多样性的综合防线。沿海生态防护带作为一种陆海统筹的韧性生态系统，平衡高强度开发与生态保护，为京津冀城市群提供生态安全保障。

沿海生态防护带建设必须坚持"自然恢复为主、人工修复为辅"，通过生态空间重组、功能系统重构、治理机制创新形成的"活体防线"，在抵御自然风险的同时调和人海矛盾。在海岸带空间管控与修复上，通过自然恢复、生态化改造、功能提升等方式实行岸线分类修复，通过退养还湿、推广生物技术修复湿地。在陆海污染协同治理上，"一河一策"、滨海农田拦截农业面源污染开展入海河流综合整治，建设沿海地区"近零排放"污水处理厂、建立海上溢油应急体系严密工业污染防控。在生物多样性保护网络上，开展关键栖息地修复，实现生态廊道贯通。在韧性海岸带建设上，制定基于自然的解决方案，建设智慧监测预警系统。在政策与机制创新上，制定专项规划和海洋生态补偿机制实现陆海统筹管理，利用市场化手段发展蓝碳交易，推广生态修复责任保险，开发生态技术支撑海岸带生态修复。

《全国重要生态系统保护和修复重大工程总体规划（2021—2035年）》提出，综合开展岸线岸滩修复、生境保护修复、海堤生态化建设、防护林体系建设和海洋保护地建设，提升海岸带生态系统结构完整性和功能稳定性，提高抵御海洋灾害的能力。推进河海联动统筹治理，强化盐沼和砂质岸线保护。

《京津冀国土空间规划（2021—2035年）》提出，筑牢华北生态屏障，保障京津冀地区生态安全。推进北方防沙带建设，提升燕山—太行山等地区水源涵养功能，改善重要河湖湿地水生态，加大渤海湾综合整治力度，协同推进山水林田湖草沙一体化保护和系统治理。

9. 京津风沙源治理

京津风沙源治理是指针对北京、天津及周边地区因风沙侵蚀、荒漠化等生态问题而实施的综合生态治理。

2000年春天，华北地区连续发生了多次沙尘暴或浮尘天气。国务院决定紧急实施京津风沙源治理工程。实施工程的目的就是通过植被保护，如植树种草、退耕还林、小流域及草地治理、生态移民等措施，建设一个高质量、高稳定性的生态防护体系，优化首都及周边地区生态环境，提升北京国际地位，保障经济社会协调发展。工程于2000年6月启动试点，2001年全面铺开，2002年3月国务院批复工程建设规划，工程全面实施。工程建设范围西起内蒙古的达茂旗，东至河北的平泉县，南起山西的代县，北至内蒙古的东乌珠穆沁旗，东西横跨约700千米，南北纵跨约600千米。总国土面积为45.8万平方千米，沙化土地面积为10.18万平方千米。

根据工程区自然气候、地形地貌特点，工程实行分类指导、分区施策、综合治理。一是全面封禁保护现有林草植被，杜绝一切人为破坏行为；二是大力营造防风固沙林带，建立稳固的防风阻沙体系，在现有荒山荒地上营造乔灌草相结合的复合型水土保持和水源涵养林；三是对区域内陡坡耕地和粮食产量低而不稳的沙化耕地实行退耕还林还草；四是加快水土流失综合防治步伐，减少入库泥沙；五是加速转变传统的农牧业生产方式，实行划区轮牧、休牧和舍饲圈养；六是积极营造农田、牧场防护林网，确保农牧业生产安全；七是对生态极其恶劣，不具备人居生存条件的地区，实行生态移民，促进生态自然修复。

工程分两个阶段进行，2001—2005年为第一阶段，2006—2010年为第二阶段。京津风沙源治理一期工程自2000年启动实施以来，取得显著的生态、经济和社会效益。京津地区沙尘天气呈减少趋势，空气质量改善。工程区沙化土地减少，植被增加，物种丰富度和植被稳定性提高。河北、山西、内蒙古三省区重点治理地区的农牧民生产生活条件得到改善，经济社会可持续发展能力增强。

为巩固和提升一期工程建设成果、进一步减轻京津地区风沙危害、构筑北方生态屏障和落实林业"双增"目标、改善民生和建设小康社会，2012年9月，国务院通过《京津风沙源治理二期工程规划（2013—2022年）》，工程区范围由北京、天津、河北、山西、内蒙古5个省区市的75个县旗市区扩大至包括陕西在内6个省区市的138个县旗市区，总面积增加至70.6万平方千米。2013年5月，国家发展改革委等4个部门印发了《京津风沙源治理二期工程规划（2013—2022年）》，标志着为期10年的京津风沙源治理二期工程正式启动，鄂尔多斯市8个旗区全部被纳入京津风沙源二期工程建设范围。

工程建设分两个阶段，第一阶段是2013—2017年，第二阶段是2018—2022年。二期工程规划总投资877.92亿元。

京津风沙源治理二期工程取得了显著的成绩，一是累计调节水量达2亿立方米，固土98万吨，保肥6万吨。工程区植被释氧146万吨，吸收二氧化硫2.1万吨、氟化物407吨、氮氧化物858吨，滞尘409万吨，积累营养物质8299吨，产生生态服务功能价值111亿元。二是工程区森林覆盖率由2000年的10.59%提高到2021年的18.67%，综合植被盖度由39.8%提高到45.5%，沙化土地明显减少，流动沙地面积减少了10.29万公顷，降幅达30.68%。三是工程区的生态环境明显改善，沙尘天气减少，空气质量提高。四是工程区发展的绿色产业直接和间接经济效益显著，年产值近40亿元，工程助力绿岗就业5万余人，通过发展绿色种植养殖和特色林果产业，带动了当地经济发展，增加了农民收入。

由于北方生态系统的脆弱性、气候变化挑战以及区域发展需求仍对治理提出更高要求，加强京津风沙源治理需从"巩固成果、系统治理、长效管护"继续推进，构建更可持续的生态安全屏障。一是巩固治理成果，完善长效管护机制。二是推进跨区域协同治理，建立京津冀蒙晋生态联防联控机制。三是推动科技创新与智慧治理，构建"风沙源数字孪生系统"。四是应对气候变化挑战，增强极端天气应急能力。五是推动社区参与与公众教育，构建社区共管模式。此外，加强京津风沙源治理与黄河流域生态保护和碳中和等国家战略结合推进。

10. 北京城市副中心

北京城市副中心是北京市行政中心迁入通州区后形成的城市功能核心区，主要承担非首都功能疏解、优化首都空间结构、促进京津冀协同发展的重要任务。规划范围为原通州新城规划建设区，总面积约155平方千米。外围控制区即通州全区约906平方千米，进而辐射带动廊坊北三县地区协同发展。

2012年，北京市明确提出"聚焦通州战略，打造功能完备的城市副中心"，明确了通州作为城市副中心的定位。2019年1月11日，北京市级行政中心正式迁入北京城市副中心。

建设北京城市副中心的基本要求是：提高统筹调控能力，建设未来没有"城市病"的城区，创建新时代城市建设发展典范；强化科技赋能，大力发展数字经济和城市科技，打造高质量发展的新动力源；深化与北三县一体化高质量发展，加强通武廊战略合作，与河北雄安新区强化两翼联动，推动形成更加紧密的协同发展格局；促进碳减排，推动碳中和，实现生产生活生态有机融合；加快建立更有竞争力的制度体系，厚植服务业扩大开放新优势；推进更深层次改革，实现改革和发展深度融合、高效联动，增强城市副中心发展内生动力。

北京城市副中心的发展目标和建设愿景是：绿色城市、森林城市、海绵城市、智慧城市、人文城市、宜居城市。

《国务院关于支持北京城市副中心高质量发展的意见》提出，打造北京发展新高地，开创一体化发展新局面，创建新时代城市建设发展典范，建设国家绿色发展示范区，搭建更高水平开放新平台，增强发展动力活力。

《关于推进北京城市副中心高质量发展的实施方案》提出，服务支撑北京国际科技创新中心建设，承接非首都功能疏解，建设国际商务服务新中心，打造文旅商融合发展示范区，建设国家绿色发展示范区，加快建设通州区与北三县一体化高质量发展示范区，厚植服务业扩大开放新优势，打造国际消费中心城市新引擎，实施高标准规划建设管理，加快建设智慧城市，构建便捷高效现代交通体系，提升公共服务水平，打造专业人才新高地，有效保障城市建设发展需要，提高土地集约利用水平，推进区域职住平衡。

11. 中新天津生态城国家绿色发展示范区

中新天津生态城是中国和新加坡两国政府合作建设的生态示范城市，位于天津滨海新区，总规划面积约31.23平方千米，是世界上首个国家间合作开发的生态城市，旨在应对全球气候变化、加强环境保护、节约资源和能源，为城市可持续发展提供样板示范。2008年9月28日，中新天津生态城开工建设。

中新天津生态城的基本定位：世界上第一个国家间合作开发建设的生态城市，为中国乃至世界其他城市可持续发展提供样板，为生态理论创新、节能环保技术使用和展示先进的生态文明提供国际平台，为中国今后开展多种形式的国际合作提供示范。

中新天津生态城的主要特点是：推行绿色建筑标准，推广节能环保技术；应用智能交通、智慧能源管理等技术，提高城市运行效率；大力发展可再生能源，提高清洁能源占比；通过雨水收集与利用系统，提高水资源利用率；打造宜居环境，恢复湿地生态，建设生态公园；推广公共交通、共享单车和新能源汽车，减少碳排放。

中新天津生态城的建设目标是：建设环境生态良好、充满活力的地方经济，为企业创新提供机会，为居民提供良好的就业岗位；促进社会和谐和广泛包容的社区的形成，社区居民有很强的主人意识和归属感；建设一个有吸引力的、高生活品质的宜居城市；采用良好的环境技术和做法，促进可持续发展；更好地利用资源，产生更少的废弃物；探索未来城市开发建设的新模式，为中国城市生态保护与建设提供管理、技术、政策等方面的参考。

中新天津生态城是中国、新加坡两国政府战略性合作项目，是继苏州工业园后中新两国的第二个政府间合作项目。生态城市的建设显示了中新两国政府应对全球气候变化、加强环境保护、节约资源和能源的决心，为资源节约型、环境友好型社会的建设提供积极的探讨和典型示范。

2024年8月，国务院批复同意中新天津生态城建设国家绿色发展示范区"升级版",将为全球城市绿色低碳发展打造"中国样板"。

《中新天津生态城建设国家绿色发展示范区实施方案(2024—2035年)》提出,加快绿色低碳产业发展,推动能源绿色低碳转型,促进绿色低碳科技创新,建设绿色低碳宜居韧性城市,完善绿色低碳发展体制机制,加强绿色低碳文化宣传教育。

中新天津生态城国家绿色发展示范区建设,必须在绿色低碳产业效益上发挥先导带动作用,在绿色低碳创新能力上发挥先行引领作用,在绿色低碳开放合作上发挥重要牵引作用。

12. 雄安新区绿色发展城市典范建设

2017年4月,中共中央、国务院印发通知,决定设立雄安新区。雄安新区地处北京、天津、保定腹地,距北京、天津均为105千米,距石家庄155千米,距保定30千米,距北京新机场55千米。新区规划范围包括雄县、容城、安新三县行政辖区(含白洋淀水域),任丘市鄚州镇、苟各庄镇、七间房乡和高阳县龙化乡,规划面积达1770平方千米。

作为继深圳经济特区和上海浦东新区之后的第三代新城区的代表,雄安新区被定位为绿色生态宜居新城区、创新驱动发展引领区、协调发展示范区和开放发展先行区,对于集中疏解北京非首都功能、探索人口经济密集地区优化开发新模式、调整优化京津冀城市布局和空间结构、培育创新驱动发展新引擎,具有重大现实意义和深远历史意义。

《河北雄安新区规划纲要》指出,构建科学合理空间布局,塑造新时代城市风貌,打造优美自然生态环境,发展高端高新产业,提供优质共享公共服务,构建快捷高效交通网,建设绿色智慧新城,构筑现代化城市安全体系,保障规划有序有效实施。

《河北雄安新区总体规划(2018—2035年)》提出,有序承接北京非首都功能疏解,优化国土空间开发保护格局,打造优美自然生态环境,推进城乡融合发展,塑造新区风貌特色,打造宜居宜业环境,构建现代综合交通体系,建设绿色低碳之城,建设国际一流的创新型城市,创建数字智能之城,确保城市安全运行。

《关于支持河北雄安新区全面深化改革和扩大开放的指导意见》提出，建设现代化经济体系，建设现代智慧城市，提高保障和改善民生水平，建设高端人才集聚区，推进城乡统筹发展，建成绿色发展城市典范，构筑开放发展新高地，创新投融资模式，打造服务型政府。

围绕雄安新区绿色发展城市典范建设，《关于支持河北雄安新区全面深化改革和扩大开放的指导意见》明确了的路径：创新生态保护修复治理体系、推进资源节约集约利用、完善市场化生态保护机制、创新生态文明体制机制。

此外，当前加快雄安新区绿色发展城市典范建设，需坚持"生态优先、创新驱动、制度集成、全球标杆"，聚焦能源革命、智慧治理、产业升级、制度创新等领域，构建全域碳中和系统引领能源革命，深化数字赋能打造智慧生态城市标杆，创新绿色产业体系培育增长新动能，制度集成创新突破体制机制障碍，强化生态基底，构建蓝绿共生系统，深化区域协同与国际合作，打造全球领先的"碳中和新城"样板。

二、长三角高质量发展样板区

13. 长三角生态环境保护一体化

长江三角洲地区是我国经济发展最活跃、开放程度最高、创新能力最强的区域之一，在国家现代化建设大局和全方位开放格局中具有举足轻重的战略地位。推动长三角一体化发展，增强长三角地区创新能力和竞争能力，提高经济集聚度、区域连接性和政策协同效率，对于引领全国高质量发展、建设现代化经济体系意义重大。范围包括上海市、江苏省、浙江省、安徽省全域（面积为35.8万平方千米）。以三省一市中的27个城市为中心区（面积为22.5万平方千米），辐射带动长三角地区高质量发展。

《长江三角洲区域一体化发展规划纲要》提出，强化生态环境共保联治。坚持生态保护优先，把保护和修复生态环境摆在重要位置，加强生态空间共保，推动环境协同治理，夯实绿色发展生态本底，努力建设绿色美丽长三角。

长三角生态环境保护一体化是长三角区域一体化发展国家战略的重要组成部

分,是指在长三角区域范围内,打破行政壁垒,建立跨区域协同治理机制,实现区域生态系统的整体保护与修复,共同提升生态环境质量,促进经济社会发展与生态环境保护的深度融合。

长三角生态环境保护一体化的主要目标是建立统一的生态环境标准、开展大气污染联防联控、共同保护水环境、加强土壤修复、建立跨区域生态补偿机制、共建生态廊道与绿色空间、推动绿色低碳发展。长三角生态环境保护一体化主要通过建立长三角生态环境联合执法机制、启动跨区域生态补偿试点、开展"长三角蓝天保卫战"、建设"长三角生态绿色一体化发展示范区"逐步实现。

《长江三角洲区域生态环境共同保护规划》提出,共推绿色低碳发展,共保自然生态,共治跨界环境污染,共建环境基础设施,共创生态环境协作机制。推进长三角区域生态环境共保联治:一是统筹构建长三角区域生态环境保护协作机制;二是完善区域法治标准体系,三是强化市场手段;四是围绕主要污染物成因与控制策略、跨界重要水体联动治理、海洋生态环境保护、低碳发展等重点问题开展研究;五是健全生态补偿机制。

《"十四五"重点流域水环境综合治理规划》提出,推动长三角生态环境共保联治,夯实绿色发展生态本底。落实河长制、湖长制,加强长江、淮河、钱塘江、新安江等跨省联防联控,加大长江口、杭州湾等蓝色海湾整治。深化太湖流域水环境综合治理,加大巢湖、淀山湖、太浦河等重点跨界水体协同治理。加大千岛湖等重要饮用水水源地保护力度,优化太湖、巢湖等重要生态空间管控,推动提升区域环境治理一体化水平。

《长三角生态绿色一体化发展示范区生态环境专项规划(2021—2035年)》提出,建设协调共生的生态体系,构建绿色创新的发展体系,建立统筹完善的制度体系,完善集成一体的管理体系,加快推进一体化项目建设。

《关于以生态环境高水平保护支持长三角生态绿色一体化发展示范区建设的若干政策措施》明确,将长三角一体化生态环境保护、绿色低碳发展放在引领带动全国高质量发展中定位思考、谋划推动,大力支持示范区制度创新,共同打造美丽中国建设示范样板。

长三角生态环境保护一体化通过跨省市协同治理，打破行政壁垒，统筹生态保护与经济发展，推动绿色转型，改善环境质量，为全国区域协调发展和"双碳"目标提供示范。

14. 培育发展长三角绿色生产力

绿色生产力是指在实现经济增长的同时，通过技术创新，减少资源消耗、降低污染排放、促进生态环境改善的一种高质量生产力。长三角地区作为中国经济最发达、创新能力最强、产业链最完整的区域之一，在推动绿色低碳发展方面具有先发优势。

培育发展长三角绿色生产力，意味着要通过技术创新、产业升级、制度创新等手段，在实现经济增长的同时推动绿色转型，实现高质量可持续发展。培育发展长三角绿色生产力，需以生态资源为本、科技创新为核、制度协同为基，推动产业低碳转型与生态价值转化，打造全国绿色经济和新质生产力发展的新高地。

当前，培育发展长三角绿色生产力主要集中在以下关键领域：一是产业绿色转型。重点发展清洁能源、新能源汽车、节能环保装备，打造低碳产业集群，推广循环经济模式，建设"无废城市"群和再生资源利用体系。二是科技创新驱动。突破储能技术、CCUS等关键技术，依托G60科创走廊联合研发，运用数字技术构建智慧环保监测与能耗管理系统。三是制度协同创新。统一区域碳排放核算标准，共建碳交易市场与生态补偿机制，推行绿色金融政策，试点生态产品价值转化。四是跨域协作网络。上海聚焦研发与金融，苏浙皖承接产业转化，共建绿色基础设施，实现环境数据共享与联合执法。五是生态价值转化。开发湿地碳汇、生态文旅，推进"绿水青山"市场化变现，实施长江口、太湖等生态修复工程，提升生态资产效益。六是示范项目引领。长三角生态绿色一体化发展示范区建设"水乡客厅"零碳社区，探索跨省域绿色规划，推进长三角"氢走廊"、零碳产业园等标杆项目，形成可复制经验。

培育发展长三角绿色生产力，要通过布局低碳与零碳技术、发展智能制造、加强科技协同创新，推动绿色科技创新，打造长三角核心竞争力；通过改造传统高耗能产业、培育绿色新兴产业、建设绿色供应链，加快产业绿色升级，构建长三角低碳经济体系；通过加快可再生能源发展、构建"源—网—荷—储"协同体系、推动清洁交通，发展绿色能源体系，提升能源利用效率；通过完善碳排放交易市场、发展绿色金融、实施生态补偿机制，深化碳市场与绿色金融，形成市场驱动力；通过打造"碳中和"示范城市、倡导低碳消费，推进城市韧性建设，构建绿色城市与低碳社会，推动生活方式转型。

15. 长三角减污降碳协同创新区

长三角减污降碳协同创新区是长三角一体化战略下，在长三角区域内聚焦污染防治与碳减排目标协同推进，通过科技创新、产业升级、政策协同，探索可推广的低碳发展模式。

长三角是全球重要的制造业和高新技术产业基地，碳排放与能源消耗与产业结构密切相关。长三角城市群共享相同的空气流动带、水资源系统和生态环境，单个城市或省份难以独立解决污染和碳排放问题，不同地区产业结构也不同，产业链协同发展需要政策一致性。建立统一的碳交易市场、排放标准、绿色金融体系，有助于降低治理成本、提高效率。

加强长三角地区节能减排降碳区域政策协同，建设减污降碳协同创新区。第一，要建立统一的节能减排与降碳政策体系，通过制定统一的碳排放标准和能耗标准、协同制定"碳达峰"路线图、加强环境监测数据共享，确保三省一市在污染防治、碳排放控制、节能减排、绿色产业发展等方面保持一致性。第二，构建长三角区域统一的碳市场和碳金融体系。通过加快碳交易市场一体化、推广绿色金融产品、设立"碳普惠"机制，引导企业主动减排，促进绿色金融发展，推动碳资产交易。第三，推动能源结构优化，促进清洁能源协同发展。通过构建"长三角清洁能源一张网"、发展氢能和储能技术、推广"零碳工业园区"，协同提高可再生能源占比，减少化石能源使用，提高能源互联互通能力。第四，加强产业链低碳转型，推动绿色制造。通过建立绿色制造产业联盟、发展循环经济、打造低碳供应链，推动制造业低碳化发展。第五，推进跨区域减污降碳示范工程。通过打造"智能制造+绿色制造"示范区、长三角绿色航运示范区、低碳城市示范区等探索可复制推广的低碳发展路径，形成全国推广经验。

《长三角生态绿色一体化发展示范区碳达峰实施方案》提出，一是实施重点片区集中引领行动，一体打造长三角低碳零碳引领区和样板间。二是实施重点领域分类示范行动，实施绿色低碳产业一体化行动、清洁低碳能源一体化行动、绿色宜居低碳建筑行动、绿色智慧交通一体化行动、生态体系协调共生行动。三是实施绿色低碳政策赋能。四是加强绿色低碳技术支撑。

16. 重要生态屏障和生态廊道共同保护

长三角重要的绿色生态屏障主要是"皖西大别山区"和"皖南—浙西—浙南山区"，重要的生态廊道主要是长江生态廊道、淮河—洪泽湖生态廊道、环太湖生态廊道、东部沿海湿地廊道、南部丘陵山地廊道。

长三角重要的绿色生态屏障承担着水源涵养、生物多样性保护、碳汇固碳、防风固沙、气候调节等关键生态服务，在维持长三角生态平衡方面发挥重要作用。长三角重要的生态廊道连接着不同生态功能区、自然保护区，形成生态网络，有助于生物迁徙、基因交流和生态系统稳定性。

对长三角重要生态屏障和生态廊道的共同保护，需打破行政边界限制，通过"规划共编、治理共抓、责任共担、利益共享"的系统性策略，构建全域生态安全格局。一是统一规划。绘制"一张蓝图"作为全域生态底图，识别核心生态屏障与关键生态廊道，划定生态保护红线。跨域协同编制专项规划确保生态空间连通性。二是协同治理。建立联合执法机制、生态补偿机制、风险共防机制。推行联合河湖长制，建立跨省环保执法队伍，共享监测数据。建立上下游横向补偿机制，试点"湿地银行"，允许生态修复指标跨区域交易，共建生物多样性监测预警平台，制定生态灾害联防联控预案，协同应对极端气候与污染事件。三是生态修复。实施水系联通工程、森林质量提升工程、湿地保护工程和农田生态化工程。修复长江岸线、太湖退圩还湖，打通断头河浜，恢复水系自然连通性，建设海绵城市群；推广"林长制"，在天目山、黄山等山脉补植乡土树种，构建生物迁徙通道；共建长江口—杭州湾湿地保护网络，修复红树林、盐沼等蓝碳生态系统；推广生态农业，减少面源污染，打造农田生态缓冲区。四是绿色经济转型。通过生态产业化和产业生态化实现生态产品价值，发展湿地碳汇交易推动生态资源资本化，开发生态文旅线路促进"绿水青山"变为"金山银山"，支持生态产品认证提升绿色品牌溢价。五是制度创新。协同立法，考核联动，将生态屏障和生态廊道保护纳入地方政绩考核，实行"河湖长、林长跨省互评"制度倡导公众参与。六是科技支撑。建设长三角数字孪生平台和智能预警系统，实施智慧化赋能。

《长江三角洲区域一体化发展规划纲要》提出，共同加强生态保护，合力保护重要生态空间，共同保护重要生态系统。

《长三角生态绿色一体化发展示范区生态环境专项规划（2021—2035年）》提出，建设一体化生态绿色廊道体系。

《长三角长江水系生态廊道建设保护专项规划》提出，构建"一核、一带、多廊、多点"的生态廊道建设保护空间布局。

17. 区域大气、跨界水体、固废危废共保联治

长三角区域大气、跨界水体、固废危废共保联治是指在长三角地区针对大气污染防治、跨界水体治理、固体废物和危险废物管理等环境问题，建立区域协同保护与联合治理机制，旨在通过区域联动、信息共享、协同执法和政策统一，提升环境治理的整体效能，实现长三角生态环境的高质量发展。

长三角区域大气、跨界水体、固废危废共保联治的主要内容包括：大气污染防治共治，协同控制$PM_{2.5}$、臭氧等复合污染，减少区域性雾霾现象，统一执行大气污染物排放标准，加强重点行业挥发性有机物治理，统筹机动车排放控制，推广新能源交通工具；跨界水体联合治理，针对太湖、淮河、长江干支流等跨界水体，加强水污染防治和水生态修复，建立流域水环境监测预警系统，统一水质标准和管理机制，推动工业、农业、生活污水的协同治理，控制氮磷等污染物排放；固废危废协同管理，加强一般固体废物、危险废物的跨省市联动监管，防止非法倾倒、跨区域转移污染，建立区域统一的固废处置能力共享机制，优化危险废物收集、运输、处理体系，促进资源化利用，推动固废"减量化、资源化、无害化"处理。

实现长三角区域大气、跨界水体、固废危废的"共保联治"，需从制度协同、技术支撑、利益平衡、基层执行等多维度突破行政边界，构建区域一体化的环境治

理体系。一是构建多层次协同治理机制。实行跨省法规协同管理、负面清单管理，统一立法与标准，增强实体化协调机构和执法联动，创新跨域管理平台。二是强化技术赋能与数据共享。加大大气联防和水体联治力度，实施智慧监测网络全覆盖，固废危废推行"全生命周期区块链追踪"，建立环境数据共享平台，实施"区块链+数字化"监管。三是完善生态补偿与市场化机制。开展横向生态保护补偿，完善纵向生态保护补偿，实行差异化生态补偿，扩大排污权交易范围，发展绿色金融，用市场化手段激活治理效能。四是突破基层执行与公众参与瓶颈。进一步加强联合执法与能力建设，重点打击交界地带"游击式"偷排，建立全民共治网络，倡导企业设立"环境开放日"。五是试点引领与长效保障。进一步打造近零碳示范区，定期公开各省市治理绩效，开展动态评估。

《长江三角洲区域一体化发展规划纲要》提出，推进环境协同防治。推动跨界水体环境治理，联合开展大气污染综合防治，加强固废危废污染联防联控。

《长江三角洲区域生态环境共同保护规划》提出，联合开展大气污染综合防治，协同推动流域水环境治理，陆海统筹实施河口海湾综合整治，提升区域土壤安全利用水平。

18. 长三角地区协调机制

持续建设长三角区域高水平保护推动高质量发展样板区，完善长三角地区会议协商、利益磋商、共享联动、科技协作等机制。

提升跨区域协同治理的效率，加强政策制定的协调性，要优化会议协商机制。建立常态化会议机制，在现有联席会议基础上，定期召开长三角生态环保高层对话；完善多层次沟通平台，推动省级、市级、区县级分层协商，确保政策从顶层到基层顺畅落地；加强第三方智库支持，依托高校、研究机构等，为会议协商提供科学决策依据。

平衡不同地区在生态保护、经济发展之间的利益分配，要深化利益磋商机制。构建生态补偿机制，完善横向生态保护补偿，推动上游保护、下游补偿的合理化；设立利益共享基金，将生态保护地区的"绿水青山"价值货币化，提供经济补偿；创新产业合作模式，通过"生态产业联盟"，鼓励跨区域环保产业协作，避免单个地区承担过重环保责任。

提升环境治理、数据共享、应急联动的能力，确保污染治理高效协作，要强化共享联动机制。统一环境监测数据标准，建立污染源数据库，建设长三角生态大数据平台；实施联动执法，推动联合巡查、异地调查、跨省处罚等，防止污染转移和监管漏洞；建立生态应急联动机制，针对突发污染事故，设立应急预警系统，提升长三角地区联合处置能力。

通过科技创新驱动生态保护和绿色发展，提高治理精准性和产业协同效益，要创新科技协作机制。打造联合实验室，专注于大气治理、流域水质监测、固废资源化等领域的技术研发；鼓励企业、高校共建环保技术孵化器，加速绿色技术向市场转化，推动绿色技术产业化；建立科技成果共享平台，促进环保科技成果跨区域流动和应用。

《长江三角洲区域一体化发展规划纲要》提出，推动生态环境协同监管，完善跨流域跨区域生态补偿机制，健全区域环境治理联动机制。

《长三角生态绿色一体化发展示范区碳达峰实施方案》提出，示范区执委会发挥统筹协调作用，对示范区内碳达峰工作实行协同管理、协同分解、协同评估，加强监督考核结果应用，共同建立示范区绿色低碳重点项目库并实行动态更新机制。

《长三角生态绿色一体化发展示范区生态环境专项规划（2021—2035年）》提出，深化长三角区域生态环境保护协作机制，建立完善跨区域多部门协同的生态产品价值核算统计制度，探索建立生态环境共保联治的成本共担和利益共享机制，加强科研创新合作，集中打造示范区生态环境科研创新技术合作平台。

《长三角长江水系生态廊道建设保护专项规划》提出，充分发挥长三角区域合作办公室的组织协调职能，深化交流合作，深化长三角林业高质量发展联席会议机制。

19. 跨区域排污权交易

长三角地区作为我国经济最发达、产业最密集的区域之一，面临较大的环境承载压力。推进跨区域排污权交易，可以通过市场化手段优化污染物排放总量控制，提高污染治理效率，促进生态环境共保联治，实现绿色低碳高质量发展。

推进长三角跨区域排污权交易，要遵循统一市场（打破省界交易壁垒）、统一规则（核算方法、配额分配、违约处罚）、统一平台（数据互通、交易透明）、统一监管（联合执法、技术穿透）、统一利益（补偿机制平衡发展权）的原则，通过将环境资源"资产化"、治理成本"显性化"，倒逼企业从"被动减排"转向"主动经营"，为全国统一大市场建设提供环境要素市场化配置的"长三角样本"。第一，建立区域排污权交易平台，对接上海、江苏、浙江、安徽三省一市的排污权交易市场，形成统一的交易规则，搭建"1+N"交易网络，交易品种涵盖大气污染物排放权（SO_2、NO_x、$VOCs$、$PM_{2.5}$）、水污染物排放权（COD、氨氮、总磷、总氮）、碳排放权（与碳市场衔接）；第二，统一排污权核算标准，设立统一的污染标准，协调不同城市的排污总量控制目标，推动碳排放权交易与污染物排放权交易的衔接，实现减污降碳协同增效；第三，推动排污权二级市场发展，支持企业二级市场交易，允许持有富余排污权的企业向其他企业出售，提升市场流动性；第四，创新绿色金融工具，探索"排污权抵押贷款"机制，试点排污权期货、期权产品；第五，强化交易监管与环境效果评估，建立排污权交易监测系统，实时监控交易企业的污染排放，设立动态调整机制，政府定期评估污染总量情况，调整排污权配额。

《长三角生态绿色一体化发展示范区总体方案》提出，推进要素资源跨区域交易。在一体化示范区建立土地使用权、排污权、用能权、产权、技术等要素综合交易平台；加强各类公共资源交易平台合作，促进要素跨区域流动。

《长江三角洲区域一体化发展规划纲要》提出，完善跨区域产权交易市场。

《长三角生态绿色一体化发展示范区碳达峰实施方案》提出，探索在示范区建立碳交易市场以及长三角绿电交易联盟，助力区域碳排放权交易市场发展。

《长三角生态绿色一体化发展示范区生态环境专项规划（2021—2035年）》提出，探索建立区域排污总量控制机制。

20. 长三角生态绿色一体化发展示范区

长三角生态绿色一体化发展示范区是我国为推动长三角区域一体化发展而设立

的试点区域，旨在探索跨行政区域的生态保护与高质量发展模式，促进区域协调发展。一体化示范区是实施长三角一体化发展战略的"先手棋"和突破口，范围包括上海市青浦区、江苏省苏州市吴江区、浙江省嘉兴市嘉善县，面积约2300平方千米（含水域面积约350平方千米）。

推进长三角生态绿色一体化发展示范区建设，有利于集中彰显长三角地区践行新发展理念、推动高质量发展的政策制度与方式创新，率先实现质量变革、效率变革、动力变革，更好引领长江经济带发展；有利于率先将生态优势转化为经济社会发展优势，探索生态友好型发展模式；有利于率先探索从区域项目协同走向区域一体化制度创新，不破行政隶属、打破行政边界，实现共商、共建、共管、共享、共赢。

长三角生态绿色一体化发展示范区的战略定位是：生态优势转化新标杆、绿色创新发展新高地、一体化制度创新试验田、人与自然和谐宜居新典范。

《长三角生态绿色一体化发展示范区总体方案》提出，率先探索将生态优势转化为经济社会发展优势，打造生态价值新高地，打造绿色宜居新高地

《长三角生态绿色一体化发展示范区国土空间总体规划（2021—2035年）》提出，优化国土空间保护开发格局，强化国土空间底线管控，推动生态绿色高质量空间发展，推进跨区域一体化空间协同，实现规划土地一体化管理。

《长三角生态绿色一体化发展示范区建设三年行动计划》提出，持续深化一体化制度创新，全面推进绿色低碳高质量发展，加强政策支持和组织保障。

2024年3月，上海、江苏、浙江两省一市人大常委会分别表决通过了《上海市促进长三角生态绿色一体化发展示范区高质量发展条例》《江苏省促进长三角生态绿色一体化发展示范区高质量发展条例》《浙江省促进长三角生态绿色一体化发展示范区高质量发展条例》，促进示范区一体化高质量发展相关活动。

当前，坚持制度创新和改革授权、项目建设和功能培育、生态保护和绿色发展、科技创新和产业创新、共建共享和协同发展、有为政府和有效市场相结合，才能释放政策效应、出功能出效益、提升发展质效、增强发展动能、增进民生福祉、优化工作机制，建设好长三角生态绿色一体化发展示范区。

三、粤港澳融合创新美丽湾区

21. 粤港澳三地生态环境保护合作机制

粤港澳三地生态环境保护合作机制是指在"一国两制"框架下，广东、香港、澳门通过制度设计、平台搭建、资源共享和行动协同，共同应对跨境生态环境问题，实现区域可持续发展的一系列政策工具和运行模式。目的是通过规则衔接、机制对接、技术联动和利益平衡，破解因行政边界、法律差异导致的治理碎片化难题。进而推动区域环境治理一体化和可持续发展，建设美丽湾区。

完善粤港澳三地生态环境保护合作机制，从环境维度看，可以破解跨境污染与生态退化难题，通过跨境污染溯源治理、水域协同治理，实行污染联防联控，通过修复跨境生态廊道、开展生物多样性保护，实现生态系统整体保护；从经济维度看，可以驱动绿色产业与低碳转型，通过产业联动、碳市场互联，开展绿色技术协同创新，通过"以竹代塑"示范、新能源应用，实现资源循环与产业升级；从社会维度看，可以提升民生福祉与公众参与，保障环境健康，共享生态红利，深化公众参与；从政治维度看，可以探索"一国两制"下治理新模式，开展制度创新示范，提升国家治理能力。

《粤港澳大湾区发展规划纲要》提出，推进生态文明建设。为粤港澳三地环境治理明确了方向和目标，提出了环境协同治理的机制。

粤港澳三地签订的《更紧密经贸安排》《粤港合作框架协议》《粤澳合作框架协议》都包含了环境保护的内容；《粤港环保合作协议》《珠澳环境保护合作协议》《港澳环境合作协议》《2017—2020年粤澳环保合作协议》《关于改善珠江三角洲空气质量的联合声明》《粤港清洁生产伙伴计划》《粤港澳区域大气污染联防联治合作协议书》等，都明确了粤港澳大湾区深入推进环境协同治理。粤港澳联席会议制度框架下，成立了"粤港持续发展与环保合作小组""粤港应对气候变化联络协调小组"和"粤澳环保合作专责小组"及其下设的专题/专责（项）小组，决策层、协调层及执行层的多层级合作模式已经形成。《共建国际一流美丽湾区合作框架协议》《内地与澳门特别行政区环境保护合作安排》的签署，《粤港澳跨境环境社会风险防范与化解工作指南》的印发，不断强化粤港澳生态环境合作。

编制完成的《粤港澳大湾区生态环境保护规划》提出，研究建立同保共享的区域环境合作机制，创新生态环境保护协作体制机制，深化重点领域合作，探索美丽湾区建设的路径机制与模式，全面推进粤港澳大湾区生态环境协同保护，研究在粤港澳大湾区率先试行与国际接轨的生态环境管理体系，推进完善三地既有合作小组、合作会议等平台，探索建立大湾区生态环境保护协调机制，共同研究跨区域生态环境保护重大问题，加强大湾区生态环境保护合作事宜的联系、推动和协调。

《全面深化深港生态环境保护合作协议》全面谋划未来五年深港十大协同合作任务，并构建统筹协调、定期会议、对接联络、信息共享和协议执行五大合作机制，进一步促进两地生态环境持续改善，助力打造生态环境优美的国际一流湾区。

《广东省碳达峰实施方案》提出，深化粤港澳低碳领域合作交流，建立健全粤港澳应对气候变化联络协调机制。

《美丽广东建设规划纲要（2024—2035年）》提出，深化粤港澳生态环境领域规则衔接和机制对接，推动建立粤港澳生态环保和应对气候变化协作机制。

粤港澳三地探索试行与国际接轨的生态环境管理体系，需立足大湾区实际，借鉴国际经验，通过对标国际规则与标准实现规则衔接，通过打造全球环保科创高地实现技术创新，通过构建国际化绿色经济体系实现市场驱动，通过培育国际生态治理共同体加强国际合作，构建既符合中国国情又对接全球标准的治理模式。

22. 粤港澳三地绿色金融改革

粤港澳三地绿色金融改革是通过政策协调、监管互认和跨境金融合作，推动金融体系向低碳、环保和可持续发展转型。三地通过制定和对接绿色金融政策、标准和信息披露要求，形成统一的绿色评估体系和监管框架，实现政策协调与标准对接；支持绿色债券、绿色信贷和绿色基金等金融工具的发展，为低碳经济、清洁能源、生态修复等绿色项目提供融资支持，共同创新绿色金融产品；利用大湾区内独特的金融资源和市场优势，推动跨境绿色金融服务，促进资本、技术和信息的共享与流动，实现跨境合作；建立绿色金融风险评估体系和激励机制，引导金融机构优先支持环保和可持续发展项目，同时强化对环境风险的监测和预警。

推动粤港澳三地绿色金融改革，可以促进绿色经济转型，强化跨境合作与资本流动，提升风险管理能力，推动科技创新和绿色技术升级，增强国际竞争力，建设美丽大湾区。通过支持低碳、环保和可持续发展项目，推动区域内经济结构优化，降低传统产业对环境的负面影响；建立统一的绿色金融标准和监管机制，促进区域内金融资源和绿色投资的高效流通，为绿色项目提供充足的资金支持；通过建立环境风险评估体系和完善信息披露制度，帮助金融机构更好地识别和管理与气候变化及环境问题相关的风险；引导社会资本向绿色产业聚集，促进绿色技术研发与应用，加快产业转型升级；通过绿色金融改革，提升大湾区整体金融服务水平和国际影响力，打造具有示范效应的绿色金融生态系统。

近年来，大湾区绿色金融业务发展势头良好。成立了全国首个区域性绿色金融联盟——粤港澳大湾区绿色金融联盟。广州绿色金融改革创新试验区在全国成效评价中连续三次排名第一。《深圳经济特区绿色金融条例》成为我国首部绿色金融法律法规，同时也是全球首部规范绿色金融的综合性法案。设立全国首家气候支行、全国首家零碳网点。发行全国首单"三绿"资产支持票据、全国规模最大的绿色企业债券、全国首批碳中和绿色债、全国首单银行间市场核电项目碳中和债、全国首单租赁行业碳中和主体信用债。发放全国试验区首笔碳排放权抵押贷款、全国上市企业首笔碳排放权抵押贷款。招商银行成为全国首发环境信息披露报告的全国性商业银行，兴业银行深圳分行成为首家公开发布环境信息披露报告的全国性银行重点区域分支机构。

《绿色金融支持企业评价认定体系》《绿色金融支持项目认定体系》《企业碳账户融资实施指南》《绿色金融和ESG管理培训项目》《中小企业环境信息披露指南》《粤港澳大湾区绿色债券环境效益信息披露指标规范》《粤港澳大湾区绿色债券发展报告（2024）》，先后由粤港澳大湾区绿色金融联盟发布。

《粤港澳大湾区发展规划纲要》提出，支持香港打造大湾区绿色金融中心，建设国际认可的绿色债券认证机构。支持广州建设绿色金融改革创新试验区，研究设立以碳排放为首个品种的创新型期货交易所。

《关于金融支持粤港澳大湾区建设的意见》提出，推动粤港澳大湾区绿色金融合作。

《深圳经济特区绿色金融条例》提出，强制要求金融机构披露环境信息，设立绿色金融公共服务平台，对绿色信贷实施风险补偿。

《广东省发展绿色金融支持碳达峰行动的实施方案》提出，强化粤港澳大湾区绿色金融领域合作。强化绿色金融合作发展，推动粤港澳大湾区绿色金融标准和服务互认共认。

23. 粤港澳三地绿色低碳科技创新和产业发展

粤港澳三地绿色低碳科技创新指的是依托三地在科技、人才和产业方面的互补优势，通过政策协调、产学研合作与资源整合，构建新能源、节能环保、碳捕集等领域的绿色低碳科技创新体系，联合推动绿色低碳领域的研发和技术应用，成为全国乃至全球绿色技术研发与转化高地。产业发展是指依托区域内经济、科技和资源优势，通过政策协同、创新驱动和市场引导，共同推动低碳、环保、循环利用等绿色产业链的构建和升级，助力美丽大湾区建设。

粤港澳三地绿色低碳科技创新，要聚焦核心技术领域，实现重大突破，如氢能与燃料电池、海上风电等新能源技术，碳捕集利用与封存、智慧能源系统等节能与碳管理技术，固废资源化、生物基材料等循环经济与材料创新。建立跨境技术转化平台，加强国际技术合作，实现产业协同与国际合作。

粤港澳大湾区绿色产业的发展，要依托三地经济结构的互补性（广东的制造能力、香港的金融优势、澳门的国际窗口），以"双碳"目标为牵引，通过政策协同、技术联动、市场互通，推动新能源、节能环保、循环经济等绿色产业高质量发展。

粤港澳三地绿色产业发展应立足区域资源禀赋、产业基础及协同优势，以"双碳"目标为引领，聚焦新能源与清洁能源领域、节能环保领域、循环经济领域、生物基材料相关的产业领域、大湾区红树林保护、绿色服务业、绿色文旅茶业与生态康养产业等重点领域，形成"技术研发—制造—应用—服务"全链条生态，推动绿色经济高质量发展。

粤港澳三地绿色低碳科技创新和产业协同发展，要发挥粤港澳三地的优势，广东建设成绿色制造中心（装备、材料），香港加强绿色金融与科创枢纽（标准制定、技术转化）的作用，澳门打造绿色服务窗口（会展、认证）。要设立"湾区绿色产业负面清单"，除明确限制领域外默认规则互认，推动科研与监管协同。要共建"大湾区绿色产品目录"，三地政府优先采购互认产品，推广"湾区碳普惠"。

《粤港澳大湾区发展规划纲要》提出，建设国际科技创新中心，建设全球科技创新高地和新兴产业重要策源地。

《关于全面推进美丽广东建设的实施意见》提出，深入推进制造强省建设，严格高耗能、高排放、低水平项目准入管理，发展壮大节能环保、清洁生产、清洁能源产业，大力发展生态循环的现代农业，优化政府绿色采购政策，提高绿色科技创新能力，加强生态环境领域基础研究和应用开发，加大科技创新力度，加强生态文明领域智库建设。

24. 大湾区产品碳足迹与低碳产品认证制度

产品碳足迹是指产品在整个生命周期（原材料获取、生产、运输、使用及废弃处理）过程中直接或间接产生的温室气体排放量，通常以二氧化碳当量（CO_2e）表示。产品碳足迹与低碳产品认证是基于碳足迹评估的第三方认证机制，旨在鼓励企业生产和推广低碳产品，并提供市场认可的环境标识。评估产品碳足迹旨在帮助企业识别减排重点，引导消费者选择低碳产品，推动供应链绿色转型。建立产品碳足迹与低碳产品认证制度，有利于建立市场信任机制，提升产品绿色溢价，助力企业应对国际贸易碳壁垒。

探索建立大湾区产品碳足迹与低碳产品认证制度，是大湾区迈向融合创新、美丽宜居未来的重要一步，对共同建设粤港澳融合创新美丽湾区具有重要作用。第一，是推动大湾区绿色低碳发展、实现"双碳"目标的关键工具。第二，促进粤港澳合作，打造低碳经济新高地。第三，提升湾区企业国际竞争力，抢占绿色贸易先机。第四，促进绿色科技创新，推动产业升级，建立低碳认证制度。第五，营造绿色宜居环境，提升湾区居民生活质量，推动碳足迹管理和低碳产品认证。

建立大湾区产品碳足迹与低碳产品认证制度，需要从政策法规、技术标准、市场机制、国际合作等多个方面进行系统性设计。一是建立统一的碳足迹核算与认证标准。二是建立碳数据管理与追踪平台。三是完善政策激励机制。四是推动企业和市场参与。五是加强国际合作，推动全球认可。

《粤港澳大湾区发展规划纲要》提出，创新绿色低碳发展模式。推动大湾区开展绿色低碳发展评价，力争碳排放早日达峰，建设绿色发展示范区。

《广东省碳达峰实施方案》提出，健全法规规章标准。

《广东省发展绿色金融支持碳达峰行动的实施方案》提出，加快培育绿色金融中介服务体系。

《关于全面推进美丽广东建设的实施意见》提出，强化绿色发展激励机制。统筹推进碳排放权交易和碳普惠工作，支持碳汇项目融合发展。

25. 生态环境领域对外开放合作

粤港澳大湾区作为中国最具国际化特征的区域之一，在生态环境保护方面的对外开放合作至关重要，有助于提升大湾区环境治理水平、增强国际竞争力，并推动全球绿色经济发展。

横琴、前海、南沙、河套是粤港澳重大合作平台，在深化生态环境领域对外开放合作方面具有重要战略意义。高水平建设这些区域，需要从绿色制度创新、环保科技合作、绿色金融发展、低碳产业聚集、国际合作等方面推进，打造国际化、可持续的生态示范区。

深化大湾区生态环境领域对外开放合作，主要包括：一是深化粤港澳生态环境合作。建立生态环境数据共享机制，推动环境标准互认，加强跨境环境治理，统一环保标准与监管体系；推动绿色金融发展，建设粤港澳碳市场联通机制，支持企业ESG（环境、社会、治理）转型，开展绿色金融与碳市场合作。二是加强国际生态环境合作。对接联合国可持续发展目标，加入全球环保倡议，推动"碳足迹"认证国际互认，参与全球气候治理；推动绿色基础设施建设，加强环保技术输出，共建国际环保研究机构，建立"一带一路"绿色合作机制。三是促进跨境绿色科技与产业合作。支持大湾区企业研发绿色能源，推广智慧环保技术，建设绿色示范区，发展低碳科技与可再生能源；设立粤港澳绿色产品认证体系，推动绿色供应链合作，举办国际环保展会和论坛，促进绿色贸易与环保产业发展。

《粤港澳区域大气污染联防联治合作协议书》提出，共建粤港澳珠三角空气质量监测平台，联合发布区域空气质量资讯，推动大气污染防治工作，开展环保科研合作，加强三地环保技术交流及推广活动。

《粤港澳大湾区水安全保障规划》提出，在流域层面，加强西江、北江和东江流域中上游水土保持和水源涵养，加强流域防洪及水资源统一调度，强化干流及重要支流的保护与治理；在湾区层面，形成"一屏、一核、一带、三廊"水安全保障总体格局；在城市群和城镇层面，优化提升四个中心城市的水安全保障能力，夯实七个重要节点城市水安全保障基础，因地制宜提高特色城镇水安全保障水平。

《广州南沙深化面向世界的粤港澳全面合作总体方案》提出，强化生态环境联建联防联治。

《美丽广东建设规划纲要（2024—2035年）》提出，积极参与"一带一路"绿色发展，深化绿色低碳发展、环保产业、海洋治理、绿色化和数字化系统转型、生物多样性保护、应对气候变化等领域的国际合作。以粤港澳大湾区、深圳先行区和横琴、前海、南沙、河套等重大合作平台为载体，深度参与全球环境治理和交流合作。

《关于全面推进美丽广东建设的实施意见》提出，深化生态环境开放合作。建设粤港澳大湾区美丽中国先行区，深度参与全球环境治理合作。

26. 粤港澳空气质量全域改善

粤港澳大湾区作为全球最具活力的经济区之一，面临空气污染、碳排放增加、跨境污染治理难度大等挑战。

加强粤港澳三地协同治理，实现大湾区空气质量的全面改善，把大湾区建设成为全球空气质量改善的示范区。要推动跨境空气污染联防联控，加快能源结构优化，减少污染源排放，推进绿色交通，推动产业绿色转型，加强科技创新与智慧环保监管，强化公众参与。

《粤港澳大湾区发展规划纲要》提出，强化区域大气污染联防联控，实施更严格的清洁航运政策，实施多污染物协同减排，统筹防治臭氧和PM$_{2.5}$污染，实施珠三角九市空气质量达标管理。

《广东省空气质量持续改善行动方案》提出，推动粤港澳大湾区空气质量改善先行示范区建设。

《美丽广东建设规划纲要（2024—2035年）》提出，深化粤港澳大气污染联防联治，健全国际一流的粤港澳大湾区空气质量监测网络，推动联合发布空气质量健康指数（AQHI）。

《关于全面推进美丽广东建设的实施意见》提出，提标提质打好蓝天保卫战。

27. 珠江三角洲河网区和珠江口近岸海域系统保护

珠江三角洲河网区与珠江口近岸海域是中国南方生态安全屏障和粤港澳大湾区可持续发展的核心支撑。由于城市化进程加快、工业污染、航运压力等因素，水环境正面临污染加剧、湿地退化、水生生态系统受损等挑战。

珠江三角洲河网与珠江口保护需突破传统"末端治理"模式，转向"生态修复—资源增值—风险防控"系统治理。通过陆海统筹、技术创新和粤港澳制度协同，在保障大湾区经济发展的同时，守住生物多样性基线与水安全底线。加强流域综合治理，提升水环境质量，加强珠江口近岸海域生态保护，发展智慧水环境管理，推进粤港澳合作强化区域协同保护，倡导公众参与。

《广东省水污染防治行动计划实施方案》提出，完善跨界水污染联防联治机制，推动国家建立东江、西江、北江、韩江、九洲江等跨省流域联防联治机制，建立完善广佛肇、珠中江、深莞惠、汕潮揭、湛茂阳等区域和东江、韩江流域环保合作平台。实施近岸海域污染防治方案，重点整治珠江口污染，沿海地级以上城市实施总氮排放总量控制。加大红树林、珊瑚礁、海草床等滨海湿地、河口和海湾典型生态系统，以及产卵场、索饵场、越冬场、洄游通道等重要渔业水域的保护力度，实施海洋生态修复。

《粤港澳大湾区发展规划纲要》提出，加强海岸线保护与管控，强化近岸海域生态系统保护与修复，推进"蓝色海湾"整治行动、保护沿海红树林，加强海洋资源环境保护，实施东江、西江及珠三角河网区污染物排放总量控制，保障水功能区水质达标。

《珠江口邻近海域综合治理攻坚实施方案》提出，通过入海排污口排查整治、入海河流水质改善、沿海城市污染治理、沿海农业农村污染治理、海水养殖环境整治、船舶港口污染防治、岸滩环境整治、海洋生态保护修复、海洋环境风险防范和应急监管能力建设、美丽海湾建设，打好珠江口生态环境综合治理攻坚战。

《美丽广东建设规划纲要（2024—2035年）》提出，深化海洋生态环境联防联控，推进粤港澳在海洋生态环境监测应急、海漂垃圾防治等领域深度合作。

28. 粤港澳美丽海湾

粤港澳大湾区是我国最具活力的经济区域之一，也是一个生态资源丰富的海湾区域。粤港澳大湾区拥有独特的海洋生态系统，如红树林、珊瑚礁、滨海湿地等，栖息着大量珍稀动植物，生物多样性丰富。粤港澳大湾区的海洋经济发达，渔业、港口贸易、海洋旅游等产业依赖健康的海洋生态系统，美丽海湾的生态价值是大湾区经济的重要支撑。海洋在碳汇、调节气候、缓解极端天气方面发挥着十分重要的作用。随着工业化和城市化进程的加快，海洋生态环境面临着污染、资源过度开发、生物多样性下降等挑战。如何在保持经济繁荣的同时，实现海洋生态保护，打造"美丽海湾"，成为粤港澳地区共同努力的目标。

根据粤港澳大湾区生态环境面临的海洋污染、岸线开发过度、海洋资源过度利用等问题，要采取一系列综合措施共建粤港澳美丽海湾。要强化跨区域生态协同治理，加快蓝色经济的发展，加强海洋生态修复，鼓励公众参与。

根据《美丽海湾建设提升行动方案》，当前的粤港澳美丽海湾建设，要重点实施三大行动。一是美丽海湾建设提质增效行动，二是典型海洋生态系统保护修复行动，三是重点入海排污口整治行动。

《美丽广东建设规划纲要（2024—2035年）》提出，打造"水清滩净"美丽海湾。深化陆海污染协同治理，加强海洋生态保护修复与监管，推动美丽海湾建设。

《关于全面推进美丽广东建设的实施意见》提出，建设水清滩净的美丽海湾，"一湾一策"分类打造美丽海湾。

29. 无废湾区

建设粤港澳"无废湾区"是推动粤港澳生态文明建设、实现绿色低碳转型的重要战略，通过协同治理、技术创新和制度优化，减少固体废物产生量，提升资源循环利用水平，最终打造无废湾区。

建设粤港澳"无废湾区"，必须减少固体废物的产生，促进资源循环利用。一是加强废物源头减量。二是完善资源回收与循环利用体系。三是推进绿色低碳技术应用。四是构建跨区域合作机制。五是增强公众环保意识。

《粤港澳大湾区发展规划纲要》提出，加强危险废物区域协同处理处置能力建设，强化跨境转移监管，提升固体废物无害化、减量化、资源化水平。

《广东省推进"无废城市"建设试点工作方案》提出，推行工业绿色生产，加快工业固体废物资源化利用；践行绿色生活方式，推动生活垃圾资源化利用；推行农业绿色生产，推动农业废弃物回收利用；加快设施建设，推动固体废物收集处置能力匹配化；完善机制体制，推动固体废物全过程精细化管理；激发市场活力，推动相关技术与产业发展。

《美丽广东建设规划纲要（2024—2035年）》提出，推动建立粤港澳固体废物协同处置机制，打造"无废"湾区。

《关于全面推进美丽广东建设的实施意见》提出，积极探索"无废"湾区建设路径，推进粤港澳大湾区固体废物协同处置。

四、长江流域建设绿色低碳发展示范带

30. 长江经济带生态共治

长江经济带生态共治是指沿长江流域的11个省区市（上海、江苏、浙江、安徽、江西、湖北、湖南、重庆、四川、贵州和云南）通过协同治理、政策协调和环保合作，共同保护和修复长江生态环境，建设美丽长江。

2024年，长江经济带11个省区市的GDP为630197.54亿元，约占全国GDP总量的46.7%。但由于各地发展水平不同，产业结构迥异，产业转型压力也不一样，环保责任分配不均衡，跨省协调难度大。从经济总量看，各省区市的GDP占长江经济带GDP总量的比例依次为：江苏21.74%、浙江14.3%、四川10.27%、湖北9.52%、上海8.56%、湖南8.45%、安徽8%、江西5.43%、重庆5.1%、云南5%、贵州3.6%，这意味着各地在长江经济带生态共治下承担的责任有所不同。近年来，长江经济带生态

环境保护工作取得积极进展，各地的水质持续改善，长江生态系统恢复，绿色产业发展加速，长江经济带高质量发展迈出新步伐。

要把长江流域建设成我国绿色低碳发展示范带，必须强化长江经济带生态共治。我国已经在长江经济带生态共治上建立了比较完善的机制，《中华人民共和国长江保护法》确立了"流域+区域"治理模式和"三线一单"硬约束。2023年，11省区市共划定的生态保护红线面积约为52万平方千米。其中，陆域生态保护红线约为49万平方千米，海洋生态保护红线约为3万平方千米。长三角、长江中游、成渝地区都建立了多元协作平台，流域横向生态保护补偿机制初步建立。

长江经济带生态共治需向"空间精准化、手段市场化、参与社会化"转型，要强化跨区域协同治理，全流域建立横向生态保护补偿机制，完善联防联控机制，协同应对环境污染问题，共建生态保护区；严格"三线一单"生态管控，协同开展污染防治行动；推动高耗能、高污染产业转型，发展新能源、环保产业，创新治理工具，加大绿色金融支持力度，推动废水、废气、废渣综合利用，提高资源利用率。

《关于依托黄金水道推动长江经济带发展的指导意见》提出，建设绿色生态廊道。

《长江经济带发展规划纲要》指出，把保护和修复长江生态环境摆在首要位置，共抓大保护，不搞大开发，全面落实主体功能区规划，明确生态功能分区，划定生态保护红线、水资源开发利用红线和水功能区限制纳污红线，强化水质跨界断面考核，推动协同治理，严格保护一江清水，努力建成上中下游相协调、人与自然相和谐的绿色生态廊道。

《长江经济带生态环境保护规划》指出，确立水资源利用上线，妥善处理江河湖库关系；划定生态保护红线，实施生态保护与修复；坚守环境质量底线，推进流域水污染统防统治；全面推进环境污染治理，建设宜居城乡环境；强化突发环境事件预防应对，严格管控环境风险；创新大保护的生态环保政策机制，推动区域协同联动。

《关于推进长江经济带绿色航运发展的指导意见》提出，完善长江经济带绿色航运发展规划，建设生态友好的绿色航运基础设施，推广清洁低碳的绿色航运技术装备，创新节能高效的绿色航运组织体系，提升绿色航运治理能力，深入开展绿色航运发展专项行动。

《关于支持长江经济带农业农村绿色发展的实施意见》提出，强化水生生物多样性保护，深入推进化肥农药减量增效，促进农业废弃物资源化利用；强化农业资源环境管控、落实农业功能区制度、建立农业产业准入负面清单制度、统筹山水林田湖草沙等生产要素，优化农业农村发展布局，开展农村人居环境整治行动。

《长江保护修复攻坚战行动计划》提出，强化生态环境空间管控，严守生态保护红线；排查整治排污口，推进水陆统一监管；加强工业污染治理，有效防范生态环境风险；持续改善农村人居环境，遏制农业面源污染；补齐环境基础设施短板，保障饮用水水源水质安全；加强航运污染防治，防范船舶港口环境风险；优化水资源配置，有效保障生态用水需求；强化生态系统管护，严厉打击生态破坏行为。

《中华人民共和国长江保护法》提出，协同推进长江流域生态环境保护和修复。

《"十四五"长江经济带发展实施方案》提出，强化生态环境系统保护修复，切实把保护修复长江生态环境摆在压倒性位置。

《支持长江全流域建立横向生态保护补偿机制的实施方案》提出，统筹考虑水环境、水生态、水资源、水安全、水文化和岸线等多要素，推动长江上中下游、江河湖库、左右岸、干支流协同治理。

《"十四五"长江经济带塑料污染治理实施方案》提出，强化漂浮塑料垃圾清理，推进岸线塑料垃圾清理，加强船舶港口塑料垃圾清运，建立农用塑料废弃物处置长效机制。

《"十四五"长江经济带湿地保护修复实施方案》提出，加强重点生态功能区、农产品主产区、都市圈地区、重点流域等区域的湿地保护修复。

《长江中游城市群发展"十四五"实施方案》提出，推动绿色低碳转型，共同筑牢生态安全屏障。

《深入打好长江保护修复攻坚战行动方案》提出，在长江经济带、长江集水区域所涉及6个省区的相关县级行政区域，深入打好长江保护修复攻坚战。

《长江经济带—长江流域国土空间规划（2021—203年）》提出，将上下游、干支流、水上岸上、点源面源作为一个整体综合治理，加强高黎贡山、滇池流域、赤水河流域、太湖流域等重点区域的空间管控引导，改善生态服务功能，提升生物多样性保护水平。优化长江干支流生产岸线和生活岸线布局结构，严控新增工业岸线。

31. 长江全流域分区管控

长江全流域分区管控是指根据长江流域的生态环境状况、功能定位和发展特点，将流域划分为不同区域，实施差异化的管理和保护措施，实施分类管控，以实现生态优先、绿色发展和资源高效利用。

生态环境分区管控体系将全国划分为优先保护单元、重点管控单元、一般管控单元三个差异化管控单元，长江全流域要按单元精细化分区管控，实现"一单元一策略"的精准管理。在优先保护单元，重点保护生态功能核心区域包含生态保护红线区域、饮用水水源保护区、湿地保护区等法律法规明确保护的区域，通过严格管控维护生态系统的完整性和服务功能；在重点管控单元，聚焦发展与保护矛盾突出区域主要覆盖环境质量超标区域、工业聚集区、人口密集城市群、环境风险高危区，通过针对性措施强化污染排放管控和风险防控；在开发强度较低区域、环境质量达标且生态压力较小的地区等一般管控单元，实施常规环境管理，保持生态环境质量稳定，为未来发展预留弹性空间。

实施长江全流域分区管控，能有效解决区域间发展与保护失衡问题，明确各类区域的功能和责任，保障长江流域生态系统的整体稳定性，为全国其他流域治理提供示范和样板。

完善长江全流域分区管控，是提升长江流域生态治理体系和治理能力现代化的关键。在制度层面，要健全管控政策体系，制定统一的分区管控技术规范，加强与"三线一单"、国土空间规划等的融合；在技术层面，要提升科学支撑能力，建设流域生态环境大数据平台，推动数字化和智能化管理；在执行层面，要强化刚性约束与激励机制，构建分区分类的准入与管控清单，建立"评估+追责"机制，推动"奖优罚劣"的激励机制；在协同层面，要加强区域联动与流域共治，建立跨省联动治理机制，推动上下游生态补偿机制；在公众与社会参与层面，推进信息公开与社会监督，开展科普宣传和公众教育。

《长江经济带发展规划纲要》指出，按照全国主体功能区规划要求，建立生态环境硬约束机制，明确各地区环境容量，制定负面清单，强化日常监测和监管，严格落实党政领导干部生态环境损害责任追究制度。对不符合要求占用的岸线、河段、土地和布局的产业，必须无条件退出。

《长江经济带生态环境保护规划》指出，上游区重点加强水源涵养、水土保持、生物多样性维护和高原湖泊湿地保护，中游区加强丹江口库区及上游地区、湘资沅中游、赣江中上游等区域的水土流失治理与生态修复，下游区重点修复太湖等退化水生态系统。

《长江保护修复攻坚战行动计划》提出，实施流域控制单元精细化管理。

《关于实施"三线一单"生态环境分区管控的指导意见（试行）》提出，落实长江保护法，加大对生态环境分区管控方案和生态环境准入清单在长江大保护战略中实施情况评估力度。

《深入打好长江保护修复攻坚战行动方案》提出，推动全流域精细化分区管控。

《关于加强生态环境分区管控的意见》提出，落实长江经济带发展战略，推动长江全流域按单元精细化分区管控，加强沿江重化工业水污染防治和环境风险防控，防止重污染企业和项目向长江中上游转移。

32. 长江干支流及重要湖泊保护治理

长江干支流及重要湖泊保护治理是对长江主河道、主要支流（如汉江、嘉陵江、湘江等）以及重要湖泊（如洞庭湖、鄱阳湖、巢湖等）的生态环境问题系统性开展生态修复、污染治理、水环境治理、水资源调度，解决长江流域水污染、生态退化、生物多样性减少等突出问题，保障水资源安全，恢复流域生态系统功能。

长江干支流及重要湖泊保护治理的主要内容：一是水质提升与污染治理。控制工业、农业、城镇生活等污染源，推进沿江支流排污口整治与入河排查，在沿湖区域构建生态缓冲带，严控面源污染。二是生态修复与水体连通。清理非法围湖、围垦、筑坝行为，实施湿地修复、湖泊生态系统重建，打通断头河，恢复河湖水系连通性，提升水体自净能力。三是水资源调控与洪水防治。依托三峡、丹江口等枢纽工程，合理调度洪水，对洞庭湖、鄱阳湖开展蓄洪调度与风险评估，提高抗旱、抗洪能力。四是岸线保护与生态空间管控。推行"岸线分区管控"，严格限制开发强度，推动退耕还湖、退建还湿，恢复自然岸线，设置生态缓冲区和岸线红线。五是重点区域专项整治。

《汉江生态经济带发展规划》提出，加快推进生态文明建设，打造"美丽汉江"。

《"十四五"嘉陵江流域生态环境保护与修复实施方案》和《"十四五"乌江流域生态环境保护与修复实施方案》提出，扎实推进嘉陵江流域、乌江流域生态环境系统保护修复工作，切实提升流域生态环境质量。

《关于加强长江经济带重要湖泊保护和治理的指导意见》提出，构建完整、稳定、健康的湖泊生态系统。

《"十四五"重点流域水环境综合治理规划》提出，推进长江上中下游、江河湖库、左右岸、干支流协同治理。

《深入打好长江保护修复攻坚战行动方案》提出，加强重要湖泊生态环境保护修复。

《重点流域水生态环境保护规划》提出，持续推进长江流域共抓大保护。

《长江经济带—长江流域国土空间规划（2021—203年）》提出，推进江河源头、重要山脉、森林草原、湖泊湿地、河口海湾等系统保护修复工作。

33. 长江流域水生态考核

长江流域水生态考核是为系统评估和推动长江流域水生态环境质量改善，针对沿江各省区市及相关部门设定的量化考核机制，通过建立科学指标体系对水资源保护、水环境治理、水生态修复等成效进行定期评价，并将结果纳入地方政府绩效考核，强化生态保护责任落实。

2023年6月5日，生态环境部、国家发展和改革委员会、水利部、农业农村部联合印发《长江流域水生态考核指标评分细则（试行）》，明确了考核的总体要求、评价考核水体、指标体系、现状评价、变化幅度评价、等级划分。

长江流域17省区市水生态综合评价每年开展1次，每5年考核2次，将长江流域17省区市具有重要生态功能或社会关注度高的长江干流、主要支流、重点湖泊和水库等50个水体确定为评价考核对象。

长江流域水生态考核指标包括水生态系统健康、水生境保护、水环境保护和水资源保障4个一级指标，细分为鱼类物种数等14个二级指标。按河流、湖泊、水库分类确定评价考核指标。其中，河流分为10个二级指标，包括鱼类物种数、重点保护水生生物数量、大型底栖动物物种数、自然岸线率、水体连通性、水生生物栖息地人类活动影响指数、水源涵养区生态系统质量、综合污染状况、汛期污染强度、生态流量达标率。部分河流不评价重点保护水生生物数量或水生生物栖息地受人类活动影响指数、水源涵养区生态系统质量。湖泊分为11个二级指标，包括鱼类物种数、重点保护水生生物数量、大型底栖动物物种数、水华面积比例、水生植被覆盖度、浮游动物群落结构、自然岸线率、水生生物栖息地人类活动影响指数、水源涵养区生态系统质量、综合营养状态、生态流量达标率。部分湖泊不评价重点保护水生生物数量或水生生物栖息地受人类活动影响指数、水源涵养区生态系统质量。水库分为6个二级指标，包括鱼类物种数、重点保护水生生物数量、水华面积比例、水生生物栖息地人类活动影响指数、水源涵养区生态系统质量、综合营养状态。

省域水生态综合评价得分是省域现状评价得分与省域变化幅度得分按照一定比例进行加权求和所得。根据综合评价得分，省域水生态综合评价等级分为3级，依次为"优秀""良好""一般"。

《中华人民共和国长江保护法》提出，国家实行长江流域生态环境保护责任制和考核评价制度。上级人民政府应当对下级人民政府生态环境保护和修复目标完成情况等进行考核。

《深入打好长江保护修复攻坚战行动方案》提出，建立健全长江流域水生态考核机制，科学构建长江流域水生态监测评价考核指标体系。

34. 长江十年禁渔

长江流域重点水域禁捕（长江十年禁渔）是为修复长江流域生态系统、拯救濒危水生生物而实施的一项全面禁捕政策，是推动长江经济带高质量发展和恢复长江母亲河生机活力的重要举措，为期十年（2021年1月1日至2030年12月31日）。

2021年1月1日，长江十年禁渔正式启动，禁渔范围包括长江干流、长江口禁捕管理区、鄱阳湖、洞庭湖等通江湖泊，大渡河、岷江、沱江、赤水河、嘉陵江、乌江、汉江等重要支流，还有长江流域332个水生生物保护区，以及各地确定纳入禁捕范围的其他重点水域。

2024年8月，农业农村部发布了长江十年禁渔重要成果：2023年，长江干流、洞庭湖、鄱阳湖水生生物完整性指数评价等级相较于禁渔前提升了2个等级，重要支流中的赤水河继续为"良好"，岷江提升1个等级。2023年，长江流域监测到土著鱼类227种，比2022年增加34种；监测到国家重点保护水生野生动物14种，比2022年增加3种。15.1万有就业能力和意愿的退捕渔民全部转产就业，符合参保条件的21.9万退捕渔民全部参加养老保险，已有5.3万多人领取养老金，安置保障措施全覆盖。2024年上半年，各地农业农村部门查办非法捕捞案件2545起，同比下降48.7%；公安机关破获涉渔刑事案件2978起，同比下降1.8%；市场监管部门查办相关案件504起，同比下降54.1%，非法捕捞高发频发态势得到有效遏制。相关部委先后制定渔民安置保障、禁捕执法监管、资源保护恢复、禁渔效果评估等70多项配套措施。

《关于加强长江水生生物保护工作的意见》提出，长江流域重点水域实现常年禁捕。开展生态修复，拯救濒危物种，加强生境保护，完善生态补偿，加强执法监管，强化支撑保障。

《关于切实做好长江流域禁捕有关工作的通知》《进一步加强长江流域重点水域禁捕和退捕渔民安置保障工作实施方案》《打击长江流域非法捕捞专项整治行动方案》《打击市场销售长江流域非法捕捞渔获物专项行动方案》指出，确保长江流域禁捕各项政策措施落实到位，如期完成长江流域禁捕目标任务。

《长江生物多样性保护实施方案（2021—2025年）》提出，加强长江珍稀濒危物种资源保护，修复重要水生生物关键栖息地，提高渔政执法监管能力，健全水生生物资源及栖息地监测体系，提升长江生物物种保护技术水平。

《成渝地区双城经济圈生态环境保护规划》提出，严格落实长江十年禁渔。

《深入打好长江保护修复攻坚战行动方案》提出，全面实施十年禁渔。

《关于坚定不移推进长江十年禁渔工作的意见》提出，优化工作推进机制，持续做好安置保障，持续加强执法监管，加快推进生态修复。

35. 旱涝同防同治

长江流域旱涝同防同治是针对长江流域旱灾与洪涝灾害交替频发的特点，统筹水资源管理、生态修复与工程调度，实现防灾减灾与可持续发展的系统性治理策略，保障流域生态安全、水资源安全与社会经济稳定。

长江流域属亚热带季风气候，水资源丰富但时空分布极不均衡，流域中下游常年夏季强降雨，极易发生洪涝灾害，冬春季降水偏少，上游和中游又易发生干旱缺水，上游山区水土流失加剧洪水风险，中下游平原河网密布，易受洪涝与干旱叠加影响，治理难度极大。

要应对气候变化和极端水文事件日益增多的局面，必须通过"空间均衡、系统治理"实现旱涝灾害同防同治。"同防"就是同步防范洪水与干旱风险，在汛期既要防洪，又要关注汛末秋旱，提前布局、合理调度水库、水利枢纽，兼顾防洪和供水功能；"同治"就是协同治理水资源不均衡问题，通过流域统筹、工程联调、水源配置、水土保持等手段，实现旱涝调蓄，改变传统"旱用一套系统、涝用一套系统"的做法，推动一体化流域治理体系建设。

坚持旱涝同防同治，一是构建流域统一调度体系，比如"三峡—葛洲坝"等水库群联合调度，涝时蓄洪，旱时放水，优化调蓄能力；二是提升水利工程综合能力，建设或强化兼顾"防洪+供水+生态"的水利基础设施，如南水北调中线调蓄、引汉济渭等，推进"海绵城市"建设，加快城市排涝升级；三是开展生态修复增强韧性，加快湿地与湖泊恢复，开展森林与水土保持，实施河湖连通工程，提高水资源时空调配灵活性；四是强化气象—水文联合预警系统，利用卫星遥感实时监控旱涝风险，建立旱涝灾害监测预报一体化平台，强化流域水工程联合调度系统，提高极端天气的预判能力和响应速度；五是推动水资源节约与利用，在流域农业、工业、城市用水中推进节水型社会建设，建设高标准农田灌溉系统，推广滴灌、喷灌等节水技术，在工业和城市用水中推动非常规水资源（如再生水）的使用。

《长江流域防洪规划》提出，加强流域防汛抗旱的统一管理和调度。

《"十四五"水安全保障规划》提出，完善流域统一管理机制。深化流域管理机构改革，强化流域机构在流域规划管理、水旱灾害防御、水资源统筹配置、水生态治理、综合调度、监测监督等方面职能，实现对干支流监督管理全覆盖。

36. 丹江口库区及其上游流域水质安全

丹江口库区及其上游流域水质安全是指确保丹江口水库及其上游河流的水体质量符合国家饮用水标准，保障南水北调中线工程水源的清洁与可持续利用。作为中国重要的战略性水源地，其水质安全直接关系到华北地区数亿人口的饮水安全与区域生态平衡。

丹江口库区及上游是南水北调中线工程水源区，是京津冀豫的"水命脉"，水质一旦受到污染，将波及数亿人饮水，对其水质安全有最高级别的保护与监管。作为国家战略性水源地、国际重要生态功能区、绿色可持续发展先行区，丹江口库区及其上游流域水质安全不仅是"不污染"，而是包括控制氮、磷、有机物、重金属、农药等污染物，满足《地表水环境质量标准》中的II类水质标准，防控突发风险，维护生态系统健康。

加强丹江口库区及其上游流域水质安全保障，核心是要构建一套"系统治理、源头防控、科学调度、联防联控"的长效机制。一是强化源头治理，控制污染输入。二是加强水资源统一调度与生态调控。三是推动生态保护与修复。四是健全水质监测与风险预警体系。五是完善法规政策与区域协作机制。六是加强公众参与和社会监督。

《汉江生态经济带发展规划》提出，加强丹江口库区及上游地区综合治理，加快中下游地区水生态保护与修复。

《中华人民共和国长江保护法》提出，丹江口库区及其上游所在地县级以上地方人民政府应当按照饮用水水源地安全保障区、水质影响控制区、水源涵养生态建设区管理要求，加强山水林田湖草沙整体保护，增强水源涵养能力，保障水质稳定达标。加强丹江口库区等重点库区消落区的生态环境保护和修复，因地制宜实施退耕还林还草还湿，禁止施用化肥、农药，科学调控水库水位，加强库区水土保持和地质灾害防治工作，保障消落区良好生态功能。

《丹江口库区及上游水污染防治和水土保持"十四五"规划》提出，优化流域空间管控格局，深化水污染系统治理，大力推进生态保护与修复，强化水资源保护，推动水源区高质量发展，严防严控生态环境风险。

《"十四五"重点流域水环境综合治理规划》提出，以丹江口水库等重要饮用水水源地为重点，统筹推进城乡饮用水水源地保护，加快城市水源地规范化建设，加强农村水源地保护，保障南水北调等重大输水工程水质安全，提升饮用水安全保障水平。

37. 长江全流域横向生态保护补偿机制

长江全流域横向生态保护补偿机制是促进上下游地区协同保护生态环境、水资源和水质安全的制度安排。下游地区向为生态保护作出贡献的上游地区进行资金或技术支持，实现生态保护。通过"受益者付费、保护者受偿"实现流域内不同行政区域间的生态保护成本共担、效益共享。

长江流域是典型的上下游、左右岸、干支流"命运共同体"，传统行政区划分割治理难以应对流域整体生态问题，建立跨区域、跨部门的"横向生态补偿机制"，才能打破行政壁垒，强化协同治理。长江流域的补偿机制，就是典型的流域型横向补偿机制。横向补偿机制是以水质、水量、污染削减、生态指标为考核依据，采取"资金补偿+项目支持+技术协作"的补偿方式，由第三方或国家部门进行断面水质监测与成效评估。

《长江经济带发展规划纲要》指出，建立长江生态保护补偿机制。按照"谁受益谁补偿"的原则，对上中下游开发地区、受益地区与生态保护地区进行横向生态保护补偿。

《关于健全生态保护补偿机制的意见》提出，推进横向生态保护补偿。在长江、黄河等重要河流探索开展横向生态保护补偿试点。继续开展南水北调中线工程水源区对口支援、新安江水环境生态补偿试点。

《中华人民共和国长江保护法》提出，国家建立长江流域生态保护补偿制度。

鼓励长江流域上下游、左右岸、干支流地方人民政府之间开展横向生态保护补偿。

《支持长江全流域建立横向生态保护补偿机制的实施方案》提出，巩固长江经济带现有流域横向生态保护补偿机制建设成果，推动建立长江全流域横向生态保护补偿机制。中央财政支持引导19省进一步建立横向生态保护补偿机制，以地方为主体建立横向生态保护补偿机制。

《关于深化生态保护补偿制度改革的意见》提出，健全横向补偿机制。推动建立长江全流域横向生态保护补偿机制，支持沿线省区市在干流及重要支流自主建立省际和省内横向生态保护补偿机制。

《关于加强长江经济带重要湖泊保护和治理的指导意见》提出，探索建立生态补偿机制，鼓励重要湖泊所在地建立生态保护补偿机制。

《成渝地区双城经济圈生态环境保护规划》提出，推动建立成渝地区跨流域跨区域横向生态保护补偿机制，鼓励上下游、左右岸、干支流地方政府之间开展横向生态保护补偿试点，开展濑溪河横向生态保护补偿探索。

《长江中游城市群发展"十四五"实施方案》提出，建立健全长江流域横向生态保护补偿机制，完善流域生态保护补偿标准等，推动渌水流域横向生态保护补偿机制常态化运行，健全鄱阳湖、洞庭湖补偿机制，推进江西生态综合补偿试点省份建设。

《成渝地区双城经济圈"六江"生态廊道建设规划（2022—2035年）》提出，探索多元化生态保护补偿途径，建立和完善多层次、多渠道、多元化的横向生态保护补偿机制。

38. 成渝地区双城经济圈跨界污染协同治理

成渝地区双城经济圈跨界污染协同治理是指以成都和重庆为核心，联动周边城市，通过跨行政区域的政策协调、联合执法、资源共享和技术合作，共同应对大气、水体和土壤等环境污染问题，变原来的"你污染、我受害"为"你我共治、协同防控"，实现区域生态环境一体化治理。打破行政区划壁垒，解决因地理相邻、经济一体化导致的污染跨界转移和叠加问题，能使成渝地区实现高质量发展与生态保护的有机统一。

成渝地区双城经济圈以重庆和四川成都为核心，包括两地共40多个县市区，涉及流域主要为长江上游流域，包括嘉陵江、涪江、沱江、岷江等。经济圈位于"一带一路"和长江经济带交汇处，是西部陆海新通道的起点，具有连接西南西北，沟通东亚与东南亚、南亚的独特优势。区域内生态禀赋优良、能源矿产丰富、城镇密布、风物多样，是我国西部人口最密集、产业基础最雄厚、创新能力最强、市场空间最广阔、开放程度最高的区域，在国家发展大局中具有独特而重要的战略地位。

成渝地区双城经济圈推进跨界污染协同治理，共建绿色低碳高品质生活宜居地，是当前西部大开发与长江上游生态保护战略中的重要一环，目的是打造生态环境协同治理新格局，实现"山水共保、污染共治、生态共享"。

通过共抓大保护实现"生态优先、绿色发展"，通过流域一盘棋打破"行政壁垒、系统治理"，通过信息互通共享实现"环境数据互认、协同应急响应"，通过责任共担共治实行"谁治理、谁受益，谁排污、谁负责"。一是联合制定规划协同治理；二是建设跨界生态环境联合监测网络，实现在线监测数据共享、同步发布；三是推进跨界污染源联合整治，联合整治工业园区、畜禽养殖、水产密集区等重点区域，推行统一排放标准和执法规则；四是建立生态环境联合执法协作机制，联合查处偷排偷放、危险废物非法转移；五是推动流域横向生态保护补偿机制建设。

《成渝地区双城经济圈建设规划纲要》提出，共筑长江上游生态屏障。推动生态共建共保，加强污染跨界协同治理，探索绿色转型发展新路径。

《成渝地区双城经济圈生态环境保护规划》提出，推进绿色低碳转型发展。深化环境污染同防共治，严密防控区域环境风险，协同推进环境治理体系现代化，实施区域生态修复重大工程、生物多样性保护重大工程、水生态环境治理重大工程、大气污染治理重大工程、土壤污染风险管控与治理修复重大工程、固体废物综合利用工程、人居环境问题整治工程、区域环境风险防控重大工程、成渝地区生态环境治理能力建设重大工程。

《成渝地区双城经济圈碳达峰碳中和联合行动方案》提出，实施区域能源绿色低碳转型行动、产业绿色低碳转型行动、交通运输绿色低碳行动、空间布局绿色低碳行动、绿色低碳财税金融一体化行动、绿色低碳标准体系保障行动、绿色低碳科技创新行动、绿色市场共建行动、绿色低碳生活行动、绿色低碳试点示范行动。

《关于推进成渝地区双城经济圈"无废城市"共建的指导意见》提出，强化顶层设计引领，加强区域交流合作，实施工业绿色生产，推行农业绿色生产，践行绿色生活方式，推动建筑垃圾综合利用，防控危险废物环境风险，不断完善体制机制，提升智慧管理水平，持续激发市场活力，协同推动成渝地区双城经济圈"无废城市"共建。

《四川省推动成渝地区双城经济圈建设生态环境保护专项规划》提出，推动生产生活方式全面绿色转型，筑牢长江上游生态屏障，持续改善环境质量，防范化解生态环境风险，完善生态环境治理协作机制。

《重庆市推动成渝地区双城经济圈建设行动方案（2023—2027年）》提出，实施推进生态优先绿色发展行动。全面激发生态文明建设活力，深入实施生态系统保护，持续改善生态环境质量，积极稳妥推进碳达峰碳中和，探索绿色转型发展新路径。

《成渝地区双城经济圈"六江"生态廊道建设规划（2022—2035年）》提出，强化生态共保，守住廊道生态安全底线；推进生态共建，筑牢长江上游生态屏障；促进生态共享，增进人民群众生态福祉；部署一批重点工程。

五、黄河流域上中下游协同保护和治理

39. 沿黄河各省区生态保护治理

沿黄河各省区生态保护治理是指黄河流域内各省区（青海、四川、甘肃、宁夏、内蒙古、山西、陕西、河南、山东）通过系统性的生态修复、水土保持、污染防治、水资源集约利用等措施，协同推进流域生态系统整体保护与修复，旨在保障黄河长治久安，筑牢国家生态安全屏障，保障黄河流域永续发展。

支持沿黄各省区加强生态保护治理，需要从黄河流域生态保护和高质量发展是重大国家战略这个基本点出发，要共同抓好大保护，协同推进大治理，着力加强生态保护治理，需要系统性、差异化的政策设计和技术支撑，结合流域整体性与区域特殊性，从顶层规划、资金投入、技术赋能、协同机制等多维度发力。要完善制度

政策支持，推进重点工程与生态修复，推动区域协同联动，发展生态产业，提升科技与能力支撑，鼓励社会和公众参与。

《全国重要生态系统保护和修复重大工程总体规划（2021—2035年）》提出，在黄河重点生态区，大力开展水土保持和土地综合整治、天然林保护、三北等防护林体系建设、草原保护修复、沙化土地治理、河湖与湿地保护修复、矿山生态修复等工程。

《黄河流域生态保护和高质量发展规划纲要》提出，加强上游水源涵养能力建设，加强中游水土保持，推进下游湿地保护和生态治理，加强全流域水资源节约集约利用，全力保障黄河长治久安，强化环境污染系统治理，建设特色优势现代产业体系，构建区域城乡发展新格局，加强基础设施互联互通，保护传承弘扬黄河文化，补齐民生短板和弱项，加快改革开放步伐，推进规划实施。

《"十四五"黄河流域生态保护和高质量发展城乡建设行动方案》提出，实施黄河流域生态环境治理工程。黄河上游区域城镇重点加强山林保护和生态涵养，黄河中游区域城镇抓好水土保持和污染治理，因地制宜推进黄河中下游区域沿黄城市湿地公园建设，加强黄河三角洲的生态系统保护和生物多样性保护。

《支持宁夏建设黄河流域生态保护和高质量发展先行区实施方案》提出，构建黄河上游重要生态安全屏障。

《黄河流域生态环境保护规划》提出，优化空间布局，加快产业绿色发展；推进三水统筹，治理修复水生态环境；加强区域协作，实现减污降碳协同增效；加强管控修复，防治土壤地下水污染；坚持生态优先，实施系统保护修复；强化源头管控，有效防范重大环境风险；构建治理体系，提升治理水平。

《黄河生态保护治理攻坚战行动方案》提出，在黄河流域覆盖的9省区范围内，以黄河干流、主要支流及重要湖库为重点开展流域生态保护治理行动。开展河湖生态保护治理行动、减污降碳协同增效行动、城镇环境治理设施补短板行动、农业农村环境治理行动、生态保护修复行动。

《黄河流域生态保护和高质量发展科技创新实施方案》提出，实施水安全保障关键技术攻坚行动，实施生态保护关键技术攻坚行动，实施环境污染防治关键技术攻坚行动，实施高质量发展与文化传承创新行动，实施综合治理工程示范行动，实施创新能力提升行动。

《中华人民共和国黄河保护法》以法律形式加强黄河流域生态环境保护，实现人与自然和谐共生。

《黄河流域国土空间规划（2021—2035年）》提出，在黄河源区一体化保护高寒地区生态系统整体性，在黄河"几"字弯地区重点治理晋陕宁蒙黄土区水土流失，在黄河下游地区增强山东半岛、中原城市群与京津冀、长三角等城市群之间的区域联系和融合发展。

《关于全面推动黄河流域生态保护和高质量发展的意见》提出，持续完善黄河流域生态大保护大协同格局，系统提升上游水源涵养能力，加强中游水土保持，推进下游湿地保护和生态治理。

40. 沿黄能源、化工等基地绿色低碳转型

沿黄能源、化工等基地的绿色低碳转型，是指黄河流域内以传统能源（煤炭、石油等）和重化工产业为核心的生产基地，通过技术创新、结构调整、清洁替代和循环经济等手段，推动产业向低碳化、清洁化、高效化方向升级，以减少碳排放、降低环境污染，并实现与生态保护的协同发展。

黄河流域是我国重要的能源和化工产业聚集区，但长期依赖"高碳"模式发展，如山西和内蒙古的煤炭基地、宁夏的煤化工基地、山东的石油炼化基地、河南和陕西的煤化工、甘肃的石化产业、山东的精细化工等产业对区域经济的发展有重大作用，但也带来高碳排放、水资源过度消耗、土壤污染等问题。黄河流域最大的短板是高质量发展不充分，沿黄各省区产业倚能倚重、低质低效问题突出。在落实国家"双碳"目标的背景下，沿黄能源、化工等基地的绿色低碳转型是黄河流域生态保护和高质量发展的重要组成部分。

沿黄能源、化工等基地的绿色低碳转型，能带来黄河流域的绿色经济新增长点，催生新能源、新材料、环保装备等产业兴起和发展，也符合全球碳中和趋势，有利于参与国际市场，实现生态环境保护与产业升级协调统一。加快沿黄能源、化工等基地绿色低碳转型，要节能降碳、减污增效，发展绿色能源，推进循环经济，

开展绿色技术改造与创新，退出落后产能，建立绿色评价与监管机制。

《黄河流域生态保护和高质量发展规划纲要》提出，推动沿黄一定范围内高耗水、高污染企业迁入合规园区，严禁在黄河干流及主要支流临岸一定范围内新建"两高一资"项目及相关产业园区。优化能源开发布局，合理确定能源行业生产规模。加强能源资源一体化开发利用。

《"十四五"工业绿色发展规划》提出，重点区域绿色转型升级工程，黄河流域按照以水定产原则，严控煤化工、有色金属、钢铁等行业盲目扩张，引导新型煤化工产业与石化化工、钢铁、建材等产业耦合发展，推动钢铁、煤化工等行业水资源循环利用，充分利用市政污水和再生水等。

《支持宁夏建设黄河流域生态保护和高质量发展先行区实施方案》提出，加快实施钢铁、焦化、铁合金、水泥、电石等行业绿色化改造，建设绿色制造体系。

《黄河流域生态环境保护规划》提出，推进能源领域绿色低碳发展。

《黄河生态保护治理攻坚战行动方案》提出，加快工业企业清洁生产和污染治理。

《关于深入推进黄河流域工业绿色发展的指导意见》提出，推动能源消费低碳化转型，推进重点行业能效提升。

41. 沿黄水资源刚性约束制度

沿黄水资源刚性约束制度是指在黄河流域实行的一种以水资源承载能力为硬约束条件，对经济社会发展和生态环境保护实施严格水资源管理的制度安排。

沿黄水资源刚性约束制度的核心内容是"总量控制、效率红线、生态底线"。"总量控制"是实行流域总量分配和动态调整机制。南水北调工程生效前，按1987年国务院办公厅转发的《黄河可供水量分配方案》（"八七"分水方案）实行总量控制。2025年3月，黄河水量调度方案为：黄河干流河段合计分配耗水量26.45亿立方米，其中分配青海0.53亿立方米、甘肃0.76亿立方米、宁夏0.21亿立方米、内蒙古1.02亿立方米、山西3.10亿立方米、陕西1.02亿立方米、河南4.22亿立方米、山东13.94亿立方米、河北1.65亿立方米。遇特枯年份，各省区用水指标按比例核减，优先保障基本生活和生态基流。"效率红线"是实行用水定额管理，强制淘汰高耗水产能。"生态底线"是实行生态流量管控、地下水禁采限采，保障河流生命健康。

沿黄水资源刚性约束制度的落实，一是通过定额管理，国家和流域内各省区制定年度、阶段性水资源消耗总量和强度"双控"指标，作为约束性考核指标；二是通过"三条红线"制度，规定水资源开发利用控制红线、用水效率控制红线、水功能区限制纳污红线；三是通过"以水定城、以水定地、以水定人、以水定产"，使城市规模要与水资源匹配、土地开发要考虑水资源支撑、人口承载和产业发展都以水为"天花板"，以水资源刚性约束倒逼发展方式转变。

沿黄水资源刚性约束制度的制定和实施，提高了水资源利用效率，确保了黄河安澜、水资源永续利用和流域高质量发展。保证河流不断流、湖泊不干涸，维持了生态系统稳定；控制过度开发、防止超采超用，确保供需平衡，维护了水资源安全；倒逼高耗水产业转型，推动节水型社会建设，实现产业转型升级；推动管理方式从粗放走向精细，建立流域统一调度机制，有效提高了治理能力。

《黄河流域生态保护和高质量发展规划纲要》提出，强化水资源刚性约束。在规划编制、政策制定、生产力布局中坚持节水优先，细化实化以水定城、以水定地、以水定人、以水定产举措。

《"十四五"工业绿色发展规划》提出，鼓励宁东、蒙西、陕北、晋西等能源基地对煤炭矿井水进行分级处理、分质利用。

《关于印发黄河流域水资源节约集约利用实施方案的通知》指出，强化水资源刚性约束。坚持"以水定城、以水定地、以水定人、以水定产"，以水资源刚性约束倒逼发展方式转变；严格用水指标管理；严格用水过程管理。

《"十四五"黄河流域生态保护和高质量发展城乡建设行动方案》提出，把水资源作为最大的刚性约束，坚持以水定城、以水定地、以水定人、以水定产，合理规划城市与产业布局，统筹优化生产生活生态用水结构，推动用水方式由粗放低效向节约集约转变。全面加强节水型城市建设，积极推进非常规水资源利用，科学配置生态环境用水，实施城乡水资源节约集约利用行动。

《支持宁夏建设黄河流域生态保护和高质量发展先行区实施方案》提出，大力推动水资源节约集约利用。优化水资源配置格局，实施深度节水控水行动，开展智慧水利建设。

《黄河流域生态保护和高质量发展水安全保障规划》提出，强化水资源安全保障，强化水资源刚性约束，打好深度节水控水攻坚战，优化流域水资源配置格局，实现水资源节约集约安全利用。

《黄河流域生态环境保护规划》提出，强化水资源节约集约利用。落实水资源用水总量和强度双控，科学配置全流域水资源，实施深度节水控水行动，推进污水资源化利用。

《关于深入推进黄河流域工业绿色发展的指导意见》提出，推动水资源集约化利用。推进重点行业水效提升，加强工业水效示范引领，优化工业用水结构。

42. 黄河"几字弯"等"三北"工程标志性战役

1978年，西北、华北、东北"三北"防护林体系建设工程的重大决策实施，开启了我国大规模治理风沙、改善生态的先河。

党的十八大以来，"三北"工程建设取得了举世瞩目的巨大成就。工程区森林覆盖率由5.05%增长到13.84%，45%以上可治理沙化土地面积得到初步治理，61%的水土流失面积得到有效控制，3000万公顷农田得到有效保护。2023年，黄河"几字弯"攻坚战，科尔沁、浑善达克两大沙地歼灭战，河西走廊—塔克拉玛干沙漠边缘阻击战，已陆续启动。

在"三北"工程攻坚战三大标志性战役中，黄河"几字弯"所涉片区是阻挡北方、西北风沙向南入侵路径的前沿区，也是构建黄河流域生态安全屏障的关键区。打好黄河"几字弯"攻坚战不仅直接关系到黄河中下游地区的生态安全，对促进黄河流域高质量发展也具有重要意义。治沙是打好黄河"几字弯"攻坚战的基石，黄河中下游的泥沙淤积问题是黄河水患症结，泥沙淤积的根源在于水土流失，打好黄河"几字弯"攻坚战重点在于治理黄河左右岸线的流沙、沿线的"沙头、沙口、沙源"、十大孔兑粗沙区、河套灌区平原盐渍化以及黄土高原水土流失，减少黄河输沙量。

黄河"几字弯"攻坚战片区涉及山西、内蒙古、陕西、甘肃、宁夏5个省区。近些年，通过多种新技术、新举措，在破解黄河"几字弯"治沙难中取得明显成效。山西确定了晋西北防风固沙生态修复区，打造沿岸生态廊道和生物多样性保护网络，有效提升了土地的水源涵养和水土保持功能。内蒙古实施小流域综合治理工程，控制水土流失，减少入黄泥沙。陕西榆林集中了陕西超40%的造林空间以及全部的沙化土地。甘肃形成了立体防治体系，为解决黄土高原沟壑区水土流失问题、遏制塬面持续萎缩提供了科学有效的实践路径，每年减少入黄泥沙约6900万吨。宁夏运用"五带一体"的治沙防护体系，有效提升流动沙地治理成效。

《黄河流域生态保护和高质量发展规划纲要》提出，突出抓好黄土高原水土保持，全面保护天然林，持续巩固退耕还林还草、退牧还草成果，加大水土流失综合治理力度，稳步提升城镇化水平，改善中游地区生态面貌。

《北方防沙带生态保护和修复重大工程建设规划（2021—2035年）》提出，统筹推进山水林田湖草沙系统治理，以防沙治沙和荒漠化防治为主攻方向，重点实施京津冀协同发展生态保护和修复、内蒙古高原生态保护和修复、河西走廊生态保护和修复、塔里木河流域生态修复、天山和阿尔泰山森林草原保护、北方防沙带矿山生态修复6项重点工程，共29个重点项目。

为了打赢黄河"几字弯"攻坚战，各地均制定了《打赢防沙治沙黄河"几字弯"攻坚战实施方案》，有步骤地分区治理。

43. 上中下游协同共治机制

黄河流域上中下游协同共治机制是指黄河流域内不同地理区域在生态保护、水资源管理、防洪抗旱、污染治理等方面建立起的协调合作机制，以实现黄河流域的可持续发展和高质量治理。

黄河全长约5464千米，流经9个省区，流域跨度大、自然条件复杂，不同区域在地理、气候、水资源、生态系统等方面差异显著。分区域治理容易导致治理碎片化，甚至出现"上游放水、下游受灾"或"中游污染、下游遭殃"等问题。因此，必须全流域统筹，以《黄河流域生态保护和高质量发展规划纲要》为指导，将黄河上游（青海、四川、甘肃）、中游（宁夏、内蒙古、陕西、山西）和下游（河南、山东）视为整体，统筹生态修复、水资源利用和经济社会发展，重点解决流域内水土流失、水沙失衡、水资源短缺、环境污染、防洪压力等跨区域问题。

建立黄河流域上中下游协同共治机制，是一个系统性工程，要建立统一规划和顶层设计，健全跨区域协同治理制度，推动信息共享与科技支撑，推进重点领域的协同治理，推动公众参与与社会协同，加强法律法规保障。

《黄河流域生态保护和高质量发展规划纲要》提出，健全区域间开放合作机制。

《"十四五"重点流域水环境综合治理规划》提出，统筹推进黄河流域生态保护，加强干支流及流域腹地生态环境治理。

《支持宁夏建设黄河流域生态保护和高质量发展先行区实施方案》提出，建立健全跨区域合作机制。

《黄河流域生态保护和高质量发展水安全保障规划》提出，提升流域治理能力，健全黄河保护治理法治体系，完善流域保护治理协同机制，充分发挥流域管理机构作用，提升流域治理水平和管理能力。

《黄河流域生态环境保护规划》提出，建立区域协同保护机制。深化跨区域生态环境保护合作，完善省际会商机制。

《重点流域水生态环境保护规划》提出，深入推进黄河流域生态保护与环境治理。

44. 黄河上中游水土流失治理

黄河上中游水土流失治理是针对黄河流域上游和中游地区（主要覆盖青海、四川、甘肃、宁夏、内蒙古、陕西、山西等省区）因自然和人为因素导致的水土流失问题，通过生态修复、工程措施和政策调控等综合手段，减少泥沙入河、改善生态环境的系统性治理行动。这一治理是黄河流域生态保护的核心任务之一，对保障黄河安澜、促进区域可持续发展具有重要意义。

黄土高原是黄河流域中游的主要组成部分，土壤松散、降雨集中且强度大，是世界上最严重的水土流失区之一。水土流失导致大量泥沙进入黄河，使黄河成为"世界上含沙量最大的河流"。泥沙淤积导致黄河下游"地上悬河"严重，河床抬高，极易引发洪水和导致堤坝决口。水土流失还会造成土地贫瘠、植被退化、水资源枯竭，影响当地农业发展与生态安全。保护水源、涵养水分、防止冻融风蚀是加强上游重点区治理的重点，减少水蚀、控制泥沙、恢复植被是中游重点区，特别是黄土高原地区的治理重点，也是黄河水土流失治理的核心区域。

黄河上中游水土流失治理主要采取分区分类治理。在上游水源涵养区（青海三江源、甘肃祁连山等），通过建立自然保护区，限制人类活动，封山育林、退牧还草，恢复高寒草甸和湿地生态系统。在中游黄土高原重点治理区（陕西、山西、甘肃等），修建梯田、淤地坝、谷坊等拦截泥沙，种植耐旱灌木（如柠条、沙棘）和乔木（如油松），推广"草灌乔结合"模式，农业生产中推广等高耕作、免耕技术，减少坡耕地侵蚀，工程措施和生物措施并用。同时，建立地方和国家联动机制，划定水土流失重点预防区与治理区，推广生态补偿机制与农户参与机制等，全面治理水土流失。

近年来，通过"三北"防护林体系工程、黄土高原综合治理工程、退耕还林（草）工程、国家水土保持重点工程等，黄河上中游水土流失治理取得巨大成效。2021年以来，对黄河流域水土保持工作累计投入了40亿元，累计治理水土流失面积1.81万平方千米。黄土高原地区水土流失面积已由监测以来最严重的45万平方千米减少到23.13万平方千米，同时黄河输沙量大幅减少，区域已经历史性实现了主色调由"黄"转"绿"。

《全国水土保持规划（2015—2030年）》提出，西北黄土高原区实施小流域综合治理，巩固退耕还林还草成果，实施晋陕蒙丘陵沟壑区拦沙减沙工程，加强汾渭及晋城丘陵阶地区丘陵台源水土流失综合治理，开展晋陕甘高源沟壑区坡耕地综合治理和沟道坝系建设，加强甘宁青山地丘陵沟壑区以坡改梯和雨水集蓄利用为主的小流域综合治理，保护与建设林草植被。

《全国重要生态系统保护和修复重大工程总体规划（2021—2035年）》提出，实施黄土高原水土流失综合治理。

《推动黄河流域水土保持高质量发展的指导意见》提出，全面强化水土保持预防保护，科学推进水土流失综合治理，加快构建水土保持基础支撑体系，创新完善水土保持工作体制机制。

《黄河流域生态保护和高质量发展规划纲要》提出，加强上游水源涵养能力建设，通过自然恢复和实施重大生态保护修复工程，加快遏制生态退化趋势，恢复重要生态系统，强化水源涵养功能；加强中游水土保持，全面保护天然林，持续巩固退耕还林还草、退牧还草成果，加大水土流失综合治理力度，稳步提升城镇化水平，改善中游地区生态面貌。

《黄河流域生态环境保护规划》提出，创新黄土高原地区水土流失治理模式。

《关于加强新时代水土保持工作的意见》提出，发展高效旱作农业。抓好黄河多沙粗沙区特别是粗泥沙集中来源区综合治理，实施固沟保塬工程。

45. 汾渭平原等重点区域大气污染联防联控

汾渭平原等重点区域大气污染联防联控是指在黄河流域内大气污染严重、污染物跨区域传输特征明显的区域（汾渭平原、关中平原、河南中北部、山东沿黄城市群等），通过加强跨区域协调联动，推动区域产业、能源、运输和用地结构优化，建立统一监管、联防联控、协同治理机制，系统推进大气污染防治，实现流域空气质量持续改善的政策机制。

汾渭平原等重点区域是我国大气污染较为严重的区域之一。在产业结构上，煤炭、焦化、钢铁等高耗能产业密集，能源结构偏煤；在地形上，盆地地形导致静稳天气多，污染物扩散能力差；在主要污染物上，$PM_{2.5}$、PM_{10}、臭氧（O_3）浓度常年超标，冬季采暖期污染尤为突出。污染物具有跨区域输送特性，污染在区域间流动，不易被单一城市或省份有效控制。只有协调区域能源结构、产业布局和交通网络，才能有效治理大气污染。

加强汾渭平原等重点区域大气污染联防联控，要建立区域联防联控机制，强化信息共享、会商研判、联合应急响应；实施统一的大气污染防治攻坚行动，特别是在秋冬季开展重污染应对，在工业污染源管控、散煤与扬尘治理、移动源协同管理等重点领域协同治理；推动能源清洁化、工业绿色化、运输结构优化、建筑清洁取暖等；统一工业锅炉、焦化、水泥等行业大气污染物排放限值，协同压减煤炭消费总量，推广清洁能源，共建绿色货运通道，统一油品质量标准；建设区域空气质量监测网络和污染溯源技术平台；实行"天地空"一体化监测，建立跨省企业污染源数据库，精准锁定排放热点，联合发布重污染天气预警，同步启动应急响应；开展跨省联合督察和"异地交叉"执法，防范"污染转移"。

黄河流域重点区域大气污染联防联控是一种"流域治理+区域协同"治理模式，减少污染物入黄，保障水资源与生态健康，倒逼产业升级，推动沿黄城市群绿色转型，为跨界大气治理提供协同治理范式。2018年，汾渭河平原11个城市优良天数比例范围为37.8%—69.3%，平均为54.3%，平均超标天数为45.7%，其中轻度污染为31.0%，中度污染为9.4%，重度污染为4.2%，严重污染为1.1%。2023年，汾渭河平原11个城市环境质量优良天数比例范围为60.3%—79.2%，平均为67.4%，平均超标天数为32.6%（沙尘天气导致的平均超标天数比例为6.9%），其中轻度污染为23.8%，中度污染为4.6%，重度污染为3.0%，严重污染为1.1%。

《关于全面加强生态环境保护　坚决打好污染防治攻坚战的意见》提出，以京津冀及周边、长三角、汾渭平原等重点区域为主战场，调整优化产业结构、能源结构、运输结构、用地结构，强化区域联防联控和重污染天气应对，进一步明显降低$PM_{2.5}$质量浓度，明显减少重污染天数，明显改善大气环境质量。

《打赢蓝天保卫战三年行动计划》提出，持续开展大气污染防治行动的重点区域包括汾渭平原12个城市，集中资源推进汾渭平原等区域散煤治理；重点支持汾渭平原等地区，实现"增气减煤"；煤炭消费总量汾渭平原实现负增长，实施汾渭平原秋冬季大气污染综合治理攻坚行动方案；建立汾渭平原大气污染防治协作机制，纳入京津冀及周边地区大气污染防治领导小组统筹领导。

《关于深入打好污染防治攻坚战的意见》提出，"十四五"时期，汾渭平原煤炭消费量实现负增长。汾渭平原持续开展秋冬季大气污染综合治理专项行动。

《"十四五"节能减排综合工作方案》提出，"十四五"时期，汾渭平原煤炭消费量实现负增长。

《黄河流域生态环境保护规划》提出，强化大气污染传输通道、城市区域联防联控。

《空气质量持续改善行动计划》提出，完善区域大气污染防治协作机制。空气质量持续改善行动计划的重点区域之一是汾渭平原15个城市，继续发挥汾渭平原协作机制作用。

46. 黄河三角洲生物多样性

黄河三角洲生物多样性是指位于山东省东营市黄河入海口处的黄河三角洲地区存在的各种动植物、微生物及其生存环境的丰富性、独特性和生态功能多样性。它是黄河流域生态系统的重要组成部分，也是我国沿海最具代表性的河口湿地生态系统。

黄河三角洲生物多样性首先体现在生态系统多样性，包括河流、沼泽、滩涂、盐碱地、草甸、浅海水域、芦苇荡等多种自然生境，为多种生物提供了繁殖、栖息、觅食、越冬的场所。其次，体现为物种多样性，有众多的植物和鸟类、鱼类、哺乳类等动物，还有大量的昆虫。黄河三角洲是东亚—澳大利西亚候鸟迁徙通道的重要节点，每年春秋季吸引百万级候鸟停歇或繁殖。

黄河三角洲丰富的生物多样性具有巨大的生态功能与价值。在生态安全屏障方面，初步计算黄河三角洲滨海盐沼生态系统碳储量达到44万余吨，黄河三角洲自然盐沼湿地年均碳汇能力超过3万吨。在生物基因库方面，保存了耐盐碱植物基因资源，湿地微生物群落对污染物质降解具有独特机制。在经济与社会价值方面，为发展生态旅游提供了基础资源，丰富了渔业资源也支撑了渤海渔业的发展。

提升黄河三角洲生物多样性，关键在于构建完整健康的生态系统，加强物种保护、生态修复、监测管理与制度保障，实现"生物多样性保护与区域发展"协同共赢。要加强生态系统保护修复，保护珍稀濒危物种及其栖息地，提升监测能力与科研支撑，推动制度创新与协同治理，加强公众参与与生态文明建设。

《重点流域水生生物多样性保护方案》提出，黄河三角洲河口保护重点为河口洄游性鱼类、滨海水生生物及其栖息地。开展黄河口水生生物多样性就地保护，在黄河口推动开展退化水生生态系统修复示范工程。

《全国重要生态系统保护和修复重大工程总体规划（2021—2035年）》提出，加强黄河下游湿地特别是黄河三角洲生态保护和修复，促进生物多样性保护和恢复，推进防护林、廊道绿化、农田林网等工程建设。

《黄河流域生态保护和高质量发展规划纲要》提出，保护修复黄河三角洲湿地。

《山东省黄河流域生态保护和高质量发展规划》提出，实施黄河三角洲生物多样性保护工程。

《黄河流域生态环境保护规划》提出，加强黄河三角洲湿地保护修复。

《黄河生态保护治理攻坚战行动方案》提出，加强三角洲盐沼、滩涂和河口浅海湿地生物资源保护，提高河口三角洲生物多样性。

《中央财政关于推动黄河流域生态保护和高质量发展的财税支持方案》提出，大力支持黄河三角洲湿地保护恢复，加强黄河下游湿地生态系统修复，促进生物多样性保护，推进创建黄河口国家公园。

《中华人民共和国黄河保护法》提出，开展黄河三角洲湿地生态保护与修复，有序推进退塘还河、退耕还湿、退田还滩，加强外来入侵物种防治，减少油气开采、围垦养殖、港口航运等活动对河口生态系统的影响。

《山东省黄河三角洲生态保护条例》明确了黄河三角洲的生物多样性保护。

47. 黄河全流域生态保护补偿机制

黄河全流域生态保护补偿机制是针对黄河流域生态系统的整体性和跨区域特征，为解决"上游保护、下游受益"的权责不对等问题，通过财政转移支付、市场化交易、区域协商等方式，建立"成本共担、效益共享、合作共治"的生态保护激励机制。其核心是通过经济手段平衡流域内不同区域的生态保护责任与利益，推动上中下游协同治理。

黄河流域跨越9个省区，生态系统类型多样、差异显著，上游是水源涵养地，中游是水土流失区，下游是生态脆弱区，不同区域间存在明显的生态保护成本与受益不对等。遵循"谁保护、谁受益，谁破坏、谁补偿"的原则，在上中下游之间、跨省区之间，需要做好因生态保护义务和受益关系而进行的经济利益调节和补偿安排工作，保障生态"贡献者"得到合理回报，促进全流域生态共同体建设。

生态保护补偿机制的具体实施方式主要有：纵向补偿——上级政府对下级地方政府进行财政或政策性补助，以支持其承担生态保护责任的行为。横向补偿——横向补偿是生态服务受益地区（如下游）对生态服务提供地区（如上游）进行的经济补偿。市场化补偿——通过排污权交易、水权交易、碳汇交易等方式实现生态价值变现。"项目+补偿机制"——以国家重点生态工程为平台，以项目为依托，构建长期稳定补偿机制。

健全黄河全流域生态保护补偿机制，是推动黄河流域生态保护和高质量发展的关键支撑。要实现上下游、左右岸、干支流的协同保护，必须构建系统完整、机制科学、责任清晰、保障有力的补偿机制。要建立科学合理的生态价值核算体系，完善纵向补偿机制，推进横向补偿机制，健全多元参与机制，强化制度建设与法律保障，打造典型示范与复制推广机制。

《支持引导黄河全流域建立横向生态补偿机制试点实施方案》指出，财政部、生态环境部、水利部、国家林草局会同有关部门和地方建立黄河流域生态保护机制工作平台，沿黄各省区应充分发挥平台的作用，推动横向生态保护补偿逐步由单一生态要素向多生态要素转变，丰富生态补偿方式；中央财政每年从水污染防治资金中安排一部分资金，支持引导沿黄九省区探索建立横向生态保护补偿机制；跨省流域横向生态保护补偿机制建设以地方补偿为主，形成完善的生态补偿政策体系。

山东省和河南省签订的《黄河流域（豫鲁段）横向生态保护补偿协议》规定，对河南省与山东省黄河干流跨省界断面（刘庄国控断面）2020年和2021年的水质年均值，以及化学需氧量、氨氮、总磷3项关键污染物的年均浓度值进行考核。这对黄河全流域健全完善"保护责任共担、流域环境共治、生态效益共享"的横向生态保护补偿机制，探索开展生态产品价值计量等具有示范意义。

《关于深化生态保护补偿制度改革的意见》提出，对青藏高原等生态功能重要性突出地区，在重点生态功能区，通过在转移支付测算中提高转移支付系数、加计生态环保支出来加大支持力度，建立健全以国家公园为主体的自然保护地体系生态保护补偿机制，推动建立黄河全流域横向生态保护补偿机制，支持沿线省区在干流及重要支流自主建立省际和省内横向生态保护补偿机制。

《黄河流域生态保护和高质量发展规划纲要》提出，鼓励地方以水量、水质为补偿依据，完善黄河干流和主要支流横向生态保护补偿机制，开展渭河、湟水河等重要支流横向生态保护补偿机制试点，中央财政安排引导资金予以支持；在沿黄重点生态功能区实施生态综合补偿试点。

《黄河流域生态环境保护规划》提出，推动建立全流域生态保护补偿机制，开展湟水河、渭河等主要支流横向生态保护补偿机制试点，在沿黄河重点生态功能区县实施生态综合补偿试点，以点带面形成多元化生态保护补偿政策体系。

《中央财政关于推动黄河流域生态保护和高质量发展的财税支持方案》提出，支持建立以整体治理、分段施策为基本思路的生态保护补偿机制。促进全流域生态环境保护，支持加快提升上游水源涵养能力，支持加强中游水土保持和污染治理，支持保护修复下游湿地生态。

六、绿色低碳发展

48. 严守"三条控制线"

"三条控制线"是指在国土空间规划中统筹划定落实生态保护红线、永久基本农田、城镇开发边界三条控制线，旨在优化国土空间布局、保障生态安全和粮食安全。

（1）生态保护红线

生态保护红线是指在生态空间范围内具有特殊重要生态功能、必须强制性严格保护的区域，是国家生态安全的底线和生命线。生态保护红线包括生态功能保障基线（禁止开发区生态红线、重要生态功能区生态红线和生态环境敏感区、脆弱区生态红线）、环境质量安全底线（环境质量达标红线、污染物排放总量控制红线和环境风险防控红线）、自然资源利用上线（能源利用红线、水资源利用红线、土地资源利用红线等）。

要优先将具有重要水源涵养、生物多样性维护、水土保持、防风固沙、海岸防护等功能的生态功能极重要区域，以及生态极敏感脆弱的水土流失、沙漠化、石漠化、海岸侵蚀等区域划入生态保护红线。其他经评估目前虽然不能确定但具有潜在重要生态价值的区域也划入生态保护红线。对自然保护地进行调整优化，评估调整后的自然保护地应划入生态保护红线；自然保护地发生调整的，生态保护红线相应调整。生态保护红线内，自然保护地核心保护区原则上禁止人为活动，其他区域严格禁止开发性、生产性建设活动，在符合现行法律法规前提下，除国家重大战略项目外，仅允许对生态功能不造成破坏的有限人为活动。

美丽中国先行区建设

2014年1月，环境保护部印发了《国家生态保护红线——生态功能基线划定技术指南（试行）》，在此基础上环境保护部于2015年4月印发了《生态保护红线划定技术指南》，全国31个省区市开展了生态保护红线划定。2017年5月，环境保护部办公厅、国家发展和改革委员会办公厅印发了《生态保护红线划定指南》。2019年8月，生态环境部办公厅、自然资源部办公厅印发了《生态保护红线勘界定标技术规程》。

《关于在国土空间规划中统筹划定落实三条控制线的指导意见》提出，按照生态功能划定生态保护红线。

《关于推动城乡建设绿色发展的意见》提出，在国土空间规划中统筹划定生态保护红线、永久基本农田、城镇开发边界等管控边界，统筹生产、生活、生态空间，协同建设区域生态网络和绿道体系，衔接生态保护红线、环境质量底线、资源利用上线和生态环境准入清单。

《自然资源部关于保护和永续利用自然资源扎实推进美丽中国建设的实施意见》提出，落实生态保护红线管理制度，完善分区差别化管控规则，开展生态保护红线监测及保护成效评估，规范管控对生态功能不造成破坏的有限人为活动，严格控制建设项目占用，加强对违法违规侵占行为执法，牢牢守住自然生态安全边界。

《中共中央关于进一步全面深化改革　推进中国式现代化的决定》提出，落实生态保护红线管理制度。

《关于加强资源环境生态红线管控的指导意见》《关于划定并严守生态保护红线的若干意见》《关于加强生态保护红线管理的通知（试行）》等提出，要划定并严守生态保护红线，建立生态保护红线制度，使国土生态空间得到优化和有效保护，生态功能保持稳定，全面保障国家生态安全。"十四五"期间，通过划定并严守生态保护红线，守住自然生态安全边界。

截至目前，我国划定的生态保护红线包括：整合优化后的自然保护地面积约为180万平方千米；自然保护地外水源涵养、生物多样性维护、水土保持、防风固沙、海岸防护等生态功能极重要区域，以及水土流失、沙漠化、石漠化、海岸侵蚀等生态极脆弱区域面积约为85万平方千米；其他具有潜在重要生态价值的区域面积约为50万平方千米。

（2）永久基本农田

永久基本农田是为保障国家粮食安全和重要农产品供给，实施永久特殊保护的耕地。依据耕地现状分布，根据耕地质量、粮食作物种植情况、土壤污染状况，在严守耕地红线基础上，按照一定比例，将达到质量要求的耕地依法划入。已经划定的永久基本农田中存在划定不实、违法占用、严重污染等问题的要全面梳理整改，确保永久基本农田面积不减、质量提升、布局稳定。

耕地红线是指国家为了保障粮食安全而划定的一条保护耕地的底线，它规定了必须保留的最低耕地面积，禁止将优质耕地转变为非农业用途，确保在城市化和工业化进程中，不会因开发建设而大量占用耕地资源。

永久基本农田是耕地红线的重要组成部分，两者共同构成了我国耕地保护的法律和政策框架，确保国家粮食安全和农业可持续发展。耕地红线"保数量"，永久基本农田"保质量"。耕地红线允许一定弹性（占补平衡），永久基本农田近乎"不可触碰"。

我国人口众多，确保充足的耕地面积是实现粮食自给自足和保障国家粮食安全的基础，在全球粮食市场波动和极端气候事件频发的背景下，稳定的耕地资源是应对粮食供应风险的重要保障。耕地不仅提供粮食，还在水土保持、碳汇、调节气候等方面发挥重要作用。优质的耕地一旦被非农业建设侵占，其生态功能就被破坏，生态安全将面临威胁。耕地对人类来说是有限的不可再生资源，一旦被破坏或转变为非农用途，恢复和替代成本非常高。我国农村人口众多，坚守耕地红线对于维护农业和农村的可持续发展、稳定农民收入有巨大的作用。

《关于加强耕地保护提升耕地质量完善占补平衡的意见》提出，坚决稳住耕地总量。

《关于在国土空间规划中统筹划定落实三条控制线的指导意见》提出，按照保质保量要求划定永久基本农田。

《关于坚决制止耕地"非农化"行为的通知》提出，严禁违规占用耕地绿化造林，严禁超标准建设绿色通道，严禁违规占用耕地挖湖造景，严禁占用永久基本农田扩大自然保护地，严禁违规占用耕地从事非农建设，严禁违法违规批地用地，全面开展耕地保护检查，严格落实耕地保护责任。

自然资源部、农业农村部起草了《永久基本农田保护红线管理办法》（征求意见稿），落实最严格的耕地保护制度，牢牢守住永久基本农田保护红线和国家粮食安全底线。明确永久基本农田划定成果经批准后，作为永久基本农田保护红线纳入国土空间规划，规定了永久基本农田的划定程序；明确禁止在城乡建设中以单个项目占用为目的，擅自调整永久基本农田保护红线；禁止在生态保护红线、城镇开发边界调整过程中，擅自占用永久基本农田保护红线。

《关于保护和永续利用自然资源扎实推进美丽中国建设的实施意见》提出，坚决守住18亿亩耕地红线，对永久基本农田实行特殊保护，确保可长期稳定利用的耕地不再减少。

《关于改革完善耕地占补平衡管理的通知》提出，改革完善耕地占补平衡管理，建立以省域耕地总量动态平衡为核心的占补平衡新机制，强化耕地总量管控和以补定占管理，稳步提升耕地质量，牢牢守住耕地保护红线。

《关于严格遵守"八不准"要求 坚决遏制新增农村乱占耕地建房问题的通知》提出，坚决整治乱占、破坏耕地违法行为，严防变相买卖、兼并土地，切实防止"大棚房"死灰复燃，坚决整治征占黑土地建"特色小镇"等各类侵占耕地问题。

《加快建设农业强国规划（2024—2035年）》提出，健全耕地数量、质量、生态"三位一体"保护制度体系，改革完善耕地占补平衡制度，各类耕地占用纳入统一管理，完善补充耕地质量验收机制，确保达到平衡标准。守住18.65亿亩耕地和15.46亿亩永久基本农田保护红线。

（3）城镇开发边界

城镇开发边界是在一定时期内因城镇发展需要，可以集中进行城镇开发建设、以城镇功能为主的区域边界，涉及城市、建制镇以及各类开发区等。

城镇开发边界划定以城镇开发建设现状为基础，综合考虑资源承载能力、人口分布、经济布局、城乡统筹、城镇发展阶段和发展潜力，框定总量，限定容量，防止城镇无序蔓延。科学预留一定比例的留白区，为未来发展留有开发空间。城镇建设和发展不得违法违规侵占河道、湖面、滩地。

城镇开发边界是按照集约适度、绿色发展要求划定的。由于土地资源的有限性，城市发展过程中必须是内涵式集约化绿色发展。通过优化土地利用、提升空间效率、推进绿色低碳发展，实现城市的高质量、可持续发展。

内涵式发展是优化存量、提高质量，不盲目扩大城镇规模，存量优化、提高城市空间的利用率和功能，通过旧城改造、产业升级、基础设施完善等，提高城市宜居性和发展质量；集约化发展是提高空间和资源利用效率，倡导"立体开发"、多功能复合利用，减少低效土地闲置，合理规划功能区，促进产业、就业、居住的空间均衡，减少通勤距离和资源浪费；绿色发展是减少环境影响、推动低碳转型，提升建筑节能标准以降低能源消耗，提高公共交通覆盖率、推广新能源汽车以减少碳排放，优化城市绿化结构、推进"海绵城市"建设以增强城市韧性。这一发展模式强调节约土地、提高人口和产业密度、优化基础设施利用，避免传统的"摊大饼"式城市扩张，减少资源浪费，提升生态环境质量。

集约化绿色发展可以减少能源消耗，提高建筑节能水平，减少碳排放，同时减少城市扩张带来的生态破坏，降低水土污染，提高空气质量，打造宜居城市。内涵式发展可以优化空间结构，提高城市运行效率，避免以往城镇化进程中的无序扩张导致的交通拥堵、公共服务分散、基础设施维护成本高的现象，通过合理规划，完善公共服务。产业园区、城市综合体的建设，可以提高空间利用率，推动高端制造业、数字经济、现代服务业集约化发展，促进新兴产业和经济增长。

《关于在国土空间规划中统筹划定落实三条控制线的指导意见》提出，按照集约适度、绿色发展要求划定城镇开发边界。

《关于做好城镇开发边界管理的通知》提出，引导城镇建设用地向城镇开发边界内集中，加强城镇集约集聚建设，提高土地节约集约利用水平。

《关于保护和永续利用自然资源扎实推进美丽中国建设的实施意见》提出，严格管控城镇开发边界，推动城镇空间内涵式集约化绿色发展。

49. 生态环境分区管控

生态环境分区管控是以保障生态功能和改善环境质量为目标，实施分区域差异化精准管控的环境管理制度，在生态环境源头预防体系中具有基础性作用。实施生态环境分区管控，严守生态保护红线、环境质量底线、资源利用上线，科学指导各类开发保护建设活动，对于推动高质量发展，建设人与自然和谐共生的现代化具有重要意义。

完善全域覆盖的生态环境分区管控体系，要健全分区管控体系，优化"三线一单"，确保红线区域严格保护，防止开发侵占，建立细化的污染防治标准，强化环境质量监测，优化自然资源利用结构，控制高耗能产业，分行业、分区域制定生态环境准入标准，增强可操作性；完善国土空间规划"一张图"，实现生态、农业、城镇空间的协调发展，推动县乡级分区管控落地，确保政策执行的精准性和可操作性，健全分区调整机制，定期优化管控范围和标准；运用大数据、人工智能、卫星遥感等技术，实现生态环境动态监测，建设生态环境监测网络，推进数字化管控平台；健全分区管控法律法规，严格执法监督，落实生态补偿机制，对因保护生态受限的地区提供财政支持；建立公众参与机制，提升全社会生态文明意识，引导企业绿色转型。通过构建精细化、智慧化、法治化、全民参与的生态环境分区管控体系，实现生态保护与经济社会发展的协调统一。

《关于深入打好污染防治攻坚战的意见》提出，加强生态环境分区管控。

《关于加强生态环境分区管控的意见》提出，全面推进生态环境分区管控，助推经济社会高质量发展，实施生态环境高水平保护，加强监督考核。

为完善全域覆盖的生态环境分区管控体系，生态环境部制定了《生态环境分区管控管理暂行规定》。

《关于保护和永续利用自然资源扎实推进美丽中国建设的实施意见》提出，维护"三区三线"划定成果的严肃性，严格国土空间用途管制，落实生态环境分区管控方案与国土空间规划衔接的要求。

50. 碳排放总量和强度"双控"

碳排放总量和强度"双控"是为实现"双碳"目标而提出的关键政策工具，旨在通过同时控制碳排放的绝对总量和单位经济产出的碳排放强度，推动经济社会全面绿色低碳转型。

碳排放总量控制是指在一定时期内，对全国或区域的二氧化碳排放总量设定上限，通过行政、市场等手段确保实际排放不超过这一限额；碳排放强度控制是指通过降低单位GDP的二氧化碳排放量，推动经济增长与碳排放"脱钩"。

"十一五"时期，我国把单位GDP能耗降低作为约束性指标。"十二五"时期，我国把单位GDP能耗降低作为约束性指标的同时，提出合理控制能源消费总量的要求。2015年10月，提出实行能源消耗总量和强度"双控"政策。能耗双控节约了能源资源，从源头上减少污染物和温室气体排放，倒逼经济发展方式转变，提高了我国经济发展绿色水平。

2021年12月，为改变能耗双控仅控制能源消费的整体不足，我国提出"能耗双控向碳排放总量和强度'双控'转变"。2022年3月，我国提出"有序推进碳达峰碳中和工作，推动能耗双控向碳排放总量和强度'双控'转变"。

实行碳排放总量和强度"双控"，可以避免单一控制的局限性，仅控制总量，如果经济高速增长，可能倒逼总量目标过于宽松，削弱减排动力；仅控制强度，如果GDP增速过快，即使强度下降，总量仍可能增长，难以实现碳中和。实行碳排放总量和强度"双控"，一是实行总量约束，倒逼高耗能行业转型；二是推动技术创新和能效提升，既控制总量又推动经济增长；三是允许经济发达地区通过降低强度抵消部分总量压力，欠发达地区则可适度增长排放但严控强度。

实行碳排放总量和强度"双控"，加速我国碳达峰、碳中和的进程，通过总量硬约束明确减排路径，避免碳锁定效应；优化了经济结构，推动了传统产业升级，培育新能源、低碳技术等新增长点；在全球气候行动中，展现我国应对气候变化的决心，推动全球气候治理进程。

《关于推动能耗双控逐步转向碳排放双控的意见》提出，建立并实施能源消耗总量和强度双控制度，从能耗双控逐步转向碳排放双控。

《加快构建碳排放双控制度体系工作方案》提出，完善碳排放相关规划制度，建立地方碳排放目标评价考核制度，探索重点行业领域碳排放预警管控机制，完善企业节能降碳管理制度，开展固定资产投资项目碳排放评价，加快建立产品碳足迹管理体系。

51. 绿色低碳科技创新应用

绿色低碳科技是指以降低温室气体排放、减少资源消耗、保护生态环境为目标，通过技术创新推动可持续发展的科学技术体系。大力推进绿色低碳科技创新应用的目的在于通过清洁能源、高效节能、循环利用等手段，实现经济增长与碳排放、资源消耗的"脱钩"，有效应对全球气候变化。

绿色技术是指降低消耗、减少污染、改善生态，促进生态文明建设、实现人与自然和谐共生的新兴技术，包括节能环保、清洁生产、清洁能源、生态保护与修复、城乡绿色基础设施、生态农业等领域，涵盖产品设计、生产、消费、回收利用等环节的技术。绿色技术创新体系是指通过政策、市场、资金、人才等多方面的协同作用，推动绿色技术的研发、应用和推广，以实现资源高效利用、环境污染减少和生态保护目标的系统性框架。

当前，在经济社会发展全面绿色转型的背景下，绿色技术创新的重点集中在清洁能源技术、节能减排技术、污染治理技术、生态保护与修复技术、绿色制造技术等。在生态环境领域，关键核心技术集中在减污降碳、多污染物协同减排、应对气候变化、生物多样性保护、新污染物治理、核安全等重点领域。

大力推进绿色低碳科技创新应用可以提供更高效、低成本、可持续的污染治理方案，如智能环保监测、大数据污染溯源、绿色生物修复等，治理大气、水、土壤、固体废物污染；大力推进绿色低碳科技创新应用是实现碳中和的关键，依靠新材料、新能源、碳捕集等技术才能调整能源结构、实现大幅减排；通过绿色低碳科技创新应用，可以提升生态系统碳汇能力，提高生态系统韧性，应对气候变化挑战；绿色低碳科技创新应用可以提升环境监测的智能化、精准化、自动化，提高环境监管效率，实现精准监管；科技创新可以助力构建"无废城市"，发展循环经济，促进资源高效利用；科技创新决定了未来绿色经济竞争力，绿色低碳技术已经成为全球科技竞争的新高地，拥有核心环保技术就能在全球产业链中占据有利地位。

构建市场导向的绿色低碳科技创新体系，才能推动经济社会向绿色、高效、低碳方向转型。一是完善绿色技术创新政策体系。制定绿色技术发展战略与法律法规，加强政府财政与税收支持，强化绿色技术评价与激励机制。二是加强绿色技术研发与产业化应用。加大绿色技术研发投入，推动绿色技术示范工程，推动传统产业绿色转型。三是促进绿色技术成果转化与市场化推广，搭建绿色技术交易与转化平台，实施政府采购与市场激励，加强绿色技术知识产权保护。四是推动绿色金融与绿色技术融合发展。发展绿色信贷，支持绿色技术企业融资，推动碳市场与绿色技术相结合。五是参与国际绿色科技合作，推动"一带一路"绿色科技合作，促进绿色技术全球化发展。

《关于全面加强生态环境保护　坚决打好污染防治攻坚战的意见》提出，增强科技支撑，开展大气污染成因与治理、水体污染控制与治理、土壤污染防治等重点领域科技攻关，实施京津冀环境综合治理重大项目，推进区域性、流域性生态环境问题研究。

《关于构建市场导向的绿色技术创新体系的指导意见》提出，培育壮大绿色技术创新主体，强化绿色技术创新的导向机制，推进绿色技术创新成果转化示范应用，优化绿色技术创新环境，加强绿色技术创新对外开放与国际合作。

《关于坚持和完善中国特色社会主义制度　推进国家治理体系和治理能力现代化若干重大问题的决定》提出，推进市场导向的绿色技术创新，更加自觉地推动绿色循环低碳发展。

《加快建立健全绿色低碳循环发展经济体系的指导意见》提出，构建市场导向的绿色技术创新体系。

《"十四五"规划和2035年远景目标纲要》提出，构建市场导向的绿色技术创新体系，实施绿色技术创新攻关行动。

《关于推进共建"一带一路"绿色发展的意见》提出，加强绿色技术科技攻关和推广应用，强化基础研究和前沿技术布局，加快先进适用技术研发和推广，鼓励企业优先采用低碳、节能、节水、环保的材料与技术工艺。

《"十四五"生态环境领域科技创新专项规划》提出，重点发展生态环境监测、水污染防治与水生态修复、大气污染防治、土壤污染防治、固废减量与资源化利用、多污染物跨介质综合治理、生态系统保护与修复、新污染物治理、应对气候变化、支撑国际生态环境公约履约等10个领域的技术。

《关于全面推进美丽中国建设的意见》提出，推进绿色低碳科技自立自强，创新生态环境科技体制机制，构建市场导向的绿色技术创新体系。

《关于加强生态环境领域科技创新 推动美丽中国建设的实施意见》提出，构建完善市场导向的绿色技术创新体系，实施生态环境领域关键技术攻关行动，推进工业、能源、交通运输、城乡建设、农业、水利等重点领域绿色低碳和污染防治关键技术攻关，坚持科技创新与产业创新相结合。

52. 绿色制造体系和服务体系

绿色制造体系是指在产品全生命周期内，制造业活动各个环节、各个层面、各个领域通过清洁生产、节能减排、资源循环利用等方式，构成的相互关系和内在联系的一个有机整体。建立绿色制造体系是指以培育、创建绿色工厂、绿色工业园区、绿色供应链管理企业为主要内容，推动制造业绿色高质量发展，提高能源资源利用效率、减少环境影响的活动。

绿色工厂是指实现了用地集约化、原料无害化、生产洁净化、废物资源化、能源低碳化的企业，是绿色制造体系核心实施单元。绿色工业园区是指将绿色低碳发展理念贯穿于园区规划、空间布局、产业链设计、能源利用、资源利用、基础设施、生态环境、运行管理等过程，全方位实现绿色低碳和循环可持续发展的工业园区，是绿色工厂和绿色基础设施集聚的平台。绿色供应链管理企业是指将绿色低碳发展理念贯穿于企业产品设计、原材料采购、生产、运输、储存、销售、使用和报废处理的全过程，实现供应链全链条绿色化水平协同提升的主导企业，是带动供应链上下游工厂建设绿色制造体系的关键。

绿色制造体系建设的核心目标是减少环境影响和提高资源效率。通过清洁生产、节能减排等措施，降低制造过程对环境的污染；优化资源利用，减少原材料和能源消耗，发展循环经济。绿色制造体系涵盖：绿色设计——在产品设计阶段考虑环保和节能，选择环保材料和可回收设计；绿色生产——采用清洁生产技术，减少废弃物和污染物排放，提高生产效率；绿色供应链——从原材料采购到产品回收，确保供应链各环节的环保和资源高效利用；绿色产品——生产符合环保标准的产品，减少使用和废弃阶段的环境影响；绿色回收——建立产品回收和再利用体系，推动资源循环利用。

绿色服务体系是指围绕制造业和社会经济活动，提供环保、节能、循环利用等方面的专业化服务，减少对环境的负面影响，促进资源高效利用而形成的相互关系和内在联系的一个有机整体。建立绿色服务体系的主要内容是建立绿色服务设计体系，提供完善的绿色服务，实现绿色供应链管理，引导绿色消费，建立绿色服务评价体系。

绿色服务体系建设涉及的主要领域包括：绿色金融——支持节能减排、环保项目的投资和融资；绿色认证——推动绿色产品认证、能效标识、环保标志等体系建设，引导绿色消费；绿色物流——优化运输方式，提高物流效率，减少碳排放和包装废弃物；共享经济——推广共享经济模式，减少资源浪费；绿色技术咨询——提供节能环保技术咨询、环保工程设计等专业化服务。

绿色制造体系注重生产端的节能减排，而绿色服务体系则为制造业及社会提供支撑服务。两者结合形成绿色产业生态，推动经济社会全面绿色转型。

《关于加快推进环保装备制造业发展的指导意见》提出，加大绿色设计、绿色工艺、绿色供应链在环保装备制造领域的应用，开展生产过程中能效、水效和污染物排放对标达标，创建绿色示范工厂，提高行业绿色制造的整体水平。

《关于加快建立健全绿色低碳循环发展经济体系的指导意见》提出，推行产品绿色设计，建设绿色制造体系。

《关于加强产融合作推动工业绿色发展的指导意见》提出，全面推行绿色制造；打造绿色制造工艺、推行绿色包装、开展绿色运输、做好废弃产品回收处理；培育绿色制造服务体系，大力发展专业化节能环保服务，培育一批绿色制造服务供应商。

《2030年前碳达峰行动方案》提出，深入实施绿色制造工程，大力推行绿色设计，完善绿色制造体系，建设绿色工厂和绿色工业园区。

《中国本世纪中叶长期温室气体低排放发展战略》提出，深入实施绿色制造工程，全面构建绿色制造体系，推进重点行业绿色低碳改造。加快推进绿色制造体系建设，推广清洁低碳生产，形成低排放供应链。

《关于深入打好污染防治攻坚战的意见》提出，大力推行绿色制造，构建资源循环利用体系。

《"十四五"工业绿色发展规划》提出，完善绿色制造支撑体系，加速生产方式数字化转型，引导产品供给绿色化转型。

《"十四五"信息化和工业化深度融合发展规划》提出，实施"互联网+"绿色制造行动，加快绿色制造体系数字化，推动成熟绿色制造技术的创新应用。

《"十四五"促进中小企业发展规划》提出，推动中小企业实施绿色化改造，支持中小企业实施绿色战略、绿色标准、绿色管理和绿色生产。

《关于高质量实施〈区域全面经济伙伴关系协定〉（RCEP）的指导意见》提出，深入实施智能制造和绿色制造工程，发展服务型制造新模式，推动制造业高端化智能化绿色化。

《新污染物治理行动方案》提出，加强清洁生产和绿色制造。

《关于推动轻工业高质量发展的指导意见》提出，全面建设绿色制造体系。

《减污降碳协同增效实施方案》提出，实施绿色制造工程。

《工业领域碳达峰实施方案》提出，深度调整产业结构，深入推进节能降碳，积极推行绿色制造。

《建材行业碳达峰实施方案》提出，构建高效清洁生产体系，构建绿色制造体系。

《有色金属行业碳达峰实施方案》提出，构建绿色清洁生产体系，实施清洁生产改造，建立完善有色金属行业绿色产品、绿色工厂、绿色园区、绿色供应链等绿色制造标准体系。

《"十四五"扩大内需战略实施方案》提出，加快实施智能制造和绿色制造工程。

《质量强国建设纲要》提出，全面推行绿色设计、绿色制造、绿色建造，健全统一的绿色产品标准、认证、标识体系，大力发展绿色供应链。

《关于加快经济社会发展全面绿色转型的意见》提出，建设绿色制造体系和服务体系，不断提升绿色低碳产业在经济总量中的比重。

53. 优化调整运输结构

优化运输结构是在交通领域实现绿色低碳发展、提升物流效率的关键路径，通过"统一标准、方式协同、技术赋能、政策引导"，加快应用标准化多式联运装备和新能源运载工具、工程机械，推动多维度变革。

推进交通运输领域的碳中和进程，首先要统一装备标准体系，实行跨运输方式标准化，统一工程机械接口规范，联运装备要兼容铁路、公路、内河运输，工程机械要配备标准数据接口，实现新能源设备与充电桩、智能工地的无缝对接。其次，构建多式联运体系，使用两种或两种以上不同的运输方式（如公路、铁路、水路、航空等），通过统一的运输组织方式，将货物或旅客从起点运输到终点的运输模式，强调不同运输方式之间的高效衔接，以提高运输效率、降低成本，并减少环境影响，多式联运可以提高运输效率，减少运输工具对环境的污染，减少货损货差，增强供应链稳定性，提升大宗货物清洁化运输水平。再次，开展交通基础设施绿色化提升改造，采用智慧物流与装备升级，建设数字化调度系统，用AI优化运输路径，推广新能源运输工具，这是推动可持续交通发展的关键举措，既能减少环境污染，又能提高交通系统的韧性和效率，通过采用绿色材料、节能技术、智慧交通、降低全生命周期能耗和碳排放等多种手段，能够实现经济效益、社会效益和环境效益的多赢。大力推进"公转铁""公转水"，加快铁路专用线建设，提升大宗货物清洁化运输水平，推进铁路场站、民用机场、港口码头、物流园区等绿色化改造和铁路电气化改造，推动超低和近零排放车辆规模化应用、非道路移动机械清洁低碳应用。最后，通过政策与市场双轮驱动，用碳约束机制倒逼运输业绿色转型，实行差异化通行费鼓励使用低排放车辆，以补贴与投资引导升级铁路网；实行港口绿色改造，加快交通基础设施绿色化提升改造步伐。

《2030年前碳达峰行动方案》提出，大力发展以铁路、水路为骨干的多式联运。

《交通强国建设纲要》提出，优化运输结构，加快推进港口集疏运铁路、物流园区及大型工矿企业铁路专用线等"公转铁"重点项目建设，推进大宗货物及中长距离货物运输向铁路和水运有序转移。推动铁水、公铁、公水、空陆等联运发展。

《国家综合立体交通网规划纲要》提出，优化调整运输结构，推进多式联运型物流园区、铁路专用线建设，形成以铁路、水运为主的大宗货物和集装箱中长距离运输格局。

《关于完整准确全面贯彻新发展理念做好碳达峰碳中和工作的意见》提出，大力发展多式联运，提高铁路、水路在综合运输中的承运比重，持续降低运输能耗和二氧化碳排放强度。

《数字交通"十四五"发展规划》提出，建设多式联运的智慧物流网络。

《绿色交通"十四五"发展规划》提出，深入推进多式联运发展，推进综合货运枢纽建设，推动铁水、公铁、公水、空陆等联运发展。

《"十四五"全国清洁生产推行方案》提出，大力发展多式联运、甩挂运输和共同配送等高效运输组织模式，提升交通运输运行效率。

《综合运输服务"十四五"发展规划》提出，深入推进多式联运发展，推动铁水、公铁、空陆等联运发展。

《"十四五"现代综合交通运输体系发展规划》提出，大力发展货物多式联运。推进大宗货物和集装箱铁水联运系统建设，扩大铁水联运规模。

《关于促进制造业有序转移的指导意见》提出，积极发展多式联运，推动完善港口、物流园区集疏运铁路、公路，提高物流运行效率，降低物流成本。

《"十四五"节能减排综合工作方案》提出，加快大宗货物和中长途货物运输"公转铁""公转水"，大力发展铁水、公铁、公水等多式联运。

《"十四五"现代流通体系建设规划》提出，大力发展多式联运。

《公路"十四五"发展规划》提出，持续推进多式联运发展，推动公铁、公水、公空等联运发展。

《水运"十四五"发展规划》提出，大力发展铁水联运、水水中转，推动联程运输高质量发展。

《关于推进共建"一带一路"绿色发展的意见》提出，发展多式联运和绿色物流。

《减污降碳协同增效实施方案》提出，加快推进"公转铁""公转水"，提高铁路、水运在综合运输中的承运比例。

《柴油货车污染治理攻坚行动方案》提出，推进"公转铁""公转水"行动。

《"十四五"扩大内需战略实施方案》提出，推动联运转运设施、场站合理布局建设，积极发展公铁水联运、江海联运和铁路快运。

《绿色交通"十四五"发展规划》提出，开展近零碳枢纽场站建设行动。

《"十四五"民航绿色发展专项规划》提出，鼓励新建机场全面执行绿色智能建筑标准，既有机场建筑设施积极选用先进高效技术设备，加快实施节能降碳改造。

《"十四五"现代流通体系建设规划》提出，大力推动交通运输绿色低碳转型。

《关于扎实推动"十四五"规划交通运输重大工程项目实施的工作方案》提出，实施交通运输新基建赋能工程，实施绿色低碳交通可持续发展工程。

《"十四五"全国城市基础设施建设规划》提出，实施城市交通设施体系化与绿色化提升行动。

54. 资源节约集约高效利用

资源节约集约高效利用是指将过去与自然对立的人类经济系统纳入生态环境经济系统中，通过系统性优化资源配置、技术创新和制度设计，以最小资源消耗获取最大经济、社会和环境效益，打破"高投入、高消耗、低效率"的传统路径，推动资源利用方式向精准匹配、循环再生转型。强化资源节约集约高效利用是经济社会发展全面绿色转型发展的核心，其意义不仅体现在环境保护层面，更深刻影响经济结构转型、社会公平治理以及国家战略安全。当前，强化资源节约集约高效利用可以破解资源约束，保障国家发展安全的基石，通过资源能源自主和粮食安全有效抵御地缘政治风险；通过发展循环经济开拓新的市场，催生增长新动能，提升产业竞争力，重塑经济范式；节约集约高效利用资源建设经济活动中的资源，直接减少碳排放，助力碳中和。

（1）实施全面节约战略

全面节约战略是指在经济社会发展的各个领域和环节，系统推进资源的高效利用、节约消耗、循环利用，以实现经济增长与资源环境协调发展的战略。其核心目标是降低资源消耗，提高利用效率，减少环境负担，推动可持续发展。

实施全面节约战略，需要在政策、技术、产业、社会等多个层面协同推进，形成政府引导、市场调节、企业主体、全民参与的建设资源节约型社会的氛围。要强化政策引导和制度保障，健全法律法规，完善标准体系，优化价格和税收政策，强化监督考核；推进工业节能，提升建筑节能，发展节能交通，强化智慧能源管理，推动能源节约，提高能效水平；优化水资源配置，推进节水技术创新，强化污水处理与再生利用，加强水资源节约和高效利用，建设节水型社会；优化城乡规划，严格耕地保护，推动工业用地集约化，提高土地节约集约利用；强化废弃物资源化利用，建设"无废城市"，发展循环经济和共享经济，促进资源循环利用；推行绿色采购制度，倡导绿色生活方式，建立绿色低碳消费和社会节约型文化；加强科技创新和数字化赋能，推动节能减排技术创新，发展数字化管理系统，建立"碳足迹"与"水足迹"监测体系。

《粮食节约行动方案》提出，强化农业生产环节节约减损，加强粮食储存环节减损，加强粮食运输环节减损保障，加快推进粮食加工环节节粮减损，坚决遏制餐饮消费环节浪费，大力推进节粮减损科技创新，加强节粮减损宣传教育。

《"十四五"节能减排综合工作方案》提出，实施重点行业绿色升级工程、园区节能环保提升工程、城镇绿色节能改造工程、交通物流节能减排工程、农业农村节能减排工程、公共机构能效提升工程、重点区域污染物减排工程、煤炭清洁高效利用工程、挥发性有机物综合整治工程、环境基础设施水平提升工程。

《关于全面加强资源节约工作的意见》提出，要突出抓好能源、工业、建筑、交通等重点领域资源节约，促进生产领域节能降碳。要增强全民节约意识，推行简约适度、绿色低碳的生活方式。

《"十四五"公共机构节约能源资源工作规划》提出，实施低碳引领行动、绿色化改造行动、可再生能源替代行动、节水护水行动、生活垃圾分类行动、反食品浪费行动、绿色办公行动、绿色低碳生活方式倡导行动、示范创建行动、数字赋能行动等绿色低碳转型行动，实现公共机构能源和水资源消费总量与强度双控。

《2024—2025年节能降碳行动方案》提出，开展化石能源消费减量替代行动、非化石能源消费提升行动、钢铁行业节能降碳行动、石化化工行业节能降碳行动、有色金属行业节能降碳行动、建材行业节能降碳行动、建筑节能降碳行动、交通运输节能降碳行动、公共机构节能降碳行动、用能产品设备节能降碳行动。

《粮食节约和反食品浪费行动方案》提出，开展粮食节约减损行动、全民节粮意识提升行动、餐饮行业反浪费行动、单位食堂反浪费行动。

（2）加强新型基础设施用能管理

新型基础设施用能管理是指针对5G基站、数据中心、人工智能（AI）、物联网、智能交通、智能电网等新基建领域的能源消耗情况，运用先进技术和管理手段，提高能源利用效率、降低能耗、优化能源配置，实现绿色、低碳、智能化的能源管理模式。

随着数字经济的快速发展，新基建领域的能源消耗快速增长，特别是数据中心、5G基站、智能制造等行业，其高能耗问题已经成为制约数字经济进一步发展的一大瓶颈，必须加强新型基础设施的用能管理，提高能效，减少能源浪费，减少碳排放，助力绿色低碳转型，优化能源供给结构，减少对化石能源的依赖，采用智能监测与管理系统、可再生能源与储能系统，建设绿色数据中心，发展智能微电网与能源互联网，采用AI算法进行智能调度。在总体布局上优化新型基础设施空间布局，优化新型基础设施用能结构，推动既有设施率先升级改造。

《2030年前碳达峰行动方案》提出，优化新型基础设施空间布局，统筹谋划、科学配置数据中心等新型基础设施，避免低水平重复建设。

《"十四五"数字经济发展规划》提出，优化升级数字基础设施。

《"十四五"全国城市基础设施建设规划》提出，加快新型城市基础设施建设，加快城市基础设施智能化建设与改造，构建信息通信网络基础设施系统。

《"十四五"扩大内需战略实施方案》提出，系统布局新型基础设施，加强新型基础设施建设。

《新型数据中心发展三年行动计划（2021—2023年）》提出，开展绿色低碳发展行动。

《关于严格能效约束推动重点领域节能降碳的若干意见》提出，鼓励重点行业利用绿色数据中心等新型基础设施实现节能降耗。

《工业能效提升行动计划》提出，推进重点领域能效提升绿色升级，积极推动数字能效提档升级。

《"十四五"节能减排综合工作方案》提出，推进新型基础设施能效提升，加快绿色数据中心建设。

（3）推动污水资源化利用

污水资源化利用是指将污水经过处理后，转化为可再利用的水资源，以减少水资源浪费并降低环境污染。

推动污水资源化利用，不仅可以保护生态环境，还可以带来经济效益。将污水处理后用于市政、工业、农业或景观生态补水，保护有限的水资源；污水通过高级处理技术，如膜过滤、活性炭吸附、臭氧氧化等，使污水达到高质量标准，部分回用于饮用水供应；利用污水中的有机物进行厌氧发酵产生沼气作为能源，回收氮、磷等营养物用于肥料生产，缓解水资源短缺，提高水的可持续利用率，降低污水对河流、湖泊、海洋等水体的污染压力，在减少对传统水源依赖的同时创造经济价值，再生水的补给改善生态环境，实现水的循环利用，提高生态系统稳定性。

《关于推进污水资源化利用的指导意见》提出，着力推进城镇生活污水、工业废水、农业农村污水等重点领域污水资源化利用，实施污水收集及资源化利用设施建设、区域再生水循环利用、工业废水循环利用、农业农村污水以用促治、污水近零排放科技创新试点等重点工程。

《"十四五"城镇污水处理及资源化利用发展规划》提出，加强再生水利用设施建设，推进污水资源化利用。

《关于深入打好污染防治攻坚战的意见》提出，推进污水资源化利用和海水淡化规模化利用。

《关于加强城市节水工作的指导意见》提出，推动再生水就近利用、生态利用、循环利用。

《农村人居环境整治提升五年行动方案（2021—2025年）》提出，积极推进农村生活污水资源化利用。

《区域再生水循环利用试点实施方案》提出，合理规划布局，强化污水处理厂运行管理，因地制宜实施人工湿地水质净化工程，完善再生水调配体系，拓宽再生水利用渠道，加强监测监管。

《"十四五"节能减排综合工作方案》提出，推行污水资源化利用和污泥无害化处置。

《关于加快推进城镇环境基础设施建设的指导意见》提出，加快推进污水资源化利用，结合现有污水处理设施提标升级、扩能改造，系统规划建设污水再生利用设施。

《关于推进以县城为重要载体的城镇化建设的意见》提出，增强污水收集处理能力，完善老城区及城中村等重点区域污水收集管网，在缺水地区和水环境敏感地区推进污水资源化利用。

《减污降碳协同增效实施方案》提出，大力推进污水资源化利用，构建区域再生水循环利用体系。

《"十四五"新型城镇化实施方案》提出，推进生活污水治理厂网配套、泥水并重，推广污泥集中焚烧无害化处理，推进污水污泥资源化利用。

《城乡建设领域碳达峰实施方案》提出，实施污水收集处理设施改造和城镇污水资源化利用行动，推进农村污水处理，推动农村生活污水就近就地资源化利用。

《"十四五"全国城市基础设施建设规划》提出，推进城市污水处理提质增效。

《关于推进建制镇生活污水垃圾处理设施建设和管理的实施方案》提出，推进污水资源化利用。

（4）健全节约集约利用土地制度

节约集约利用土地，是指通过规模引导、布局优化、标准控制、市场配置、盘活利用等手段，达到节约土地、减量用地、提升用地强度、促进低效废弃地再利用、优化土地利用结构和布局、提高土地利用效率的各项行为与活动。

在经济和社会发展过程中，必须健全节约集约利用土地制度。严格控制土地总量，通过"占补平衡"制度，确保耕地总量不减少，严格执行土地用途管制，防止违规占用耕地和基本农田；提高土地利用效率，工业用地鼓励"零增地"发展提高土地投资强度和容积率，城市建设用地则是优化土地开发模式防止低效利用和土地闲置，农业用地要推广高标准农田建设提高单位面积产出率；优化土地结构和布局，鼓励"存量优先"原则，优先利用已开发但未充分利用的土地，控制新增建设用地，推动产业向园区集中；推动土地市场化配置，完善土地市场交易制度，通过招拍挂等市场化方式供应土地；严格监管与考核，建立节约用地责任制，对低效、闲置土地进行清理。

《关于促进节约集约用地的通知》提出，大力提高建设用地利用效率，健全节约集约用地长效机制，全面落实节约集约用地责任。

《节约集约利用土地规定》提出，落实最严格的耕地保护制度和最严格的节约集约用地制度。

《关于推进土地节约集约利用的指导意见》提出，严格用地规模管控，优化开发利用格局，健全用地控制标准，发挥市场机制作用，实施综合整治利用，推动科技示范引领，加强评价监管宣传。

《全域土地综合整治实施指南（试行）》提出，统筹推进农用地整治、建设用地整理和生态保护修复等，优化生产、生活、生态空间布局，提升空间功能和价值，促进耕地保护和土地节约集约利用。

《关于进一步深化农村改革　扎实推进乡村全面振兴的意见》提出，强化耕地保护和质量提升。

（5）推进原材料节约和资源循环利用

原材料节约是指在生产、流通和消费过程中，通过技术创新和管理优化，减少资源消耗，提高资源利用效率。资源循环利用是指将废弃物转化为可再次利用的资源，减少原生资源的开采和浪费。

推进原材料节约和资源循环利用，要积极开展政策引导，制定法规与节能减排标准，推动生产者责任延伸制度，设立资源节约目标，加强监管和执法；推动产业绿色升级，发展绿色制造，建设循环经济产业链，推广绿色设计；强化资源循环利用体系，建立废弃物回收体系，促进再制造产业发展，推广资源化利用技术；完善市场化激励机制，采用税收优惠和补贴、碳交易和绿色金融等措施，鼓励原材料节约和资源循环利用。

《2030年前碳达峰行动方案》提出，加强再生资源综合利用行业规范管理，促进产业集聚发展。

《关于进一步释放消费潜力促进消费持续恢复的意见》提出，加快构建废旧物资循环利用体系，推动汽车、家电、家具、电池、电子产品等回收利用。

《"十四五"扩大内需战略实施方案》提出，健全强制报废制度和废旧家电等耐用消费品回收处理体系，加快构建废旧物资循环利用体系，加强废纸、废塑料、废旧轮胎、废金属、废玻璃、废旧农膜等再生资源回收利用，提升资源产出率。

《"十四五"循环经济发展规划》提出，实施废钢铁、废有色金属、废塑料、废纸、废旧轮胎、废旧手机、废旧动力电池等再生资源回收利用行业规范管理，提升行业规范化水平，促进资源向优势企业集聚。加强废弃电器电子产品、报废机动车、报废船舶、废铅蓄电池等拆解利用企业规范管理和环境监管，加大对违法违规企业整治力度，营造公平的市场竞争环境。开展废旧动力电池循环利用行动，促进再制造产业高质量发展。

《关于加快废旧物资循环利用体系建设的指导意见》提出，完善再生资源类固体废物跨地区运输备案机制，丰富二手商品交易渠道，完善二手商品交易管理制度，加强对废旧物资循环利用体系建设重点项目的支持，加强行业监督管理，健全废旧物资循环利用统计制度。

《工业领域碳达峰实施方案》提出，实施废钢铁、废有色金属、废纸、废塑料、废旧轮胎等再生资源回收利用行业规范管理，鼓励符合规范条件的企业公布碳足迹，促进钢铁、铜、铝、铅、锌、镍、钴、锂、钨等高效再生循环利用；研究退役光伏组件、废弃风电叶片等资源化利用的技术路线和实施路径，围绕电器电子、汽车等产品推行生产者责任延伸制度，推动新能源汽车动力电池回收利用体系建设；推进机电产品再制造，加强再制造产品认定。

《扩大内需战略规划纲要（2022—2035年）》提出，加快构建废旧物资循环利用体系，规范发展汽车、动力电池、家电、电子产品等回收利用行业。

《"十四五"循环经济发展规划》提出，推动再生资源规模化、规范化、清洁化利用，促进再生资源产业集聚发展，高水平建设现代化"城市矿产"基地。

《关于加快废旧物资循环利用体系建设的指导意见》提出，提升再生资源加工利用水平，推进再制造产业高质量发展。

《"十四五"工业绿色发展规划》提出，统筹布局退役光伏、风力发电装置、海洋工程装备等新兴固废综合利用。

《关于加快推动工业资源综合利用的实施方案》提出，研究制定船舶安全与环境无害化循环利用方案，推动废旧光伏组件、风电叶片等新兴固废综合利用技术研发及产业化应用，加大综合利用成套技术设备研发推广力度，探索新兴固废综合利用技术路线。

《减污降碳协同增效实施方案》提出，推进退役动力电池、光伏组件、风电机组叶片等新型废弃物回收利用。

《"十四五"工业绿色发展规划》提出，培育废钢铁、废有色金属、废塑料、废旧轮胎、废纸、废弃电器电子产品、废旧动力电池、废油、废旧纺织品等主要再生资源循环利用龙头骨干企业，构建国内国际双轨、线上线下并行的再生资源供应链。

《关于加快推进废旧纺织品循环利用的实施意见》提出，鼓励使用绿色纤维。

《关于化纤工业高质量发展的指导意见》提出，推动废旧纺织品高值化利用的关键技术突破和产业化发展，鼓励相关生产企业建立回收利用体系。

《关于产业用纺织品行业高质量发展的指导意见》提出，发展环境友好产品，加强废旧纺织品循环利用，扩大产业用纺织品回收利用量。

55. 重点领域节能

重点领域节能是指在能源消耗较高、节能潜力较大的行业或领域，通过技术改造、管理优化和政策引导等手段，降低能源消耗，提高能源利用效率，实现节能减排。这些领域通常包括工业、建筑、交通、公共机构等。

从行业或部门层面看，工业、建筑、交通等领域是能源消耗的主要部门，占全社会能源消费的绝大部分，在这些领域节能能显著降低整体能源消耗。在经济转型过程中，重点领域往往节能空间较大，通过技术改造和管理优化，可以大幅提升能源利用效率，节能在减少化石能源消耗、降低温室气体和污染物排放的同时，还能降低成本，带来直接的经济效益。重点领域节能可以推动节能技术的研发和应用，促进产业升级和技术进步。从宏观层面看，政府通过制定节能目标和政策，推动重点领域节能，确保能源安全和可持续发展。因此，加快实施重点领域节能工程，是实现"双碳"目标的重要抓手。

在工业领域，要推动电力、钢铁、化工、建材、有色金属等高耗能行业节能降碳，推广先进工艺、设备，优化生产流程，实施余热余压利用等；在建筑领域，要围绕新建建筑和既有建筑改造，采用节能材料、优化设计，推广绿色建筑，提升供暖、空调、照明等系统的能效；在交通领域，要推广新能源汽车，优化交通管理，发展公共交通，提升运输效率；在政府机关、学校、医院等公共机构，要推广节能产品，加强能耗管理，开展节能改造，倡导绿色办公。同时，在其他领域也要推广节能技术，优化能源结构，提升能源管理水平，全社会要提高公众节能意识，用市场机制推动能源节约。

《2030年前碳达峰行动方案》提出，实施重点行业节能降碳工程，推动电力、钢铁、有色金属、建材、石化化工等行业开展节能降碳改造。

《关于完整准确全面贯彻新发展理念做好碳达峰碳中和工作的意见》提出，大幅提升能源利用效率。持续深化工业、建筑、交通运输、公共机构等重点领域节能，提升数据中心、新型通信等信息化基础设施能效水平。

《关于严格能效约束推动重点领域节能降碳的若干意见》提出，突出抓好重点行业，分步实施、有序推进重点行业节能降碳工作，分行业研究制定具体行动方案，借助重点行业节能降碳技术改造有利时机，加快先进成熟绿色低碳技术装备推广应用，提高重点行业技术装备绿色化、智能化水平。

《"十四五"节能减排综合工作方案》提出，实施重点行业绿色升级工程。

《"十四五"现代能源体系规划》提出，大力推动煤炭清洁高效利用，实施重点行业领域节能降碳行动，提升终端用能低碳化电气化水平。

《减污降碳协同增效实施方案》提出，一体推进重点行业大气污染深度治理与节能降碳行动，推进大气污染治理设备节能降耗，提高设备自动化智能化运行水平，推进污水处理厂节能降耗。

《工业能效提升行动计划》提出，大力提升重点行业领域能效。

56. 用水总量和强度双控

用水总量和强度双控是水资源管理的核心政策工具，是国家节水行动核心组成部分，通过设定用水总量上限和效率提升目标，实现水资源消耗从"粗放利用"向"精准管控"的根本性转变，破解水资源短缺与经济发展的矛盾，推动经济社会发展与水资源承载力相协调。用水总量和强度双控，覆盖了农业、工业、城镇、非常规水源利用等重点领域。

强化用水总量和强度双控是实现水资源可持续利用的关键，是国家节水行动的重要抓手。要通过制度刚性约束，完善政策与考核体系，动态分解指标，分级管控，设定不同地区的差异化用水强度目标，严格超采区治理和严控取水许可，将双控指标纳入地方政府生态文明考核，建立重点监控用水单位名录；创新市场机制，激活水权与价格杠杆，深化水权交易，实行阶梯水价改革，用绿色金融赋能水资源管理；以数字化赋能节水技术革命，在智能监测中用"物联网+AI"预测用水需求，在农业节水方面用北斗导航精准滴灌系统，在工业循环领域推广废水零排放膜处理技术；在社会生活层面，树立全民节水意识，通过开展公共示范，对相关产品实施水效标识管理，通过第三方服务开展合同节水管理，构建全面节水格局。

《关于实行最严格水资源管理制度的意见》提出，加强水资源开发利用控制红线管理，严格实行用水总量控制；加强用水效率控制红线管理，全面推进节水型社会建设；加强水功能区限制纳污红线管理，严格控制入河湖排污总量。

《国家节水行动方案》提出，控制水资源消耗总量和强度，强化水资源承载能力的刚性约束，推进农业节水提升灌溉用水效率，推动工业领域节水减少废水排放，降低城镇供水管网漏损率提高用水效率，在缺水地区推进节水和开源措施缓解水资源短缺，加强节水科技创新推广先进适用的节水技术和工艺。

《"十四五"规划和2035年远景目标纲要》提出，实施国家节水行动，建立水资源刚性约束制度，强化农业节水增效、工业节水减排和城镇节水降损，鼓励再生水利用，加强土地节约集约利用。

《"十四五"节水型社会建设规划》提出，全面推进节水型社会建设。

《"十四五"水安全保障规划》提出，实施国家节水行动，强化水资源刚性约束。建立水资源刚性约束制度，大力推进农业节水增效，深入推进工业节水减排，全面加强城镇节水降损，健全节水机制。

《关于印发"十四五"用水总量和强度双控目标的通知》明确规定了各省区市"十四五"用水总量和强度双控目标。

《关于加强城市节水工作的指导意见》提出，构建城市健康水循环体系，着力提高城市用水效率，加强节水型城市建设，完善城市节水机制。

《关于进一步加强水资源节约集约利用的意见》提出，落实最严格水资源管理制度，加强农业农村节水，强化工业节水，厉行城镇节水，推进生态景观节水，推广非常规水源利用，发展节水产业。

57. 废弃物循环利用体系

废弃物循环利用体系是指通过科学管理、技术手段和市场机制，对生产和生活中的各类废弃物进行分类、回收、再利用或资源化处理，以减少环境污染、提高资源利用率的系统，包括废弃物分类与收集、回收与再利用、资源化处理与终端处置等环节。

建成覆盖全面、运转高效、规范有序的废弃物循环利用体系，要制定废弃物分类回收、资源化利用、污染控制等法规和标准，实施生产者责任延伸，完善激励与约束机制，建立完善的废弃物管理制度；建立统一的垃圾分类体系和智能收集系统，实施城乡垃圾收运一体化，健全废弃物分类与收集体系；推动工业、农业废弃物资源化和生活垃圾、建筑垃圾资源化进程，实行废弃物资源化利用；建设循环经济产业园，促进"城市矿产"开发，发展废弃物综合利用企业，打造循环经济产业链；建立废弃物交易市场，推广"互联网+回收"模式，鼓励绿色金融支持，完善市场化机制；开展垃圾分类宣传，倡导绿色消费，倡导企业社会责任，强化公众参与和生态教育。

《2030年前碳达峰行动方案》提出，完善废旧物资回收网络，推行"互联网+"回收模式，实现再生资源应收尽收。扎实推进生活垃圾分类，加快建立覆盖全社会的生活垃圾收运处置体系，全面实现分类投放、分类收集、分类运输、分类处理。

《"十四五"循环经济发展规划》提出，完善废旧物资回收网络，合理布局、规范建设回收网络体系，统筹推进废旧物资回收网点与生活垃圾分类网点"两网融合"。积极推行"互联网+回收"模式，因地制宜完善乡村回收网络，推动城乡废旧物资回收处理体系一体化发展。

《"十四五"商务发展规划》提出，建立新型再生资源回收体系，加强废旧物资回收网点布局，提高废旧物资回收、分拣、集散能力。

《"十四五"电子商务发展规划》提出，促进资源循环利用。建立覆盖设计、生产、销售、使用、回收和循环利用各环节的绿色包装标准体系。

《关于加快废旧物资循环利用体系建设的指导意见》提出，完善废旧物资回收网络。

《促进绿色消费实施方案》提出，构建废旧物资循环利用体系。

《关于加快推进废旧纺织品循环利用的实施意见》提出，完善废旧纺织品回收体系。完善回收网络，拓宽回收渠道，强化回收管理。

《关于进一步加强商品过度包装治理的通知》提出，进一步完善再生资源回收体系，鼓励各地区以市场化招商等方式引进专业化回收企业，提高包装废弃物回收率。

《关于加强县级地区生活垃圾焚烧处理设施建设的指导意见》提出，健全资源回收利用体系。

《关于全面推进乡村振兴加快农业农村现代化的意见》提出，健全农村生活垃圾收运处置体系，推进源头分类减量、资源化处理利用。

《"十四五"城镇生活垃圾分类和处理设施发展规划》提出，加快完善垃圾分类设施体系，全面推进生活垃圾焚烧设施建设，有序开展厨余垃圾处理设施建设，规范垃圾填埋处理设施建设，健全可回收物资源化利用设施，加强有害垃圾分类和处理，强化设施二次环境污染防治能力建设，开展关键技术研发攻关和试点示范，鼓励生活垃圾协同处置，完善全过程监测监管能力建设。

《关于推动城乡建设绿色发展的意见》提出，持续推进农村生活垃圾、污水、厕所粪污、畜禽养殖粪污等治理。

《粮食节约行动方案》提出，推进厨余垃圾资源化利用。指导地方建立厨余垃圾收集、投放、运输、处理体系，推动源头减量，做好厨余垃圾分类收集，探索推进餐桌剩余食物饲料化利用。

《关于深入打好污染防治攻坚战的意见》提出，因地制宜推行垃圾分类制度，加快快递包装绿色转型。

《农村人居环境整治提升五年行动方案（2021—2025年）》提出，健全生活垃圾收运处置体系，完善农村生活垃圾收集、转运、处置设施和模式，推进农村生活垃圾分类减量与利用，加快推进农村生活垃圾源头分类减量，协同推进农村有机生活垃圾、厕所粪污、农业生产有机废弃物资源化处理利用。

《农村人居环境整治提升五年行动方案（2021—2025年）》提出，协同推进废旧农膜、农药肥料包装废弃物回收处理。

《"十四五"时期"无废城市"建设工作方案》提出，促进生活源固体废物减量化、资源化，深入推进生活垃圾分类工作，构建城乡融合的农村生活垃圾治理体系，加快构建废旧物质循环利用体系，完善废旧家电回收处理管理制度和支持政策，提升城市垃圾中转站建设水平，提升厨余垃圾资源化利用能力，推进市政污泥源头减量，压减填埋规模，推进资源化利用。

《"十四五"节能减排综合工作方案》提出，建设分类投放、分类收集、分类运输、分类处理的生活垃圾处理系统。

《"十四五"重点流域水环境综合治理规划》提出，加快建立完善的生活垃圾分类运输系统，统筹规划布局中转站点，提高分类收集转运效率。

《关于加快推进城镇环境基础设施建设的指导意见》提出，逐步提升生活垃圾分类和处理能力。建设分类投放、分类收集、分类运输、分类处理的生活垃圾处理系统。合理布局生活垃圾分类收集站点，完善分类运输系统，加快补齐分类收集转运设施能力短板。加强可回收物回收、分拣、处置设施建设，提高可回收物再生利用和资源化水平。

《农业农村污染治理攻坚战行动方案（2021—2025年）》提出，健全农村生活垃圾收运处置体系，推行农村生活垃圾分类减量与资源化利用。

《"十四五"国民健康规划》提出，加强城市垃圾和污水处理设施建设，推进城市生活垃圾分类和资源回收利用。推行县域生活垃圾和污水统筹治理，持续开展村庄清洁行动，建立健全农村村庄保洁机制和垃圾收运处置体系。

《关于推进以县城为重要载体的城镇化建设的意见》提出，完善垃圾处理体系。

《关于进一步加强农村生活垃圾收运处置体系建设管理的通知》提出，统筹谋划农村生活垃圾收运处置体系建设和运行管理，推动农村生活垃圾源头分类和资源化利用，完善农村生活垃圾收运处置设施，提高农村生活垃圾收运处置体系运行管理水平。

《乡村建设行动实施方案》提出，健全农村生活垃圾收运处置体系，推动农村生活垃圾分类减量与资源化处理利用。

《减污降碳协同增效实施方案》提出，加强生活垃圾减量化、资源化和无害化处理，大力推进垃圾分类，优化生活垃圾处理处置方式，加强可回收物和厨余垃圾资源化利用。

《"十四五"新型城镇化实施方案》提出，地级及以上城市因地制宜基本建立分类投放、收集、运输、处理的生活垃圾分类和处理系统。

《城乡建设领域碳达峰实施方案》提出，全面推行垃圾分类和减量化、资源化，完善生活垃圾分类投放、分类收集、分类运输、分类处理系统。推动农村生活垃圾分类处理，倡导农村生活垃圾资源化利用，从源头减少农村生活垃圾产生量。

《"十四五"全国城市基础设施建设规划》提出，建立生活垃圾分类管理系统，完善城市生活垃圾资源回收利用体系，推动回收利用行业转型升级，推动废玻璃等低值可回收物的回收和再生利用。

《关于进一步加强商品过度包装治理的通知》提出，进一步完善生活垃圾清运体系，持续推进生活垃圾分类工作，健全与生活垃圾源头分类投放相匹配的分类收集、分类运输体系，加快分类收集设施建设，配齐分类运输设备，提高垃圾清运效率。

《关于推进建制镇生活污水垃圾处理设施建设和管理的实施方案》提出，建立健全分类收集设施，加快完善分类转运设施，强化处理设施共建共享，加强生活垃圾资源化利用。

58. 绿色矿山建设

绿色矿山是指在矿产资源开发的全生命周期内，通过应用清洁生产技术、智能化管理及生态修复手段，实现资源高效集约利用和生态环境有效保护，并在开发过程中注重节能减排、废弃物循环利用，同时与周边社区共建共享，推动经济、环境和社会效益协同发展的可持续矿业模式。环境友好、资源高效、开采智能是绿色矿山的核心。

全面推进绿色矿山建设，加快矿业绿色低碳转型发展，是推动矿业高质量发展的重要举措，是矿业领域生态文明建设的有力抓手。从生态价值看，建设绿色矿山可以破解资源开发与环境保护的矛盾，遏制矿区生态退化，降低环境污染和减少碳排放；从经济价值看，建设绿色矿山可以激活资源高效利用新动能，通过发展循环经济和优化成本，提升资源效益，通过生态产业延伸催生新兴业态；从社会价值看，建设绿色矿山可以构建矿业与社区的命运共同体，改善当地的民生福祉，促进就业转型；从战略价值看，建设绿色矿山可以支撑国家能源资源安全与"双碳"目标，通过选矿技术的进步增加矿产资源的利用率，保障资源安全，通过清洁能源替代和增加矿山生态修复区固碳量助力碳中和；从全球意义看，建设绿色矿山可以应对供应链合规的要求，也有助于重塑全球矿业治理话语权。

全面推进绿色矿山建设，是一场从"黑色增长"到"绿色增值"的产业革命。

美丽中国先行区建设

通过顶层设计规划矿业发展愿景，用立法保障和负面清单管理刚性约束矿业的发展路径，完善标准体系使矿业发展符合生态文明建设的要求，以税收优惠和绿色金融支持等推进绿色矿山建设；通过技术创新重构矿业价值链，实施绿色开采、清洁能源替代和资源循环利用，建设数字矿山，推进绿色矿山建设；通过生态修复重现矿区的绿水青山，利用现代通信技术开展动态监测，实施边开采边修复，闭坑矿山绿色转型发展旅游业、种植碳汇林参与碳汇开发，开展全生命周期治理；通过管理优化确保生产安全，智能监管平台的建设可以实现智慧化的全链条管控，有效预防事故的发生，基于大数据和人工智能的智能调度系统优化开采方案和设备运行效率，减少资源浪费，环境监测体系的建立可动态监测生态修复效果及污染物排放；通过社会协同重塑矿业形象，建立社区共建机制，开展公众监督参与，实现多方参与与利益共享；通过国际合作实现技术输出与标准引领，有效应对碳边境调节机制，积极参与全球治理。

《关于贯彻落实全国矿产资源规划发展绿色矿业建设绿色矿山工作的指导意见》提出，统筹规划绿色矿山建设工作，开展国家级绿色矿山建设试点示范，稳步推进全国绿色矿山建设。

《关于加快推进生态文明建设的意见》提出，发展绿色矿业，加快推进绿色矿山建设。

《关于加快建设绿色矿山的实施意见》提出，制定领跑标准，打造绿色矿山，加大政策支持，加快建设进程，创新评价机制，强化监督管理，落实责任分工，统筹协调推进，加快推进绿色矿山建设工作。

2018年6月，自然资源部发布了《非金属行业绿色矿山建设规范》《化工行业绿色矿山建设规范》《黄金行业绿色矿山建设规范》《煤炭行业绿色矿山建设规范》《砂石行业绿色矿山建设规范》《陆上石油天然气开采业绿色矿山建设规范》《水泥灰岩绿色矿山建设规范》《冶金行业绿色矿山建设规范》《有色金属行业绿色矿山建设规范》9项推荐性行业标准，要求矿山企业在矿区环境、资源开发方式、资源综合利用、节能减排、科技创新与数字化矿山、企业管理与企业形象6个方面规范建设绿色矿山。

《关于进一步加强绿色矿山建设的通知》提出，全面推进绿色矿山建设。压实矿山企业的主体责任，分类有序推进绿色矿山建设，加快推动绿色低碳先进适用技术应用，持续提升矿山企业创建水平。

《国家级绿色矿山建设评价指标》作为绿色矿山建设、评价、遴选及动态管理的重要依据，标志着绿色矿山建设评价国家标准正式确立，包括矿区环境、资源开采、资源综合利用、绿色低碳、生态修复与环境治理、科技创新与规范管理等6项一级指标、23项二级指标和49项三级指标。49项三级指标总分100分。其中约束性指标有20项，占47分；提升性指标有29项，占53分。

七、生态环境保护

59. 打好蓝天保卫战

蓝天保卫战是为持续改善空气质量、解决突出大气污染问题而实施的系统性污染防治行动，核心目标是降低$PM_{2.5}$浓度、减少重污染天数、提升公众蓝天幸福感。

随着工业化和城市化的快速发展，环境问题日益凸显。燃煤、机动车尾气、工业废气、扬尘等污染物排放量的不断增大，造成了严重的大气污染，大气污染既危害人体健康，又影响动植物生长，而且破坏经济资源，会改变地球的气候，造成全球变暖、臭氧层损耗、酸雨等全球环境问题。大气污染物主要通过呼吸道进入人体，还会通过皮肤接触和刺激体表进入人体。清新的空气是人类生存的必要条件，日益严重的大气污染直接影响我们的健康和生活质量。减少空气污染有助于保护生态环境，降低自然资源的消耗和生态系统的破坏，有利于经济的长期可持续发展。空气质量改善，有助于减缓气候变化。

我国大气污染防治工作始于20世纪70年代，联合国人类环境会议后，我国大气污染治理工作拉开了序幕。1988年，《中华人民共和国大气污染防治法》开始施行，为大气污染治理提供了法律保障和执法依据。陆续颁布的大气污染治理的法规标准，使大气污染防治有法可依。2013年9月，国务院印发了《大气污染防治行动计划》。2017年，我国提出打赢蓝天保卫战。

以更高标准打好蓝天保卫战是实现空气质量持续改善、保障公众健康的重要战略行动，要进一步推进多污染物协同减排，强化挥发性有机物综合治理，推进重点行业及燃煤锅炉超低排放改造，实施清洁能源、集中供热替代，重点区域煤炭消费总量控制，严格机动车排放标准，加强区域联防联控，解决恶臭、餐饮油烟等污染，加强消耗臭氧层物质和氢氟碳化物的环境管理。

"十三五"以来，围绕打赢蓝天保卫战的决策部署，全国空气质量明显改善。产业结构绿色转型升级取得实质成效，能源结构进一步清洁化低碳化，交通运输体系进一步绿色化，面源污染得到有效控制。

《大气污染防治行动计划》（"大气十条"）提出，加大综合治理力度，减少多污染物排放；调整优化产业结构，推动产业转型升级；加快企业技术改造，提高科技创新能力；加快调整能源结构，增加清洁能源供应；严格节能环保准入，优化产业空间布局；发挥市场机制作用，完善环境经济政策；健全法律法规体系，严格依法监督管理；建立区域协作机制，统筹区域环境治理；建立监测预警应急体系，妥善应对重污染天气；明确政府企业和社会的责任，动员全民参与环境保护。

《关于全面加强生态环境保护坚决打好污染防治攻坚战的意见》提出，坚决打赢蓝天保卫战。编制实施打赢蓝天保卫战三年作战计划，以京津冀及周边、长三角、汾渭平原等重点区域为主战场，调整优化产业结构、能源结构、运输结构、用地结构，强化区域联防联控和重污染天气应对，进一步明显降低PM$_{2.5}$浓度，明显减少重污染天数，明显改善大气环境质量，明显增强人民的蓝天幸福感。加强工业企业大气污染综合治理，大力推进散煤治理和煤炭消费减量替代，打好柴油货车污染治理攻坚战，强化国土绿化和扬尘管控，有效应对重污染天气。

《打赢蓝天保卫战三年行动计划》（新"大气十条"）提出，调整优化产业结构，推进产业绿色发展；加快调整能源结构，构建清洁低碳高效能源体系；积极调整运输结构，发展绿色交通体系；优化调整用地结构，推进面源污染治理；实施重大专项行动，大幅降低污染物排放；强化区域联防联控，有效应对重污染天气；健全法律法规体系，完善环境经济政策；加强基础能力建设，严格环境执法督察；明确落实各方责任，动员全社会广泛参与。

《关于深入打好污染防治攻坚战的意见》提出，深入打好蓝天保卫战。着力打好重污染天气消除攻坚战，着力打好臭氧污染防治攻坚战，持续打好柴油货车污染治理攻坚战，加强大气面源和噪声污染治理。

《空气质量持续改善行动计划》（第三个"大气十条"）提出，优化产业结构，促进产业产品绿色升级；优化能源结构，加速能源清洁低碳高效发展；优化交通结构，大力发展绿色运输体系；强化面源污染治理，提升精细化管理水平；强化多污染物减排，切实降低排放强度；加强机制建设，完善大气环境管理体系；加强能力建设，严格执法监督；健全法律法规标准体系，完善环境经济政策；落实各方责任，开展全民行动。

60. 打好碧水保卫战

碧水保卫战是政府为系统解决水环境污染、保障水生态安全而实施的战略性治水行动，旨在通过系统的污染防治、生态修复，实现水清岸绿的水环境目标。碧水保卫战是污染防治攻坚战的重要组成部分，核心是破解水污染治理碎片化问题，统筹水资源、水环境、水生态治理。

水是生命之源，对人类的生产和生活发挥着不可替代的作用。洁净的水体对于人类的生活质量和生态系统的健康至关重要。随着工业化进程的加速和城市化水平的提高，水环境污染问题日益凸显。水污染危害极大，污染物通过饮水和食物进入人体，影响人类的身体健康；水污染破坏水体中的生态平衡，影响水生动植物，进一步影响人类的生存；水污染破坏工农业生产，严重阻碍经济的持续增长。

1972年北京官厅水库污染治理是我国流域水污染防治的标志性事件，自此我国开始探索有特色的水环境保护道路。20世纪70年代以来，我国水污染防治大致走过了3个阶段：20世纪70年代至90年代中期为点源污染控制阶段，《中华人民共和国水污染防治法》《水污染防治法实施细则》《地面水环境质量标准》《污水综合排放标准》等一系列法律、法规和标准相继出台；20世纪90年代中期至21世纪10年代初期为重点流域污染治理阶段，在重点流域建立了"流域—控制区—控制单元"的三级分区体系，采用水污染物总量控制和环境质量改善双约束的规划目标；21世纪10年代中期至今为系统治理阶段，2015年4月国务院印发《水污染防治行动计划》，2018年我国提出着力打好碧水保卫战，标志着水污染治理从"分散治污"转向"系统攻坚"，成为全球最大规模的水环境综合治理行动。

以更高标准打好碧水保卫战，是推动高质量发展、保障民生福祉、维护国家生态安全的战略性举措。要统筹水资源、水环境、水生态治理，推进水源地规范化建设和备用水源地建设，建成排污口监测监管体系，推行重点行业企业污水治理与排放水平绩效分级，补齐城镇污水收集和处理设施短板，加强水源涵养区和生态缓冲带保护修复，持续推进重点海域综合治理，加强海水养殖环境整治，有效应对蓝藻水华、赤潮绿潮等生态灾害，推进江河湖库清漂和海洋垃圾治理。

"十三五"以来，我国深入开展集中式饮用水水源地环境保护专项行动，筑牢饮用水安全防线，水生态环境治理体系加快完善，地下水生态环境保护稳步推进，积极构建以排污许可证制度为核心的固定污染源监管制度体系，推动建立跨省流域上下游突发水污染事件联防联控机制，牢牢守住水生态环境安全底线。2023年与2022年相比，全国入海河流国控断面总氮平均浓度下降12.2%，环渤海入海河流国控断面总氮平均浓度下降19.9%。

《水污染防治行动计划》（"水十条"）提出，全面控制污染物排放，推动经济结构转型升级，着力节约保护水资源，强化科技支撑，充分发挥市场机制作用，严格环境执法监管，切实加强水环境管理，全力保障水生态环境，明确和落实各方责任，强化公众参与和社会监督。

《关于全面加强生态环境保护坚决打好污染防治攻坚战的意见》提出，着力打好碧水保卫战。深入实施水污染防治行动计划，扎实推进河长制湖长制，坚持污染减排和生态扩容两手发力，加快工业、农业、生活污染源和水生态系统整治，保障饮用水安全，消除城市黑臭水体，减少污染严重水体和不达标水体。打好水源地保护攻坚战，好城市黑臭水体治理攻坚战，打好长江保护修复攻坚战，打好渤海综合治理攻坚战，打好农业农村污染治理攻坚战。

《"十四五"规划和2035年远景目标纲要》提出，完善水污染防治流域协同机制，加强重点流域、重点湖泊、城市水体和近岸海域综合治理。

《深入打好污染防治攻坚战的意见》提出，深入打好碧水保卫战。持续打好城市黑臭水体治理、长江保护修复攻坚战，着力打好黄河生态保护治理、重点海域综合治理攻坚战，巩固提升饮用水安全保障水平，强化陆域海域污染协同治理。

61. 打好净土保卫战

净土保卫战是通过系统性的土壤污染防控、风险管控与修复，保障土壤环境安全，实现土地资源可持续利用。净土保卫战是污染防治攻坚战的重要组成部分，核心目标是保障农产品质量安全、维护人居环境健康、维持生态系统稳定，重点解决工业遗留污染、农业面源污染及建设用地风险等突出问题。

土壤保存了至少1/4的全球生物多样性，为生态系统和人类提供多种服务，帮助抵御和适应气候变化。土壤污染导致生产能力退化，影响到食品安全，对人类生命健康构成威胁；可引起大气、水的污染和生物多样性破坏，从而使整体环境污染加剧，对全球生态安全构成威胁。土壤污染是一种"看不见的污染"，不像大气污染、水污染被公众特别关注，它具有累积性、隐蔽性和滞后性的特点，而且治理周期较长、成本高，必须高度重视土壤污染防治，持续深入打好净土保卫战。

我国的土壤污染防治工作起步晚、基础薄弱。2000年前，我国专门针对土壤污染防治的政策法规、标准规范还处于相对空白状态。《土壤环境质量标准》（1995年）主要针对农业生产的农用地。1999年开始，中国地质调查局开展多目标区域地球化学调查。2005—2013年，环境保护部会同国土资源部开展首次全国土壤污染状况调查；2008年，环境保护部印发的《关于加强土壤污染防治工作的意见》提出，突出农用地和污染场地作为土壤污染防治的重点领域；2012年，农业部启动农产品产地土壤重金属污染调查；"十二五"期间，环境保护部试点研究并制定了全国土壤环境质量监测网建设方案。我国系统性的土壤污染防治始于2016年5月，国务院印发了《土壤污染防治行动计划》，系统开展了土壤污染防治的重要战略部署。2018年，我国首次部署净土保卫战。2019年1月，《中华人民共和国土壤污染防治法》正式施行，填补了我国土壤污染防治法律的空白，将土壤污染防治工作纳入法治轨道。

以更高标准打好净土保卫战，才能构建从"土壤安全"到"人类健康"的全链条保障体系，它是粮食安全的压舱石、高质量发展的生态基底、人类健康的最后防线。持续深入打好净土保卫战，要开展土壤污染源头防控行动，推进农用地土壤重金属污染溯源和整治全覆盖，加强建设用地用途变更和污染地块风险管控的联动监管，开展土壤污染重点监管单位周边土壤和地下水环境监测，严控地下水污染防治重点区域环境风险，深入打好农业农村污染治理攻坚战。

2023年，全国土壤环境风险得到基本管控，土壤污染加重趋势得到初步遏制；全国农用地安全利用率达到91%，农用地土壤环境状况总体稳定，土壤重点风险监控点重金属含量整体呈下降趋势；重点建设用地得到有效保障。

《土壤污染防治行动计划》（"土十条"）提出，开展土壤污染调查，掌握土壤环境质量状况；推进土壤污染防治立法，建立健全法规标准体系；实施农用地分类管理，保障农业生产环境安全；实施建设用地准入管理，防范人居环境风险；强化未污染土壤保护，严控新增土壤污染；加强污染源监管，做好土壤污染预防工作；开展污染治理与修复，改善区域土壤环境质量；加大科技研发力度，推动环境保护产业发展；发挥政府主导作用，构建土壤环境治理体系；加强目标考核，严格责任追究。

《全面加强生态环境保护 坚决打好污染防治攻坚战的意见》，提出扎实推进净土保卫战。

《全面加强生态环境保护 坚决打好污染防治攻坚战的意见》，提出扎实推进净土保卫战。

《关于深入打好污染防治攻坚战的意见》提出，深入打好净土保卫战。持续打好农业农村污染治理攻坚战。

《"十四五"土壤、地下水和农村生态环境保护规划》提出，推进土壤污染防治。

62. 多污染物协同减排

多污染物协同减排是综合考虑多种污染物的排放和控制，通过协调各类污染物的减排措施，实现整体环境效益最大化。

多污染物协同减排的显著特征是同时控制不同介质中的多种污染物，通过协同减排、跨行业和多部门的综合治理、优化资源、减少治理成本，实现更高的减排效率。实施多污染物协同减排，要在污染源识别和评估的基础上，制定协同减排的计划和技术、管理、政策措施，采用先进的技术手段，鼓励公众参与，整体上更有效地改善环境质量，具有显著的环境、健康和经济效益。

《中华人民共和国大气污染防治法》明确规定，防治大气污染，应当加强对燃煤、工业、机动车船、扬尘、农业等大气污染的综合防治，推行区域大气污染联合防治，对颗粒物、二氧化硫、氮氧化物、挥发性有机物、氨等大气污染物和温室气体实施协同控制。

《大气污染防治行动计划》提出，加大综合治理力度，减少多污染物排放。

《关于全面加强生态环境保护 坚决打好污染防治攻坚战的意见》提出，对固定污染源实施全过程管理和多污染物协同控制。

《打赢蓝天保卫战三年行动计划》提出，大幅减少主要大气污染物排放总量，协同减少温室气体排放，协同控制颗粒物和氮氧化物排放。

《重点行业挥发性有机物综合治理方案》提出，协同控制温室气体排放，推动环境空气质量持续改善。

《关于深化生态环境领域依法行政 持续强化依法治污的指导意见》提出，依法深入打好蓝天保卫战。

《"十四五"节能减排综合工作方案》提出，实现节能降碳减污协同增效、生态环境质量持续改善。

《工业领域碳达峰实施方案》提出，加强产业间耦合链接，推进减污降碳协同增效，持续降低单位产出能源资源消耗，从源头减少碳排放。

《关于推进污水处理减污降碳协同增效的实施意见》提出，推动污水处理减污降碳协同增效。

《关于推进实施焦化行业超低排放的意见》提出，统筹推进焦化行业协同减污降碳，鼓励企业在超低排放改造时统筹减污降碳和清洁生产改造，积极探索污染物和温室气体协同控制工艺技术。

63. 大气污染防治重点行业绩效提级

大气污染防治重点行业绩效分级是指为做好重污染天气应急期间重点行业企业

差异化管控，地方生态环境主管部门以企业装备水平、污染治理技术、排放限制、无组织排放管理水平、监测监控水平、环境管理水平、运输方式等作为绩效分级指标，会同技术单位和有关专家对重点行业企业的大气污染防治水平进行分级。

《重污染天气重点行业应急减排措施制定技术指南（2020修订版）》明确指出，坚持绩效分级差异管控。

绩效分级分为A级、B级、C级、D级、引领性和非引领性等级别，其中，A级和引领性企业应达到国家级先进水平，各项指标为全国一流；B级企业应达到区域或省级领先水平。原则上，A级和引领性企业在重污染期间可自主采取减排措施，并减少监督检查频次；B级及以下企业和非引领性企业，减排力度应不低于国家和省级应急减排措施制定技术指南的相关要求。

开展大气污染防治重点行业绩效提级行动，是以绩效分级为引领，进一步提升重点行业大气污染治理水平和精细化环境管理水平，助推行业绿色转型和高质量发展。扩展重点行业绩效分级范围，建立绩效提级企业清单，精准帮扶企业对标升级，严格绩效分级审核评定，实施绩效分级动态调整，建立绿色发展激励政策。把重点行业绩效分级工作纳入大气污染防治攻坚调度督导的重要内容，建立健全监督检查制度，加强全过程的监督检查，切实提升重点企业环保绩效水平。

《关于加强重污染天气应对夯实应急减排措施的指导意见》提出，差异化减排措施有利于促进高质量发展。坚持绩效分级差异管控，指导重点行业制定行业内相对统一的应急减排措施，基于绩效分级对重点行业相关企业进行差异化管控。

《重污染天气重点行业绩效分级实施细则》规定了大气污染防治重点区域、重点行业企业绩效分级的申报、核定、监督管理、责任追究。

《关于进一步提高认识 规范程序 扎实做好重污染天气重点行业绩效分级有关工作的通知》提出，公平公正开展绩效分级工作，精准制定减排方案，在重污染天气期间，让环保治理投入少、污染排放量大的企业多减排，让环保治理投入多的企业少减排，行业标杆不减排。切实起到鼓励"先进"、鞭策"后进"的作用，支持、促进企业高质量发展。

64. 城市空气质量达标管理

城市空气质量达标管理是指通过系统性的规划、监测、评估和治理措施，确保城市空气质量达到国家或地方规定的标准，并持续改善的管理过程。

城市大气质量达标是指直辖市或设区市的细颗粒物（$PM_{2.5}$）、可吸入颗粒物（PM_{10}）、二氧化硫（SO_2）、二氧化氮（NO_2）、臭氧（O_3）、一氧化碳（CO）6项主要大气污染物年均浓度均达到《环境空气质量标准》（GB3095-2012）二级标准要求。2015—2020年，全国337个地级及以上城市达标率分别为21.6%、24.9%、29.3%、35.8%、46.6%、59.9%。2023年，全国339个地级及以上城市中，203个城市环境空气质量达标，占59.9%；136个城市环境空气质量超标，占40.1%。其中，105个城市细颗粒物（$PM_{2.5}$）超标，占31.0%；79个城市臭氧（O_3）超标，占23.3%；58个城市可吸入颗粒物（PM_{10}）超标，占17.1%；1个城市二氧化氮（NO_2）超标，占0.3%；无一氧化碳（CO）和二氧化硫（SO_2）超标城市。

实施城市空气质量达标管理，首先要明确目标与规划编制，依据《环境空气质量标准》明确污染物浓度目标值，已达标城市制定持续改善计划防止反弹，未达标城市依据规定制定达标计划和措施；其次，构建精准监测与评估体系，完善监测网络，实行动态评估与预警；再次，开展重点领域污染源治理，通过超低排放改造、VOCs综合治理，开展工业源深度治理，通过淘汰老旧车辆、非道路机械管控实行移动源清洁化，通过扬尘治理和生活源整治，实行面源精细化管控；第四，开展优化结构与政策协同，调整能源结构，实行产业结构升级和交通结构优化；第五，以科技赋能精准治污，利用大数据和AI预测污染趋势，用无人机、红外成像技术排查隐蔽排放源，严格执法与考核；第六，实行区域联防联控与公众参与，京津冀、长三角等区域统一应急响应标准，联合执法，倡导公众监督与参与；第七，建立动态调整与长效保障机制，开展年度评估与修订，设立专项资金保障城市空气质量达标管理。

《打赢蓝天保卫战三年行动计划》提出，修订完善高耗能、高污染和资源型行业准入条件，环境空气质量未达标城市应制定更严格的产业准入门槛。加大燃煤小锅炉淘汰力度，环境空气质量未达标城市应进一步加大淘汰力度。

《"十四五"规划和2035年远景目标纲要》提出，加强城市大气质量达标管理，推进细颗粒物（$PM_{2.5}$）和臭氧（O_3）协同控制，地级及以上城市$PM_{2.5}$浓度下降10%，有效遏制O_3浓度增长趋势，基本消除重污染天气。

《空气质量持续改善行动计划》提出，实施城市空气质量达标管理。空气质量未达标的直辖市和设区的市编制实施大气环境质量限期达标规划，明确达标路线图及重点任务，并向社会公开。推进$PM_{2.5}$和臭氧协同控制。

65. 宁静小区建设

宁静小区是通过噪声污染控制措施、设施与管理等把各类噪声控制到声环境功能区所要求的限值，从而为居民生活、居住、学习、办公等提供安静人居环境的按照城市统一规划、建设达到一定规模、基础设施配套齐全、相对封闭独立的居民住宅群体或居民住宅区域。

建设宁静小区是建设美丽城市的重要内容，是推进城市精细化治理和提升居民生活质量的重要举措。噪声污染被世界卫生组织列为现代城市的七大公害之一，长期生活在噪声环境中的人，会产生睡眠障碍、听力损伤，心理压力增大。在高噪声环境下工作的人，高血压、动脉硬化和冠心病的发病率要高出低噪声环境下2—3倍，噪声使劳动生产率降低10%—50%，特强噪声会损伤仪器设备，严重的可使仪器设备失效。当前，社区噪声纠纷已成为基层矛盾高发领域。建设宁静小区，不仅能提高公众福祉，而且能产生巨大的经济效益。安静的社区环境可使周边房产溢价，宜居环境吸引人才与投资，增强城市竞争力。

宁静小区建设是城市治理现代化的重要实践，构建了和谐共治的基层治理新范式，守护了居民身心健康，探索了城市可持续发展的低碳路径，激活"安静红利"的市场价值，重塑城市文明的声音美学。要采取必要的噪声控制措施，优化小区内部设施，加强小区噪声防治管理。

《绿色社区创建行动方案》提出，营造社区宜居环境。加强噪声治理，提升社区宜居水平。

2022年修订的《中华人民共和国噪声污染防治法》，明确将社区噪声纳入监管范围。

《声环境质量标准》（GB 3096-2008）将声环境功能区分为0—4类5种类型，居民住宅被归为1类声环境功能区，规定了噪声等效声级限值标准，昼间限值为55dB（A）、夜间限值为45dB（A）。

《"十四五"噪声污染防治行动计划》提出，推动建设宁静小区。

66. 重点行业企业污水治理与排放水平绩效分级

重点行业企业污水治理与排放绩效分级是通过科学评估和分类管理，推动重点行业工业企业提升污水处理水平、减少污染物排放，并实现差异化监管与政策激励的一种环境管理机制。通过分级标准，将企业按治理能力和排放绩效划分为不同等级，实施"奖优罚劣"的动态管理。

根据企业污水治理技术、排放浓度、管理水平、资源化利用、环境风险防控等指标，将企业划分为不同等级：A级、B级、C级、D级、引领性和非引领性等级别，对应差异化的监管措施和政策支持。其中，A级企业和引领性企业应达到国家级先进水平，B级企业应达到区域或省级领先水平。原则上，A级和引领性企业享受一定的"豁免权"，如减少执法检查频次、优先获得排污许可证续期、税收优惠；B级及以下企业和非引领性企业，采用常规监管鼓励技改升级，或列入重点监管名单，面临限产、停产整治甚至退出。

重点行业企业污水治理与排放绩效分级制度实行动态调整，每年复核评级，企业可申请升级。污水治理与排放绩效分级实行信息公开，分级结果向社会公示，影响企业信贷、招投标等市场行为。

开展污水治理与排放绩效分级，通过"分类施策、动态调控"，既减轻合规企业负担，又强化对污染源的刚性约束，是生态文明制度创新的重要实践。

《关于加强排污许可执法监管的指导意见》提出，推动排污许可差异化执法监管，对守法排污单位减少现场检查次数。

67. 健全排污口监测监管体系

排污口监测监管体系是以水环境质量改善为核心目标，通过制度设计、技术支撑、责任落实、数据赋能的综合管理模式，对工业、农业、生活等各类排污口实施"全生命周期管理"的规范化、智能化、动态化监管。健全排污口监测监管体系是通过科学手段与制度创新，实现排污口的"可查、可测、可溯、可治、可控"，确保污染物排放与生态环境承载能力相匹配。

健全排污口监测监管体系，是保障水环境安全、促进可持续发展的重要举措，也是落实国家生态文明战略刚性要求和实现联合国2030年可持续发展目标SDG6的需要，可以遏制水环境污染，守护生态安全，保障公众健康与饮水安全，推动经济高质量发展，提升环境治理现代化水平，促进社会公平与公众参与环境保护，助力全球气候行动。健全排污口监测监管体系不仅是技术工程的建设，更是环境治理理念和治理方式的革命，对政府来说意味着从"被动应对"向"主动防控"转变，对企业来说确立了"守法成本低、违法代价高"的市场导向，对公众来说被赋予"看得见、管得了"的环境监督权。

《中华人民共和国黄河保护法》提出，在黄河流域河道、湖泊新设、改设或者扩大排污口，应当报经有管辖权的生态环境主管部门或者黄河流域生态环境监督管理机构批准。新设、改设或者扩大可能影响防洪、供水、堤防安全、河势稳定的排污口的，审批时应当征求县级以上地方人民政府水行政主管部门或者黄河流域管理机构的意见。黄河流域水环境质量不达标的水功能区，除城乡污水集中处理设施等重要民生工程的排污口外，应当严格控制新设、改设或者扩大排污口。黄河流域县级以上地方人民政府应当对本行政区域河道、湖泊的排污口组织开展排查整治，明确责任主体，实施分类管理。

《中华人民共和国长江保护法》提出，长江流域县级以上地方人民政府应当统筹长江流域城乡污水集中处理设施及配套管网建设，并保障其正常运行，提高城乡污水收集处理能力，应当组织对本行政区域的江河、湖泊排污口开展排查整治，明确责任主体，实施分类管理。在长江流域江河、湖泊新设、改设或者扩大排污口，应当按照国家有关规定报经有管辖权的生态环境主管部门或者长江流域生态环境监督管理机构批准。对未达到水质目标的水功能区，除污水集中处理设施排污口外，应当严格控制新设、改设或者扩大排污口。

《"十四五"重点流域水环境综合治理规划》提出，系统开展截污整治，严控城镇、工业、农业等废水直排。推进污染较重河流和城乡黑臭水体综合治理，加强入河排污口整治。规划工业化水产养殖尾水排污口设置，在水产养殖主产区推进养殖尾水治理。

《重点海域综合治理攻坚战行动方案》提出，开展入海排污口排查整治工作。

《长江中游城市群发展"十四五"实施方案》提出，大力实施雨污分流、截污纳管，深入推进入河排污口监测、溯源、整治，基本消除城市建成区生活污水直排口和收集处理设施空白区。

《关于加强入河入海排污口监督管理工作的实施意见》提出，组织排污口排查、确定排污口责任主体，开展排查溯源；明确排污口分类、明确整治要求、依法取缔一批、清理合并一批、规范整治一批，实施分类整治；加强规划引领、严格规范审批、强化监督管理、严格环境执法、建设信息平台，严格监督管理。

《关于加强排污许可执法监管的指导意见》提出，推行以排污许可证载明事项为重点的清单式执法检查，依托全国排污许可证管理信息平台开展远程核查，加强污染源自动监控管理，推行视频监控、污染防治设施用水（电）监控，开展污染物异常排放远程识别、预警和督办。

《黄河生态保护治理攻坚战行动方案》提出，推进入河排污口排查整治。

《长江入河排污口整治行动方案》指出，建立整治工作台账，统一命名编码，全面开展监测，实施污水溯源，编制实施整治方案，完成树标立牌，规范入河排污口设置，强化截污治污，打击违规违法行为，打造整治样板。

《长三角区域污染物总量协同控制实施方案》提出，加强入河（湖）排污口监督管理，强化源头控制，推进入河排污口溯源整治。

68. 城市污水管网全覆盖

城市污水管网全覆盖是指通过科学规划和系统建设，确保城市建成区内的所有生产、生活污水均被纳入污水收集管网，并输送至污水处理设施进行达标处理，最终实现污水"全收集、全处理、全回用"，彻底消除污水直排、管网空白区和处理能力不足等问题，构建"源头管控—管网输送—末端治理—资源回用"的全链条水环境管理体系。

建设现代化的美丽城市，必须有完善的污水管网系统。一是空间覆盖无死角。

二是水质处理全达标。三是资源循环再利用程度不断提高。

建设城市污水管网全覆盖样板区是推动城市水环境治理现代化的重要内容，为美丽城市建设提供一个可供借鉴的实验样板。在"双碳"目标下，也有助于在应对气候变化、减少温室气体排放、实现经济社会发展全面绿色低碳转型上，推动美丽城市建设的先行。通过样板区建设可以探索可复制的治理模式，使样板区成为技术创新试验田、政策机制创新平台和经验输出基地。从长远看，有助于推动城市高质量发展，增强城市生态韧性，支撑城市长期可持续发展。

建设城市污水管网全覆盖样板区，需要顶层规划与科学设计，开展高标准工程建设、低碳化运维与资源循环、智慧化管理与公众参与，同时，加强政策创新，提供资金保障，打造城市水系统良性循环。

《城市黑臭水体治理攻坚战实施方案》提出，加快实施城市黑臭水体治理工程，建立长效机制，强化监督检查。推动城市建成区污水管网全覆盖、全收集、全处理以及老旧污水管网改造和破损修复，是城市黑臭水体治理攻坚战的前置条件。

《关于推进污水资源化利用的指导意见》提出，着力推进重点领域污水资源化利用，实施污水资源化利用重点工程，健全污水资源化利用体制机制。强调推进城镇污水管网全覆盖，加大城镇污水收集管网建设力度，消除收集管网空白区，持续提高污水收集效能。

《"十四五"城镇污水处理及资源化利用发展规划》提出，推进设施建设，强化运行维护。

《"十四五"黄河流域城镇污水垃圾处理实施方案》提出，提高城镇污水收集处理能力，加强资源化利用。

《关于推动城乡建设绿色发展的意见》提出，持续推动城镇污水处理提质增效，完善再生水、集蓄雨水等非常规水源利用系统，推进城镇污水管网全覆盖，建立污水处理系统运营管理长效机制。因地制宜加强港区管网建设，做好船舶生活污水收集处理。

《黄河流域水资源节约集约利用实施方案》提出，强化再生水利用。

《"十四五"重点流域水环境综合治理规划》提出，合理确定管网规模，优先解决环境敏感地区污水配套管网不足问题，加快老旧破损管网修复更新，加快推进污水管网防渗处理和改造，防范地下水污染。

《区域再生水循环利用试点实施方案》提出，合理规划布局，强化污水处理厂运行管理，因地制宜建设人工湿地水质净化工程，完善再生水调配体系，拓宽再生水利用渠道，加强监测监管。

《"十四五"推动长江经济带发展城乡建设行动方案》提出，补齐城镇污水管网短板，强化城镇污水处理设施建设，实施"厂—网—河（湖）"一体化协同管理。

《"十四五"黄河流域生态保护和高质量发展城乡建设行动方案》提出，补齐城镇污水管网短板，提升污水收集效能；强化城镇污水处理设施建设，提升污水处理能力；健全污水收集处理设施运行维护管理制度。

《关于加快推进城镇环境基础设施建设的指导意见》提出，推进城镇污水管网全覆盖，推动生活污水收集处理设施"厂网一体化"。

《成渝地区双城经济圈生态环境保护规划》提出，全面补齐污水收集能力短板。

《关于加强城市节水工作的指导意见》提出，狠抓城市供水管网漏损控制。

《关于推进以县城为重要载体的城镇化建设的意见》提出，增强污水收集处理能力。

《减污降碳协同增效实施方案》提出，推进水环境治理协同控制，大力推进污水资源化利用。

《"十四五"新型城镇化实施方案》提出，推进生活污水治理厂网配套、泥水并重，推广污泥集中焚烧无害化处理，推进污水污泥资源化利用。

《太湖流域水环境综合治理总体方案》提出，加强城中村、老旧城区、新建小区、城乡接合部污水收集管网建设，加强洗车、洗衣等服务行业污水收集，加快补齐城镇污水收集管网短板，推进城镇区域水污染物平衡管理，提升综合处理效能。

《城乡建设领域碳达峰实施方案》提出，实施城市老旧供水管网更新改造，推进管网分区计量，提升供水管网智能化管理水平，实施污水收集处理设施改造和城镇污水资源化利用行动。

《"十四五"全国城市基础设施建设规划》提出，推进城镇污水管网全覆盖，推动污水处理能力提升，提升污泥无害化处置和资源化利用水平。

《深入打好长江保护修复攻坚战行动方案》提出，推进污水收集管网排查整治，加快"混错接"和"老破旧"污水管网的更新改造，因地制宜实施溢流口改造、截流井改造、增设调蓄设施、雨污分流等措施，降低合流制管网溢流污染。合理规划城镇污水处理设施布局，有力有序推进建制镇污水处理设施建设。鼓励有条件地区建设节能低碳的资源能源标杆再生水厂。

《污泥无害化处理和资源化利用实施方案》提出，规范污泥处理方式、积极推广污泥土地利用、合理压减污泥填埋规模、有序推进污泥焚烧处理、推广能量和物质回收利用，优化处理结构；提升现有设施效能、补齐设施缺口，加强设施建设；强化源头管控、强化运输储存管理、强化监督管理，强化过程管理。

《关于推进建制镇生活污水垃圾处理设施建设和管理的实施方案》提出，新建污水收集处理设施的建制镇，确保配套管网与污水处理设施同步规划、建设、投运。已有污水收集处理设施的建制镇，逐步消除管网空白区，加强新建管网和存量管网、市政管网和小区管网的合理连接，确保管网畅通和高效运行。强化污水管网建设质量管控，确保建成后污水管网正常运行。

《关于推进污水处理减污降碳协同增效的实施意见》提出，强化源头节水增效，加强污水处理节能降碳，推进污泥处理节能降碳，完善支持政策。

69. 强化生态流量监管

生态流量是指为维持河流、湖泊、湿地等水生态系统的结构和功能，所需的符合水质要求的水量、水位及其动态变化。简单地说，生态流量就是保障河湖等生态系统基本生存需求的最小水量。

强化生态流量监管，是保障水生态系统健康、实现水资源可持续利用的关键，其本质是将水资源管理从"以需定供"的粗放模式转向"以水定城、以水定地、以水定人、以水定产"的精细治理，对自然来说是重建河湖生命体征和修复生态创伤，对人类来说是重塑人水关系和构建人与自然和谐共生的生态文明。从生态价值看，强化生态流量监管维持生态流量有利于关键物种生存，修复河湖湿地功能，保护生物多样性，净化水质，提升碳汇能力，维持生态系统服务。从经济价值看，保障维系人类经济系统的水资源安全，通过生态流量管控，提升灌溉用水效率，使农业稳产，三角洲地区可以通过流量调控减少咸潮入侵，减少企业停产损失，同时维护沿海城市的生态安全，还能推动生态旅游和碳汇交易等绿色产业的发展。从社会价值看，可以守护民生底线与代际公平，对于维护饮用水安全和防灾减灾有重要作用，保障基本生存权，通过流域协同减少跨区域和跨境水争端，维护代际正义，促进社会公平。从政策价值看，推动环境治理的现代化，一方面落实国家战略，实现"双碳"目标，另一方面创新制度设计，通过水权交易和生态补偿，实现环境保护和经济发展的双赢。从应对全球气候变化看，生态流量可增强河湖湿地碳汇能力，缓解极端干旱，增强气候韧性，弹性流量调控可减少极端干旱损失，冰川融水区流量监控为亚洲水塔保护提供数据支撑。

强化生态流量监管需要多维度协同推进。一是构建完善法律与政策体系。二是构建智慧化监测与调控技术体系。三是创新流域综合管理机制。四是提高社会参与建设水平。实行生态流量信息公开，倡导公众监督和公众参与，在技术研发的同时培养相关人才，积极参与国际合作。

《关于做好河湖生态流量确定和保障工作的指导意见》提出，制定河湖生态流量目标，落实河湖生态流量管理措施。

《全国重点河湖生态流量确定工作方案》提出，确定纳入全国重点河湖生态流量保障目标的名录制定的原则，制定重点河湖名录，合理安排年度计划，确定重点河湖生态流量目标，健全监督考核机制。

《中华人民共和国长江保护法》提出，国家加强长江流域生态用水保障。

《粤港澳大湾区水安全保障规划》提出，构建全区域绿色生态水网。打造三江生态廊道，构建大湾区清水通道，加强生态流量监管。

《关于复苏河湖生态环境的指导意见和实施方案》提出，保障河湖生态流量，包括强化重要河湖生态流量目标确定，加强江河流域及重大调水工程水资源调度，加强生态流量日常监管，加强小水电生态流量监督管理，推进河湖重要控制断面的监测预警能力建设。

《黄河生态保护治理攻坚战行动方案》提出，保障生态流量。

《中华人民共和国黄河保护法》提出，国务院水行政主管部门确定黄河干流、重要支流控制断面生态流量和重要湖泊生态水位的管控指标，应当征求并研究国务院生态环境、自然资源等主管部门的意见。黄河流域省级人民政府水行政主管部门确定其他河流生态流量和其他湖泊生态水位的管控指标，应当征求并研究同级人民政府生态环境、自然资源等主管部门的意见，报黄河流域管理机构、黄河流域生态环境监督管理机构备案。确定生态流量和生态水位的管控指标，应当进行科学论证，综合考虑水资源条件、气候状况、生态环境保护要求、生活生产用水状况等因素。黄河流域管理机构和黄河流域省级人民政府水行政主管部门按照职责分工，组织编制和实施生态流量和生态水位保障实施方案。

《重点流域水生态环境保护规划》提出，着力保障河湖基本生态用水。完善河湖生态流量管理机制，强化河湖生态流量监管。

《美丽河湖保护与建设行动方案（2025—2027年）》提出，制定河湖生态流量管理办法，积极推进重点河湖生态流量管理全覆盖。合理确定河湖生态流量管控指标。推动落实跨省重点河湖生态流量保障措施，持续健全河湖生态流量保障机制。

70. 美丽河湖建设

美丽河湖是指符合"清水绿岸、鱼翔浅底"的愿景，水资源、水生态、水环境等流域要素系统保护取得良好成效，人民群众的生态环境获得感、幸福感、安全感显著增强，实现人水和谐的河湖。

美丽河湖应当具备以下基本条件：水资源方面，具有稳定的补给水源（含再生水），水体流动性较好（或水文过程与当地自然条件契合度高），河湖生态用水得到有效保障，稳定实现"有河有水"；水生态方面，河湖水域及其缓冲带生态环境功能得到维持或恢复，生物多样性得到有效保护，有代表性的土著物种得到重现，稳定实现"有鱼有草"；水环境方面，流域内各类污染物排放得到有效控制，河湖水质实现根本好转或水质稳定达到优良，公众的景观、休闲等亲水需求得到较好满足，人民群众反映的生态环境问题得到妥善解决，不存在弄虚作假等情况，稳定实现"人水和谐"。

美丽河湖建设是美丽中国建设不可或缺的组成部分。建设美丽河湖，要实施"污水零直排区"建设，加强农业面源污染治理，实现污染防控，通过生态修复恢复河湖生态功能，实现河湖清淤与底泥资源化，恢复水生植被提升水体自净能力。建设5G+AI智慧监管平台，利用现代信息技术对河湖进行全天候立体监测和监管。用文化赋能美丽河湖建设，挖掘水文化，修复古水利工程，打造"水美乡村"，建设科普教育基地传播生态理念。

《"十四五"规划和2035年远景目标纲要》提出，完善水污染防治流域协同机制，加强重点流域、重点湖泊、城市水体和近岸海域综合治理，推进美丽河湖保护与建设。

《关于深入打好污染防治攻坚战的意见》提出，建成一批具有全国示范价值的美丽河湖。

《黄河流域生态环境保护规划》提出，推进美丽河湖水生态保护。

《美丽河湖保护与建设参考指标（试行）》明确了美丽河湖6项参考指标及其要求，包括生态用水保障、自然岸线率、水生植物保护、水生动物保护、湖库营养状态及水华情况、地表水环境质量指标，每个指标都有相应的计算方法。

《重点流域水生态环境保护规划》提出，大力推进美丽河湖保护与建设。

《美丽河湖保护与建设行动方案》提出，美丽河湖是美丽中国在水生态环境领域的集中体现和重要载体。大力推进美丽河湖保护与建设，坚持污染减排与生态扩容两手发力，加强水源涵养区、生态缓冲带和水生生物多样性保护，加强河湖生态流量监管，形成美丽河湖保护与建设合力。

《关于全面推进幸福河湖建设的意见》提出，提升河湖安全保障水平，维护河湖健康生命，实现河湖清洁美丽，推动河湖生态产品价值转化，保护传承弘扬江河文化。

《美丽河湖保护与建设行动方案（2025—2027年）》提出，着力保障河湖生态流量，落实生态流量泄放措施，强化生态流量监测信息共享，加强基本生态用水保障；推进水生生物保护恢复，实施湖库富营养化综合治理，强化生境修复和监管，加强防洪排涝治理，推动生态产品价值实现，满足群众亲水需求，积极推进水生态保护修复；加强全过程管理，强化示范引领，加大支持力度，开展全民行动，全面推进保护与建设。

71. 全域美丽海湾建设

美丽海湾是指通过陆海统筹、系统治理和生态修复，实现海湾环境质量优良、生态系统健康、景观资源丰富、人海和谐共生的海洋生态空间。美丽海湾推动海湾从"污染治理"向"生态增值"转型，打造"水清滩净、鱼鸥翔集、人海和谐"的海洋生态典范。

全域美丽海湾建设是美丽中国建设在海洋生态环境领域的集中体现和重要载体。"水清滩净、鱼鸥翔集、人海和谐"的海湾是建设环境优美城市的重要内容。通过美丽海湾建设提质增效、典型海洋生态系统保护修复、重点入海排污口整治行动，打造从山顶到海洋的保护治理大格局和美丽中国建设大格局，使以美丽廊道、美丽岸线、美丽海域为重点的美丽海湾成为具有海洋辨识度的美丽中国建设成果。通过联通水系生态保护、加强入海河流氮磷控制、推进陆源污染防治，构建陆海联通美丽廊道；通过入海排污口整治提升、开展海岸线修复工程、提升亲海空间品质，打造人海和谐美丽岸线；通过海上污染排放管控、实施海域海岛生态保护修复、开展海洋生物多样性保护，培育碧海风情美丽海域；通过构建美丽海湾整体智治体系、提升海洋环境风险防控能力、推动海洋经济高质量发展，提升美丽海湾治理能力。

《"十四五"规划和2035年远景目标纲要》提出，加快推进重点海域综合治理，构建流域—河口—近岸海域污染防治联动机制，推进美丽海湾保护与建设。

《关于深入打好污染防治攻坚战的意见》提出，建成一批具有全国示范价值的美丽海湾。

《"十四五"海洋生态环境保护规划》提出，坚持综合治理，推进美丽海湾建设和长效监管。推进海湾生态环境综合治理，提升公众亲海环境质量，强化美丽海湾示范引领。

《重点海域综合治理攻坚战行动方案》提出，推进美丽海湾建设。按照沿海地方统一部署，围绕"水清滩净、鱼鸥翔集、人海和谐"的美丽海湾目标要求，保护好自然禀赋优良的海湾生态环境，加强受损海湾"一湾一策"综合治理，因地制宜推进重点海域的美丽海湾建设，加强海湾生态环境常态化监测监管。

《美丽海湾建设基本要求》明确了美丽海湾建设的5项基本指标，包括"海湾水质优良比例""海湾洁净状况""海洋生物保护情况""滨海湿地和岸线保护情况"和"海水浴场和滨海旅游度假区环境状况"。

《美丽海湾建设参考指标（试行）》提出，成为美丽海湾需要满足5项核心指标，包括海湾水质优良比例、海湾洁净状况、海洋生物保护情况、滨海湿地和岸线保护情况、海水浴场和滨海旅游度假区环境状况。

《美丽海湾建设提升行动方案》提出，实施美丽海湾建设提质增效行动，实施典型海洋生态系统保护修复行动，实施重点入海排污口整治行动。

72. 水产种质资源保护和重要栖息地保护修复

水产种质资源保护是指通过科学管理和技术手段，保护水生生物（包括鱼类、贝类、虾蟹类、藻类等）的遗传多样性、种质特性及其生存环境，确保其可持续利用和生态安全。其核心目标是防止种质资源退化或灭绝，为水产养殖、生态修复和生物技术研究提供基础资源支撑。

水产种质资源保护对象是濒危物种（如中华鲟、长江江豚、大鲵等特有或濒危水生生物）、重要养殖品种（如四大家鱼、对虾、海带）的野生种群及其遗传资源、维持水域生态平衡的核心物种（如珊瑚、藻类），保护范围包括自然栖息地、基因资源、人工繁育群体。

加强水产种质资源保护，可以维护生物多样性，防止特有物种灭绝，维持水域生态系统的稳定性和功能；保障渔业可持续发展，维持野生种质资源是水产养殖品种改良的基础，保持遗传多样性；积极应对气候变化，种质资源保存有助于培育适应环境变化的新品种；有效支持科研与产业，为基因编辑、分子育种等生物技术提供原材料。

加强水产种质资源保护和重要栖息地保护修复是实现水域生态安全、保障渔业可持续发展的重要任务。一是完善水产种质资源保护体系。二是加强重要栖息地保护与修复。三是科技支撑与种业创新。四是完善政策法规和建立长效机制。五是倡导社会参与和开展公众教育。

水产种质资源保护区，是指为保护水产种质资源及其生存环境，在具有较高经济价值和遗传育种价值的水产种质资源的主要生长繁育区域，依法划定并予以特殊保护和管理的水域、滩涂及其毗邻的岛礁、陆域。

《水产种质资源保护区管理暂行办法》规定了水产种质资源保护区设立、水产种质资源保护区管理。

《中华人民共和国渔业法》规定，国家保护水产种质资源及其生存环境，并在具有较高经济价值和遗传育种价值的水产种质资源的主要生长繁育区域建立水产种质资源保护区。未经国务院渔业行政主管部门批准，任何单位和个人不得在水产种质资源保护区内从事捕捞活动。

《关于加强长江水生生物保护工作的意见》提出，拯救濒危物种。实施珍稀濒危物种拯救行动，全面加强水生生物多样性保护。

《全国重要生态系统保护和修复重大工程总体规划（2021—2035年）》提出，保护珍稀濒危水生生物，强化极小种群、珍稀濒危野生动植物栖息地和候鸟迁徙路线保护。

《"十四五"全国渔业发展规划》提出，促进水产种业振兴。加强水产种质资源保护利用，开展种业创新攻关，提升水产供种能力。

《关于加强水生生物资源养护的指导意见》提出，完善水生生物资源养护制度，强化资源增殖养护措施，加强水生野生动物保护，推进水域生态保护与修复，切实强化执法监督。

《加快建设农业强国规划（2024—2035年）》提出，加强种质资源保护利用，建设国际一流的国家农业种质资源保存、鉴定、创制和基因挖掘重大设施，推进种质资源交流共享。加强现代化育制种基地建设，健全重大品种支撑推广体系和种源应急保障体系。

73. 土壤污染源头防控行动

土壤污染源头防控是指通过预防性措施，在污染物产生或进入土壤之前进行干预和管理，从根本上减少或消除污染物的排放，避免土壤环境遭受污染。

土壤污染源头防控的目的是切断来自工业、农业、生活等污染源，限制有毒有害物质进入土壤，保障土壤安全，维护生态系统健康和人类福祉。土壤污染源头防控的重点是防控耕地、饮用水源地、建设用地等敏感区域的污染风险，坚持"预防为主"，通过全过程管理，避免"先污染后治理"。

从源头上减少土壤污染和受污染土壤的环境影响，全面管控土壤污染风险，才能促进土壤健康和永续利用，努力建设人与自然和谐共生的美丽中国。首先，完善法律法规，落实《中华人民共和国土壤污染防治法》《土壤污染防治行动计划》《土壤污染源头防控行动计划》等法规，细化工业、农业、生活污染源的排放标准和管理规范；其次，实行更严格的行业准入负面清单，严禁在耕地、水源地等生态敏感区新建化工、冶炼等高污染项目，优化产业布局，对重点行业实施产能总量控制，推动绿色转型；再次，采取更为严格的重点领域源头防控措施，工业污染防控普遍开展清洁生产与工艺升级，推广"零排放"，常态化开展污染隐患排查与管控，农业面源污染防控深入推进化肥农药减量增效，加大畜禽养殖污染治理力度，生活污染防控完善垃圾与污水规范处置并开展电子废物回收管理；第四，加大技术创新和运用的力度，开展污染源监测预警，推广绿色替代技术，定期开展污染风险评估；第五，强化环境监管和执法力度，落实企业主体责任；第六，定期公布重点企业土壤环境监测数据，保障公众知情权，普及土壤保护知识。

《土壤污染防治行动计划》（"土十条"）提出，严控工矿污染、控制农业污染、减少生活污染。

《关于深入打好污染防治攻坚战的意见》提出，实施农用地土壤镉等重金属污染源头防治行动。

《"十四五"土壤、地下水和农村生态环境保护规划》提出，加强耕地污染源头控制。

《土壤污染源头防控行动计划》提出，完善土壤污染源头预防政策体系，严格落实污染防治措施，解决长期积累的严重污染问题，健全体制机制，加强组织保障。

74. 全域"无废城市"

"无废城市"是通过推动形成绿色发展方式和生活方式，持续推进固体废物源头减量和资源化利用，最大限度减少填埋量，将固体废物环境影响降至最低的城市发展模式。

"无废城市"并不是没有固体废物产生，也不意味着固体废物能完全资源化利用，而是一种先进的城市管理理念，旨在最终实现整个城市固体废物产生量最小、资源化利用充分、处置安全的目标。

建设全域"无废城市"，可以有效统筹城市发展与固体废物管理，大力推进固体废物减量化、资源化、无害化，发挥减污降碳协同效应，提升城市精细化管理水平，推动城市全面绿色转型，加快建设"美丽城市"，打造独具韵味的生态宜居城市。

2018年2月，全国环境保护工作会议提出，推动开展"无废城市"建设试点。"无废城市"建设能解决"垃圾围城"和固体废物环境污染问题，通过固体废物的减量化、资源化和无害化，打造城市绿色发展、资源高效的经济体系和社会发展模式，实现城市的可持续发展。

《关于全面加强生态环境保护 坚决打好污染防治攻坚战的意见》提出，开展"无废城市"试点，推动固体废物资源化利用。

《"无废城市"建设试点工作方案》提出，强化顶层设计引领，发挥政府宏观指导作用；实施工业绿色生产，推动大宗工业固体废物贮存处置总量趋零增长；推行农业绿色生产，促进主要农业废弃物全量利用；践行绿色生活方式，推动生活垃圾源头减量和资源化利用；提升风险防控能力，强化危险废物全面安全管控；激发市场主体活力，培育产业发展新模式。

2019年4月，生态环境部筛选确定"11＋5"的"无废城市"建设试点，分别为深圳市、包头市、铜陵市、威海市、重庆市（主城区）、绍兴市、三亚市、许昌市、徐州市、盘锦市、西宁市，河北雄安新区（新区代表）、北京经济技术开发区（开发区代表）、中新天津生态城（国际合作代表）、福建省光泽县（县级代表）、江西省瑞金市（县级市代表）作为特例，参照"无废城市"建设试点。

《"无废城市"建设试点实施方案编制指南》和《"无废城市"建设指标体系（试行）》提出，试点城市与地区按要求编制"无废城市"建设试点实施方案。

《"十四五"时期"无废城市"建设工作方案》提出，科学编制实施方案，强化顶层设计引领；加快工业绿色低碳发展，提高工业固体废料综合利用水平；推动形成绿色低碳生活方式，促进生活源固体废物减量化、资源化；加强全过程管理，推进建筑垃圾综合利用；强化监管和利用处置能力，切实防控危险废物环境风险；加强制度、技术、市场和监管体系建设，全面提升保障能力。

《减污降碳协同增效实施方案》提出，强化资源回收和综合利用，加强"无废城市"建设。

75. 新污染物治理

新污染物是指具有生物毒性、环境持久性、生物累积性等特征的有毒有害化学物质，它通过食物链累积诱发生物突变或引起生态失衡构成对人类的健康风险。目前，国际上广泛关注的新污染物有持久性有机污染物、内分泌干扰物、抗生素、微塑料四大类。《重点管控新污染物清单（2023年版）》列出了全氟辛基磺酸及其盐类和全氟辛基磺酰氟（PFOS类）、抗生素等14类列入清单的新污染物。

持久性有机污染物是指通过各种环境介质能够长距离迁移并长期存于环境，对人类健康和环境具有严重危害的天然或人工合成的有机污染物质；内分泌干扰物是一种能进入人体内部危害人类正常激素分泌的人工合成化学物质，在农药、金属、添加剂等材料中普遍存在；抗生素的发现和广泛使用，拯救了人的生命，但同时也污染了环境；微塑料是直径小于5毫米的塑料颗粒，主要由塑料颗粒产品排入水环境或塑料垃圾经过分解产生对环境的污染，塑料污染严重威胁海洋生物的生存并通过食物链使微塑料聚集在人体内。

新污染物污染来源广泛，带来的危害比较严重、风险比较隐蔽，具有环境持久性和生物累积性，因此治理复杂、难度大，需实施全生命周期环境风险管控。

新污染物的主要来源于有毒有害化学物质的生产和使用，我国具有持久性、生物累积性、致癌、致突变、生殖毒性的高产量有毒有害化学物质达600余种。在我国经济最发达的京津地区、长江三角洲、珠江三角洲等地区，"三致"（致癌、致畸、致突变）有机污染物在地下水中检出，其中农药类的六六六、滴滴涕等有机污染指标检出率一般为10%—20%，部分地区为30%—40%，有的甚至在80%以上；我国的七大水系、湖泊、饮用水水源地和地下水中，都检出了内分泌干扰物；全球几乎所有河流中都存在抗生素，在我国118个大中城市中，地表水中检出有68种抗生素、90种非抗生素医药成分。截至2024年6月，全球已发现有1277种海洋生物存在摄食微纳塑料的行为。

《"十四五"规划和2035年远景目标纲要》提出，重视新污染物治理。

《关于深入打好污染防治攻坚战的意见》提出，加强新污染物治理。

《新污染物治理行动方案》提出，完善法规制度，建立健全新污染物治理体系，开展调查监测评估新污染物环境风险状况，严格源头管控防范新污染物产生，强化过程控制减少新污染物排放，深化末端治理降低新污染物环境风险，加强能力建设夯实新污染物治理基础。

2022年12月，生态环境部等6个部门印发了《重点管控新污染物清单（2023年版）》，明确了首批重点管控新污染物的名称、对应的化学文摘社登记号（CAS号）及其主要环境风险管控措施。列入首批重点管控新污染物清单的包括14种新污染物：全氟辛基磺酸及其盐类和全氟辛基磺酰氟（PFOS类）、全氟辛酸及其盐类和相关化合物（PFOA类）、十溴二苯醚、短链氯化石蜡、六氯丁二烯、五氯苯酚及其盐类和酯类、三氯杀螨醇、全氟己基磺酸及其盐类和其相关化合物（PFHxS类）、得克隆及其顺式异构体和反式异构体、二氯甲烷、三氯甲烷、壬基酚、抗生素、已淘汰类（六溴环十二烷、氯丹、灭蚁灵、六氯苯、滴滴涕、α-六氯环己烷、β-六氯环己烷、林丹、硫丹原药及其相关异构体、多氯联苯）。

八、生态保护修复

76. 山水林田湖草沙一体化保护和系统治理

山水林田湖草沙一体化保护和系统治理是我国提出的综合性生态保护与修复战略，强调将山、水、林、田、湖、草、沙等自然要素视为有机整体，通过统筹规划、协同治理，实现生态系统的整体性保护和系统性修复。其核心在于打破传统单一要素治理的局限性，推动多要素联动、多部门协作，以维护生态系统的完整性、稳定性和可持续性。

山水林田湖草沙是生态系统的重要组成部分，坚持山水林田湖草沙一体化保护和系统治理，构建从山顶到海洋的保护治理大格局，是全面推进美丽中国建设的题中应有之义。

实施山水林田湖草沙生态保护和修复，可以统筹考虑自然生态各要素、山上山下、地上地下、陆地海洋以及流域上下游，从而进行整体保护、系统修复、综合治理；可以提高生态系统自我修复能力和稳定性，守住自然生态安全边界，促进自然生态系统质量整体改善；能够提升生态系统多样性、稳定性、持续性。对于筑牢国家生态安全屏障，破解当前的生态环境难题具有重大意义。

积极推进山水林田湖草沙保护和治理，要实施重要生态系统保护和修复重大工程，推行草原森林河流湖泊湿地休养生息，实施山水林田湖草沙一体化保护和修复工程，开展大规模国土绿化行动，推进"三北"工程建设和京津风沙源治理，推进生态系统碳汇能力巩固提升行动。

《全国重要生态系统保护和修复重大工程总体规划（2021—2035年）》提出，通过大力实施重要生态系统保护和修复重大工程，全面加强生态保护和修复工作。

《南方丘陵山地带生态保护和修复重大工程建设规划（2021—2035年）》提出，实施南岭山地森林及生物多样性保护、武夷山森林和生物多样性保护、湘桂岩溶地区石漠化综合治理、南方丘陵山地带矿山生态修复等4项工程，共20个重点项目，全面构建南方丘陵山地带生态保护空间格局。

《东北森林带生态保护和修复重大工程建设规划（2021—2035年）》提出，实施大兴安岭森林生态保育、小兴安岭森林生态保育、长白山森林生态保育、三江平原重要湿地保护恢复、松嫩平原重要湿地保护恢复、东北地区矿山生态修复6项重点工程。

《北方防沙带生态保护和修复重大工程建设规划（2021—2035年）》提出，重点实施京津冀协同发展生态保护和修复、内蒙古高原生态保护和修复、河西走廊生态保护和修复、塔里木河流域生态修复、天山和阿尔泰山森林草原保护、北方防沙带矿山生态修复等6项重点工程，共29个重点项目。

《"十四五"规划和2035年远景目标纲要》提出，实施重要生态系统保护和修复重大工程，加快推进青藏高原生态屏障区、黄河重点生态区、长江重点生态区和东北森林带、北方防沙带、南方丘陵山地带、海岸带等生态屏障建设。

《青藏高原生态屏障区生态保护和修复重大工程建设规划（2021—2035年）》提出，将青藏高原生态屏障区生态保护和修复重大工程统筹布局为8项重点工程共29个重点项目，全面构建青藏高原生态屏障区空间保护格局。

《生态保护和修复支撑体系重大工程建设规划（2021—2035年）》提出，大力提升科技支撑能力，全面提高自然生态监测监管水平，切实增强森林草原等重点生态资源保护能力。

《黄河重点生态区（含黄土高原生态屏障）生态保护和修复重大工程建设规划（2021—2035年）》《长江重点生态区（含川滇生态屏障）生态保护和修复重大工程建设规划（2021—2035年）》《海岸带生态保护和修复重大工程建设规划（2021—2035年）》等，部署了一系列推进生态保护和修复重大工程。

《红树林保护修复专项行动计划（2020—2025年）》提出，实施红树林整体保护，加强红树林自然保护地管理，实施红树林生态修复。

《关于加强草原保护修复的若干意见》提出，加大草原保护力度，完善草原自然保护地体系，加快推进草原生态修复，统筹推进林草生态治理，大力发展草种业，合理利用草原资源。

《关于全面推行林长制的意见》提出，加强森林草原资源生态保护，加强森林草原资源生态修复，加强森林草原资源灾害防控。

《"十四五"全国农业绿色发展规划》提出，坚持基本草原保护制度，因地制宜开展划区轮牧，促进草畜平衡。

《中华人民共和国乡村振兴促进法》提出，加强森林、草原、湿地等保护修复，实行耕地养护、修复、休耕和草原森林河流湖泊休养生息式保护修复制度。

《"十四五"林业草原保护发展规划纲要》提出，加强草原保护修复，强化湿地保护修复。

《关于加强长江经济带重要湖泊保护和治理的指导意见》提出，积极推进生态保护。加强水域岸线保护，实施湿地保护修复，提升生物多样性水平。

《太湖流域水环境综合治理总体方案》提出，加强重点区域生态保护修复，加强自然保护地生态保护修复，加强重要河湖湿地修复与保护。

《黄河流域生态环境保护规划》提出，推进美丽河湖水生态保护。

《黄河生态保护治理攻坚战行动方案》提出，实施生态保护修复行动，维护上游水源涵养功能，加强中游水土流失治理，强化下游及河口综合治理和保护修复。

《深入打好长江保护修复攻坚战行动方案》提出，深入推进水生态系统修复和着力提升水资源保障水平。

《全国湿地保护规划（2022—2030年）》提出，实行湿地面积总量管控，落实湿地分级管理体系，实施保护修复工程。

《2030年前碳达峰行动方案》提出，加强河湖、湿地保护修复。

《重点流域水生态环境保护规划》提出，持续推进长江流域共抓大保护，深入推进黄河流域生态保护与环境治理，加强流域水生态环境保护，协同推进降碳减污扩绿增效。

《关于深入打好污染防治攻坚战的意见》提出，实施重要生态系统保护和修复重大工程、山水林田湖草沙一体化保护和修复工程。

《关于科学绿化的指导意见》提出，科学选择绿化树种草种，稳步有序开展退耕还林还草，巩固提升绿化质量和成效。

《2030年前碳达峰行动方案》提出，深入推进大规模国土绿化行动，巩固退耕还林还草成果，扩大林草资源总量。

《"十四五"新型城镇化实施方案》提出，持续开展国土绿化，因地制宜建设城市绿色廊道，打造街心绿地、湿地和郊野公园，提高城市生态系统服务功能和自维持能力。

《"十四五"全国农业绿色发展规划》提出，开展大规模国土绿化行动，持续加强林草生态系统修复，增加林草资源总量，提高林草资源质量，加强农田防护林建设。

《"十四五"林业草原保护发展规划纲要》提出，科学开展大规模国土绿化行动。

《城乡建设领域碳达峰实施方案》提出，开展城市园林绿化提升行动，完善城市公园体系，推进中心城区、老城区绿道网络建设，加强立体绿化，提高乡土和本地适生植物应用比例。

《全国国土绿化规划纲要（2022—2030年）》提出，贯彻落实主体功能区战略，按照全国重要生态系统保护和修复总体布局，因地制宜、分区施策，促进城乡绿化一体化，推动国土绿化高质量发展。

《北方防沙带生态保护和修复重大工程建设规划（2021—2035年）》提出，实施京津冀协同发展和内蒙古高原生态保护和修复工程。

《全国防沙治沙规划（2021—2035年）》《全国防沙治沙综合示范区建设方案（2021—2035年）》《创建全国防沙治沙综合示范区实施方案》等，重点谋划了"十四五"规划及中长期防沙治沙的规划目标、任务布局与措施，提出了推进山水林田湖草沙综合治理、系统治理、源头治理新方向，以筑牢北方生态安全屏障。

《中共中央关于进一步全面深化改革　推进中国式现代化的决定》提出，健全山水林田湖草沙一体化保护和系统治理机制，建设多元化生态保护修复投入机制。

77. 自然保护地体系建设

自然保护地是指通过法律或其他有效方式划定的，以保护生物多样性、自然生态系统和自然景观为核心目标的特定地理区域。其功能包括维持生态平衡、保存物种基因库、提供生态服务（如水源涵养、碳汇）以及促进可持续发展。自然保护地体系是指通过科学规划、分类管理和制度保障，将国家公园、自然保护区、自然公园等不同类型的保护地整合为一个有机整体，形成覆盖重要生态系统、物种和自然景观的保护网络。

我国将自然保护地整合为国家公园、自然保护区、自然公园三类。自然保护地对涵养水源、保持水土、改善环境和保持生态平衡，保留各种类型的生态系统，为后代留下天然的"本底"，有巨大的作用。此外，自然保护地还能为生态研究、休闲旅游等活动提供场所。

国家公园是指以保护具有国家代表性的自然生态系统为主要目的，实现自然资源科学保护和合理利用的特定陆域或海域。自然保护区是指保护典型的自然生态系统、珍稀濒危野生动植物种的天然集中分布区、有特殊意义的自然遗迹的区域。自然公园是指保护重要的自然生态系统、自然遗迹和自然景观，具有生态、观赏、文化和科学价值，可持续利用的区域。

我国现有三江源、大熊猫、东北虎豹、海南热带雨林、武夷山5个国家公园，规划总体面积23万多平方千米，24个省区市的27个国家公园候选区积极开展创建工作。全国各级各类自然保护地总面积约占国土面积的18%，拥有世界自然遗产14项、世界自然与文化双遗产4项、世界地质公园41处。

构建科学合理的自然保护地体系，必须加强和落实基于自然的解决方案，明确自然保护地功能定位，科学划定自然保护地类型，加强荒野生态保护修复。

《建立国家公园体制总体方案》提出建成统一规范高效的中国特色国家公园体制，《三江源国家公园总体规划》提出努力将三江源国家公园打造成中国生态文明建设的名片，《关于建立以国家公园为主体的自然保护地体系的指导意见》提出建成中国特色的以国家公园为主体的自然保护地体系。

《关于建立以国家公园为主体的自然保护地体系的指导意见》提出，构建科学合理的自然保护地体系，建立统一规范高效的管理体制，创新自然保护地建设发展机制，加强自然保护地生态环境监督考核。

《"十四五"规划和2035年远景目标纲要》提出，科学划定自然保护地保护范围及功能分区，加快整合归并优化各类保护地，构建以国家公园为主体、自然保护区为基础、各类自然公园为补充的自然保护地体系。

《"十四五"林业草原保护发展规划纲要》提出，构建以国家公园为代表的自然保护地体系。高质量建设国家公园，优化自然保护区布局，增强自然公园生态服务功能。

《国家公园等自然保护地建设及野生动植物保护重大工程建设规划（2021—2035年）》提出，建设以国家公园为主体、自然保护区为基础、自然公园为补充的中国特色自然保护地体系。

《国家公园空间布局方案》提出，加强自然生态系统原真性、完整性保护，建立动态开放的国家公园体系管理机制，科学合理确定国家公园建设数量和规模，科学划定国家公园范围和分区，健全国家公园运行管理体制机制，探索生态产品价值实现机制。

《中共中央关于进一步全面深化改革 推进中国式现代化的决定》提出，全面推进以国家公园为主体的自然保护地体系建设。

78. 生物多样性保护重大工程

生物多样性保护重大工程是我国为应对生物多样性丧失危机实施的一系列国家级保护工程，旨在通过系统性措施保护物种、修复生态系统、维护遗传资源，支撑全球生物多样性治理。

生物多样性是人类社会赖以生存和发展的环境基础，生物多样性不仅能为人类提供丰富的自然资源，满足人类社会对食品、药物、能源、工业原料、旅游、娱乐、科学研究、教育等的直接需求，而且能维持生态系统的功能、调节气候、保持土壤肥力、净化空气和水，从而支持人类社会的经济活动和其他活动。此外，生物多样性还直接影响着人类的文化多样性。

实施生物多样性保护重大工程，才能解决目前生物多样性保护的突出问题，做好生物多样性保护工作，保护好我国独特的生物资源，提升我国在生物多样性保护、恢复以及监管方面的能力和水平。

《重点流域水生生物多样性保护方案》提出，重点开展调查观测、强化就地保护、加强迁地保护、开展生态修复、规范水域开发、推进科学养殖，在长江、黄河、珠江、松花江、淮河、海河、辽河流域七大重点流域开展水生生物多样性保护行动。

《中国生物多样性保护战略与行动计划（2023—2030年）》提出，开展生物多样性保护全民行动，开展生物多样性与气候变化协同治理，开展传统知识保护与传承，开展国际履约与合作优先项目。

《中共中央关于进一步全面深化改革 推进中国式现代化的决定》提出，强化生物多样性保护工作协调机制。

《生物多样性保护重大工程实施方案》提出，实施生物多样性保护重大工程，为期7年，涉及七大任务、28个项目，开展重点区域、重点物种及重要生物遗传资源调查等，以拯救大熊猫、海南长臂猿、兰科植物等重点濒危物种为目标，加快国家植物园、珍稀濒危物种保护研究中心、繁育基地等平台建设，推动濒危物种野外种群复壮，全链条促进生物多样性保护。

《"十四五"规划和2035年远景目标纲要》《关于深入打好污染防治攻坚战的意见》《关于深化生态环境领域依法行政 持续强化依法治污的指导意见》等提出，实施生物多样性保护重大工程。

79. 生态系统碳汇能力巩固提升行动

生态系统碳汇是指生态系统从大气中清除二氧化碳的过程、活动或机制。通过保护和修复生态系统，利用植物的光合作用吸收大气中的二氧化碳，减少温室气体在大气中的浓度。

重点实施碳汇能力巩固提升行动是《2030年前碳达峰行动方案》提出的"碳达峰十大行动"之一，推进山水林田湖草沙一体化保护和修复，提高生态系统质量和稳定性，增加生态系统碳汇增量。

推进生态系统碳汇能力巩固提升行动，通过构建碳达峰碳中和的国土空间开发保护格局、严守生态保护红线、严格执行土地使用标准，巩固生态系统固碳作用；通过实施生态保护修复重大工程、推进大规模国土绿化行动、强化森林资源保护、加强草原生态保护修复、加强河湖和湿地保护修复、整体推进海洋生态系统保护和修复、加强退化土地修复治理，提升生态系统碳汇能力；通过建立生态系统碳汇监测核算体系、加强生态系统碳汇理论和技术研究、建立健全能够体现碳汇价值的生态保护补偿机制，加强生态系统碳汇基础支撑；通过发展绿色低碳循环农业、研发应用增汇型农业技术、开展耕地质量提升行动、合理控制化肥和农药及地膜使用量，推进农业农村减排固碳。

《关于完整准确全面贯彻新发展理念做好碳达峰碳中和工作的意见》提出，持续巩固提升碳汇能力，提升生态系统碳汇增量。

《生态系统碳汇能力巩固提升实施方案》提出，守住自然生态安全边界，巩固生态系统碳汇能力；推进山水林田湖草沙系统治理，提升生态系统碳汇增量；建立生态系统碳汇监测核算体系，加强科技支撑与国际合作；健全生态系统碳汇相关法规政策，促进生态产品价值实现。

《农业农村减排固碳实施方案》提出，实施稻田甲烷减排行动、化肥减量增效行动、畜禽低碳减排行动、渔业减排增汇行动、农机绿色节能行动、农田碳汇提升行动、秸秆综合利用行动、可再生能源替代行动、科技创新支撑行动、监测体系建设行动。

80. 生态保护修复监管和生态保护红线监管制度

生态保护修复监管制度是为保障生态系统修复工程科学、规范实施而建立的系统性管理框架，涵盖项目规划、实施、验收及长期维护的全过程监督机制。其核心目标是确保生态修复工程有效恢复生态功能，防止"形式化修复"或二次破坏，促进人与自然和谐共生

生态保护红线监管制度是为维护生态安全、保障国土空间开发秩序而建立的严格管控机制，通过法律、行政和技术手段，对具有重要生态功能的区域实施强制性保护，防止人类活动破坏生态系统的完整性和稳定性。通过划定"不可逾越的红线"，确保重点生态区域面积不减少、功能不降低、性质不改变，是生态文明建设的核心制度之一。

要持续提升生态系统多样性、稳定性、持续性，守牢人与自然和谐共生的美丽中国自然生态安全底线，必须加强生态保护修复监管。

我国已经初步形成了"53111"生态保护修复监管体系。在全国、重点区域、生态保护红线、自然保护地、重点生态功能区县域5个方面建立多尺度生态监测和评估体系，落实中央生态环境保护督察制度、生态保护监督执法制度、重点领域生态保护监管制度3项制度，3个"1"分别是组织实施"绿盾"自然保护地强化监督、建设生态保护红线监管平台、开展生态文明示范创建。

加强生态保护修复监管制度建设，进一步完善生态保护修复监管制度体系，对重点区域、重点领域、重点问题开展监测和针对性评估，以科技创新赋能生态保护

修复监管，协同联动，强化监督执法和督察问责。

生态保护红线包括具有重要水源涵养、生物多样性维护、水土保持、防风固沙、海岸带生态稳定等功能的生态功能重要区域，以及水土流失、土地沙化、石漠化等生态环境敏感脆弱区域。这些区域的生态一旦遭到破坏，会严重威胁国家的生态安全。

《关于划定并严守生态保护红线的若干意见》提出，划定生态保护红线和严守生态保护红线。

《关于深入打好污染防治攻坚战的意见》提出，加强自然保护地和生态保护红线监管，依法加大生态破坏问题监督和查处力度，持续推进"绿盾"自然保护地强化监督专项行动。

《生态保护红线生态环境监督办法（试行）》规定了生态环境部门开展的生态保护红线生态环境监督工作的规范。

81. 生态状况监测评估

生态状况监测评估是指通过科学技术手段，对自然生态系统的结构、功能、健康状况及其变化趋势进行长期、系统观测、分析和评价。生态状况监测评估能及时发现生态要素（如空气、水、土壤、噪声、生物等）的变化，为生态保护、修复提供科学依据，保障生态安全和人类健康。

生态状况监测评估的核心内容：一是生态系统结构与功能，生态系统结构包括生物多样性、植被覆盖、土壤状况、水体质量等，生态系统功能包括碳汇能力、水源涵养、水土保持、气候调节等。二是生态系统健康状态，主要是监测评估生态系统的稳定性、恢复力及受干扰程度（如污染、入侵物种、气候变化等）。三是人类活动影响，监测评估土地利用变化、资源开发、污染排放、工程建设等对生态系统的压力。四是生态状况长期的变化趋势，通过历史数据对比，分析生态系统的退化、恢复或动态平衡状态。

生态状况监测的方法与技术有：一是地面调查。二是遥感技术。三是地理信息系统（GIS）分析生态系统空间分布格局及变化。四是生物标记与分子技术监测生物多样性。五是大数据与AI。

生态状况评估指标体系主要有：生物指标（物种丰富度、濒危物种比例、关键物种种群动态）、环境指标（空气质量、水质、土壤肥力等）、景观指标（生态系统破碎化程度、连通性、土地利用类型变化）、服务功能指标（碳储量、水源涵养量、灾害调节能力等）。

《生态环境监测网络建设方案》提出，完善生态环境监测网络，实现生态环境监测信息集成共享，科学引导环境管理与风险防范，建立生态环境监测与监管联动机制，健全生态环境监测制度与保障体系。

《关于划定并严守生态保护红线的若干意见》提出，建设和完善生态保护红线综合监测网络体系，建立国家生态保护红线监管平台，实时监控人类干扰活动，建立生态保护红线评价机制，定期组织开展评价，及时掌握全国、重点区域、县域生态保护红线生态功能状况及动态变化。

《关于深化环境监测改革提高环境监测数据质量的意见》提出，坚决防范地方和部门不当干预，大力推进部门环境监测协作，严格规范排污单位监测行为，准确界定环境监测机构数据质量责任，严厉惩处环境监测数据弄虚作假行为，加快提高环境监测质量监管能力。

《关于构建现代环境治理体系的指导意见》提出，加快构建陆海统筹、天地一体、上下协同、信息共享的生态环境监测网络，实现环境质量、污染源和生态状况监测全覆盖。

《关于进一步加强生物多样性保护的意见》提出，构建完备的生物多样性保护监测体系，完善生物多样性评估体系。

《"十四五"生态环境监测规划》提出，支撑低碳发展，加快开展碳监测评估；聚焦协同控制，深化大气环境监测；推动三水统筹，增强水生态环境监测；着眼风险防范，完善土壤和地下水环境监测；强化陆海统筹，健全海洋生态环境监测；注重人居健康，推进声、辐射和新污染物监测；贯彻系统观念，拓展生态质量监测；坚持测管联动，强化污染源和应急监测；筑牢质量根基，推动监测数据智慧应用；加强科技攻关，塑造产学研用创新优势；坚持深化改革，推进生态环境监测现代化，实施国家生态环境监测网络建设与运行保障工程、中央本级生态环境监测提质增效工程。

《全国生态质量监督监测工作方案2023—2025年》提出，开展区域生态质量与变化的持续监测与综合评价，积累生态系统监测数据，促进提升生态保护修复的自觉性和主动性，提升生态系统质量和稳定性；突出以问题为导向的监督监测，如针对资源能源开发、工矿企业等重点开发建设活动，以及各类自然保护地、生态保护红线、重点生态功能区、生态保护修复工程实施区等重点区域加强监督监测。

《关于加快建立现代化生态环境监测体系的实施意见》提出，健全天空地海一体化监测网络，塑造数智化监测技术新优势，强化高水平监测业务支撑，筑牢高质量监测数据根基，推进高效能监测管理。

82. 跨区域生物多样性保护与治理联合推进机制

跨区域生物多样性保护与治理联合推进机制，是针对生态系统完整性不受行政边界限制的特点，通过跨行政区域、跨部门、跨国家的协作，实现生物多样性保护目标的系统性制度安排。

建设跨区域生物多样性保护与治理联合推进机制，可以有效维护生态系统整体性，如跨流域、跨国迁徙物种栖息地的保护等，需打破行政分割；可以有效满足协同治理需求，避免单一区域治理难以应对污染扩散、物种迁移、气候变化等跨域问题；可以实现资源互补，不同区域在资金、技术、数据等方面可共享协作。

建设跨区域生物多样性保护与治理联合推进机制，一是建立组织协调机制；二是政策与法律上予以保障；三是开展数据共享与联合监测；四是联合执法与监管；五是实行公众与社会参与。

《关于健全生态保护补偿机制的意见》提出，推进横向生态保护补偿，完善政策协同机制。

《"一带一路"生态环境保护合作规划》提出，推进相关国家在"一带一路"建设中履行《生物多样性公约》等多边环境协定，构建环境公约履约合作机制，推动履约技术交流与南南合作。

《关于进一步加强生物多样性保护的意见》提出，健全联合执法机制，严厉打击非法猎捕、采集、运输、交易野生动植物及其制品等违法犯罪行为，健全行政执法与刑事司法联动机制。积极参与全球生物多样性治理，加强多元化生物多样性保护伙伴关系，全面推动生物多样性保护公众参与。

九、生态安全底线

83. 生态安全工作协调机制

生态安全工作协调机制是为加强生态安全而建立的跨部门协调机制，旨在统筹协调生态安全相关事务，确保生态系统的稳定与可持续发展。

生态安全工作协调机制的主要职责是：协调各部门、各地区的资源，形成统一的生态安全工作合力，确保各部门政策的一致性，避免冲突或重复；构建生态安全监测网络，实时监控生态状况，识别潜在生态风险，及时发布预警信息；制定生态安全事件应急预案，确保快速反应，协调各部门应对生态安全突发事件，减少损失；推动生态安全相关政策的出台与完善，监督和评估政策执行情况，确保有效实施；加强与其他国家和国际组织的合作，共同应对全球生态问题，履行国际生态安全义务，提升中国在全球生态治理中的影响力；开展生态安全宣传教育活动，提升公众的生态安全意识；协调相关机构推动生态安全相关技术的研发与应用，利用现代科技手段提升生态安全管理的效率和水平。涉及的部门包括：生态环境部、自然资源部、水利部、农业农村部、应急管理部、国家发展改革委、中国气象局、国家林草局、科技部、公安部等。

通过统筹协调，建立日常工作信息交流机制，常态化开展生态安全形势研判，加强风险预警和危机管控，切实筑牢生态安全屏障，有效维护生态安全，推动生态环境质量不断改善，生态安全保障更加有效。建立生态安全工作协调机制，可以把防控现实风险隐患与健全长效制度体系协同推进，对可能影响生态安全的风险隐患信息加强收集、分析和研判；常态化开展涉生态安全因素的监测预警，定期排查生态安全风险隐患，主动预判风险隐患所在，提前把握风险走向；对危及生态安全的突发事件和紧急状态，根据事态发展变化，迅速采取有效措施，加强部门联动处置，有效控制并化解危机；常态化开展生态安全形势研判，围绕强化大气、水、土壤污染治理等重点领域突出问题，有针对性地开展维护生态安全工作专题研究；各部门要动态开展生态安全风险排查，持续做好相关领域情报信息收集，及时报送风险研判及相关信息。

提高生态安全保障能力，促进生态文明建设的顺利进行，必须不断完善国家生态安全工作协调机制。要强化法律法规和政策体系，优化协调机制，提高跨部门协同能力，完善生态安全预警与应急响应机制，强化科技支撑，加快信息化建设，加大生态环境治理和修复投入，提升公众参与和社会监督程度。

《全国生态环境保护纲要》提出，维护国家生态环境安全，确保国民经济和社会的可持续发展。建立生态功能保护区，确保国家和地区的生态环境安全。加强生物安全管理，防止国外有害物种进入国内。

《生态文明体制改革总体方案》提出，保障国家生态安全，推动形成人与自然和谐共生的现代化建设新格局。

《全国重要生态系统保护和修复重大工程总体规划（2021—2035年）》提出，统筹谋划、大力推进全国重要生态系统保护和修复重大工程，努力将国家生态安全屏障和重要生态系统保护好、修复好。

《"十四五"规划和2035年远景目标纲要》提出，要切实维护生态安全，完善生态安全屏障体系，使生态安全屏障更加牢固。

《关于进一步加强生物多样性保护的意见》提出，对重要生态系统、生物物种和生物遗传资源实施有效保护，依法加强生物技术环境安全监测管理，建立健全生物遗传资源获取和惠益分享监管制度，持续提升外来入侵物种防控管理水平，开展新作物、新品种、新品系、新遗传材料和作物病虫害发展动态调查研究，加强野生动植物种质资源保护和可持续利用。

《关于深入打好污染防治攻坚战的意见》提出，切实维护生态环境安全，确保核与辐射安全。

84. 生态安全、生物安全监测预警防控体系

生态安全是指人类及其生态环境的要素和系统功能始终能维持在能够永久维系

其经济社会持续发展的一种安全状态。生态安全最基本的要求是通过对生态环境的有效管理，建立以生态系统良性循环和环境风险有效防控为重点的生态安全体系，确保一个地区、国家或全球所处的自然生态环境对人类生存的支持功能。

生物安全是指通过科学管理和技术手段，预防和应对生物因子（包括自然存在、人工改造或意外释放的生物体及其产物）对人类健康、农业生产、生态环境和社会稳定可能造成的威胁与风险。生物安全的基本要求是防范生物威胁，保障生命安全和生态平衡。生物安全是生态安全的重要内容。

建立健全生态安全监测预警防控体系，对维护生态系统稳定、防控生态风险、应对环境污染、保障生态资源可持续利用等方面的综合治理水平有重大作用。一是构建"全链条、全覆盖"的监测网络。二是建立科学精准的预警模型。三是强化"预防—应急—修复"防控体系。四是强化政策与制度保障。五是实行社会参与与国际合作。

要有效降低生物技术及其产品在研发、生产和应用过程中可能带来的风险，为我国生物产业健康发展提供坚实保障，必须强化全链条防控和系统治理，健全生物安全监管预警防控体系。要建立完善的法规和标准体系，完善风险评估和监测预警机制，加强科研与技术支撑，强化应急响应与处置能力，促进跨部门与国际合作，加强公众参与与信息公开。

《"十四五"国家应急体系规划》提出，面对各类安全风险隐患交织叠加，要防范化解重大风险和织密灾害事故的防控网络，注重风险源头防范管控，强化风险监测预警预报，深化安全生产治本攻坚，加强自然灾害综合治理。

《关于加快建立现代化生态环境监测体系的实施意见》提出，加强生态安全风险监测预警。

《"十四五"规划和2035年远景目标纲要》提出，建立健全生物安全风险防控和治理体系，全面提高国家生物安全治理能力。

《中华人民共和国生物安全法》指出，建立生物安全风险防控体制，防控重大新发突发传染病、动植物疫情，加强对生物技术研究、开发与应用活动的安全管理，加强对病原微生物实验室生物安全的管理，保障人类遗传资源和生物资源安全，防范生物恐怖与生物武器威胁，加强生物安全能力建设。

《关于进一步加强生物多样性保护的意见》提出，提升生物安全管理水平。

《"十四五"生物经济发展规划》提出，加快建设生物安全保障体系。

《中国生物多样性保护战略与行动计划（2023—2030年）》提出，强化国家生物安全工作协调机制，协同推进外来入侵物种和有害生物联防联控。

85. 饮用水水源地名录和安全评估制度

饮用水水源地名录制度是一项系统性保护饮用水水源的法定管理措施，旨在通过科学划定保护区、动态监管和分级管理，确保城乡居民饮水安全。将全国重要水源地纳入统一名录，明确保护范围、责任主体和管控要求，形成"划定—监测—执法—公开"的全链条管理体系。

饮用水水源地安全评估制度是通过定期评估水源地水质、环境风险及管理效能，确保饮用水安全，预防污染事件发生的系统化、科学化的管理制度。饮用水水源地安全评估制度结合法规规定、技术监测和动态管理，形成"评估—预警—整改—提升"的闭环体系。

水利部定期发布《全国重要饮用水水源地名录》以及流域的《重要饮用水水源地名录》。饮用水水源地名实行动态调整，水行政主管部门在加强对饮用水水源地的保护的同时，实行名录库的动态管理。

完善饮用水水源地安全评估制度，要完善法规和制度，构建完善的评估体系，合理确定评估流程。

《中华人民共和国水法》规定，国家建立饮用水水源保护区制度。省、自治区、直辖市人民政府应当划定饮用水水源保护区，并采取措施，防止水源枯竭和水体污染，保证城乡居民饮用水安全。

《中华人民共和国水污染防治法》规定，国家建立饮用水水源保护区制度。

《全国集中式饮用水水源地环境保护专项行动方案》提出，划定饮用水水源保护区，设立保护区边界标志，整治保护区内环境违法问题。

《饮用水水源保护区污染防治管理规定》规定了饮用水地表水源、地下水源保护区的划分和防护，明确了饮用水水源保护区污染防治的监督管理。

《集中式饮用水水源地规范化建设环境保护技术要求》（HJ 773–2015）规范了风险评估和风险防控措施。对因饮用水水源地所在区域污染源的非正常排放或自然过程对水源水质、水量可能造成破坏的环境风险进行量化评估。有目的地通过计划、组织、控制、处置等活动来阻止风险事件发生，以降低损失程度。

86. 危险废物监管

危险废物是指列入国家危险废物名录或者根据国家规定的危险废物鉴别标准和鉴别方法认定的具有危险特性的固体废物。

由于危险废物污染具有不可逆、难治理的特性，如果不能得到有效处置，污染水体和土壤会威胁公众健康，造成的环境污染比大气污染和水污染还严重。强化危险废物监管，对严守危险废物环境与安全风险底线有重大作用。

《国家危险废物名录》定义了危险废物的种类，包括：具有腐蚀性、毒性、易燃性、反应性或者感染性等一种或者几种危险特性的；不排除具有危险特性，可能对环境或者人体健康造成有害影响，需要按照危险废物进行管理的。

提高危险废物全过程信息化环境监管覆盖率，是当前强化危险废物监管的重要工作。要以技术赋能构建全链条数字化监管平台，强化政策约束与激励机制，分级分类精准施策，提升监管与执行效能，构建社会共治格局。

《强化危险废物监管和利用处置能力改革实施方案》（"危废十条"）提出，完善危险废物监管体制机制，强化危险废物源头管控，强化危险废物收集转运等过程监管，强化废弃危险化学品监管，提升危险废物集中处置基础保障能力，促进危险废物利用处置产业高质量发展，建立平战结合的医疗废物应急处置体系，强化危险废物环境风险防控能力。

《"十四五"全国危险废物规范化环境管理评估工作方案》提出，加强危险废物污染防治，强化危险废物监管和利用处置能力，促进危险废物产生单位和危险废物经营单位落实各项法律制度和相关标准规范，全面提升危险废物规范化环境管理水平，有效防控危险废物环境风险。

《危险废物重大工程建设总体实施方案（2023—2025年）》提出，加快建设国家技术中心，布局建设区域技术中心，推进建设区域处置中心。

《固体废物鉴别导则》《危险废物鉴别标准通则》《建设项目危险废物环境影响评价指南》《危险废物产生单位管理计划制定指南》等，也规定了危险废物的属性判定。

87. 重金属环境风险精准防控

重金属环境风险是指由于重金属在环境中过量积累或不当迁移，对生态系统稳定性、生物多样性及人类健康造成潜在威胁的可能性。这类风险具有隐蔽性、累积性和不可逆性，需通过科学评估与精准防控来降低其危害。

当前，我国重点防控的重金属污染物是铅、汞、镉、铬、砷、铊和锑，并对铅、汞、镉、铬和砷5种重点重金属污染物排放量实施总量控制。重点行业包括重有色金属矿采选业（铜、铅锌、镍钴、锡、锑和汞矿采选）、重有色金属冶炼业（铜、铅锌、镍钴、锡、锑和汞冶炼）、铅蓄电池制造业、电镀行业、化学原料及化学制品制造业［电石法（聚）氯乙烯制造、铬盐制造、以工业固体废物为原料的锌无机化合物工业］、皮革鞣制加工业等6个行业。

重金属污染对环境破坏很大，严重污染土壤和水体。土壤或水体中含有的重金属引起的污染又通过食物链进入生态系统，进而对人体造成危害，容易在生态系统或生命体中富集。重金属环境风险主要来源于：工业活动排放的铅、镉，农业活动施用的含砷农药、含汞化肥产生的污染，日常生活中产生的电子垃圾拆解、废旧电池导致的铬、铜污染，自然释放的镍、锌等重金属。重金属污染通过水体扩散、大气沉降、土壤—作物传递，严重影响人类身体健康，生物累积效应更是加大了重金属的环境风险，引发环境公害。因此，在重视重金属污染危害的基础上，实施重金属环境风险精准防控，是当前维护生态安全的重要工作。

实施重金属环境风险精准防控坚持"源头减量—过程阻断—末端治理"，结合污染特征、空间分布和受体敏感性，构建"识别—评估—管控—修复"全链条防控体系。一是构建多维度风险地图实行精准识别。二是开展清洁生产与产业升级实施源头减量。三是运用多介质污染拦截技术实施过程阻断。四是在末端治理上，在重金属污染高风险区，采用土壤淋洗、植物提取等措施实施工程修复。五是实施全生命周期数字化管理。六是强化政策保障与社会共治。

《水污染防治行动计划》提出，对重金属及其他影响人体健康的污染物采取针对性措施，加大整治力度。

《土壤污染防治行动计划》提出，加强涉重金属行业污染防控。严格执行重金属污染物排放标准并落实相关总量控制指标，制定涉重金属重点工业行业清洁生产技术推行方案，鼓励企业采用先进适用生产工艺和技术。

《关于加强涉重金属行业污染防控的意见》提出，建立全口径涉重金属重点行业企业清单，分解落实减排指标和措施，严格环境准入，开展涉镉等重金属行业企业排查整治。

《土壤环境质量 农用地土壤污染风险管控标准（试行）》（GB15618-2018）规定了农用地土壤污染风险筛选值共11个污染物项目：镉、汞、砷、铅、铬、铜、镍、锌、六六六、滴滴涕、苯并芘。规定了农用地土壤污染风险管制值项目为镉、汞、砷、铅、铬等5种重金属。

《土壤环境质量 建设用地土壤污染风险管控标准（试行）》（GB36600-2018）规定了建设用地土壤污染风险筛选值和管制值的基本项目包括：砷、镉、铬（六价）、铜、铅、汞、镍7种重金属和无机物，27种挥发性有机物，11种半挥发性有机物。规定了建设用地土壤污染风险筛选值和管制值的其他项目包括：锑、铍、钴、甲基汞、钒、氰化物6种重金属和无机物，4种挥发性有机物，10种半挥发性有机物，14种有机农药类，5种多氯联苯、多溴联苯和二噁英类，1种石油烃类。

《关于深入打好污染防治攻坚战的意见》提出，实施农用地土壤镉等重金属污染源头防治行动。

《关于进一步加强重金属污染防控的意见》提出，分类管理，完善重金属污染物排放管理制度；严格准入，优化涉重金属产业结构和布局；突出重点，深化重点行业重金属污染治理；健全标准，加强重金属污染监管执法；落实责任，促进信息公开和社会共治。

《关于进一步深化农村改革 扎实推进乡村全面振兴的意见》提出，推进受污染耕地安全利用，加强农用地土壤重金属污染溯源和整治。

88. 尾矿库污染隐患排查治理和分类分级监管制度

尾矿库污染隐患排查治理和分类分级监管制度是针对矿业生产过程中产生的尾矿库环境风险，通过系统性排查、科学分类、差异化管理，实现污染源头防控和风险精准管控的重要制度安排。

尾矿库污染隐患排查对象是：全国所有在产、停用及闭库尾矿库，重点关注"头顶库"（下游1公里内有居民或重要设施）、涉重金属库及环境敏感区库。排查内容是设备完整性、污染物的风险、地下水和周边土壤中污染物浓度是否超标。治理采用工程治理、污染防控，并实施智能监测。

根据尾矿库类型、尾矿库周边环境敏感程度、尾矿库环境保护水平等因素，及时按照规范流程对尾矿库进行分类分级动态调整，并实行差异化管理。对一级环境监管尾矿库，要每年不少于两次环境污染隐患排查。对二级环境监管尾矿库，要每年确保不少于一次环境污染隐患排查。在汛期前对一级、二级环境监管尾矿库至少开展一次。对三级环境监管尾矿库要全部排查和随机抽查，生态环境问题多、环境风险隐患突出、群众反映强烈的尾矿库要重点排查、优先抽查。对实行一级、二级环境监督管理的尾矿库运营、管理单位，要列入重点排污单位名录实施重点管控。

《关于深入打好污染防治攻坚战的意见》提出，扎实推进尾矿库等污染治理工程。

《尾矿库环境监管分类分级技术规程（试行）》按照因地制宜、突出重点、简便易行的原则，指导各地划分尾矿库环境监管等级，便于集中力量优先抓好环境风险突出的尾矿库，提升环境监管效能，防范化解尾矿库环境风险。

《尾矿污染环境防治管理办法》提出新增两项制度：一是建立尾矿库污染分类分级环境监督管理制度。将尾矿库分为一级、二级和三级环境监督管理尾矿库，一级和二级环境监督管理尾矿库的运营、管理单位列入重点排污单位名录，实施重点管控。二是建立尾矿库污染隐患排查治理制度。每年汛期前至少开展一次全面的污染隐患排查，发现污染隐患的，制定整改方案，及时采取措施消除隐患。

《尾矿库污染隐患排查治理工作指南（试行）》明确了尾矿库污染隐患排查治理的具体工作要求，规定了排查治理工作方法及要点。

89. 环境健康风险监测和管理

环境健康风险监测和管理是通过系统性识别、评估和控制环境中可能危害人类健康的因素，预防和减少环境污染对公众健康的威胁。这一过程涵盖从污染源监测到健康效应评估的全链条管理，旨在实现环境质量改善与健康风险降低的双重目标。

环境健康监测的目标污染物是：大气中的$PM_{2.5}$、PM_{10}、O_3、NO_2、挥发性有机物等，水体中的重金属（铅、砷、汞）、有机污染物（多环芳烃、抗生素）、微生物（大肠杆菌）等，土壤中的镉、铬、多氯联苯、农药残留，食品中的农药残留、重金属（如稻米中的镉）、海洋生物中的微塑料等。

环境健康管理是指政府、企业和社会各界为预防、控制和减少环境污染对公众健康的影响，所建立的一系列法律法规、政策措施、监测预警、风险评估和应急响应机制。

推进环境健康风险监测和管理，一能减少环境污染对公众健康的影响，降低呼吸系统、消化系统等疾病的发病率；二能提高环境风险防控能力，通过监测预警及时发现污染问题，避免重大健康危机；三能促进社会公平，加强对弱势群体的健康保护，减少因环境污染带来的健康不公；四能推动可持续发展，通过严格的环境健康管理，提高环境质量，推动"健康中国"与"美丽中国"协同发展。

《关于加强环境保护重点工作的意见》提出，开展健康调查研究。

《国家环境保护环境与健康工作办法（试行）》明确了环境健康风险的含义，规范了环境健康监测、调查和风险评估，明确了环境健康风险防控。

《关于全面加强生态环境保护 坚决打好污染防治攻坚战的意见》提出，开展重点区域、流域、行业环境与健康调查，建立风险监测网络及风险评估体系。

《生态环境健康风险评估技术指南总纲》规定了生态环境健康风险评估的一般性原则、程序、内容、方法和技术要求。

《关于深入打好污染防治攻坚战的意见》提出，强化生态环境与健康管理。

《"十四五"环境健康工作规划》提出，加强环境健康风险监测评估，大力提升居民环境健康素养，持续探索环境健康管理对策，增强环境健康技术支撑能力，打造环境健康专业人才队伍。

90. 重点区域适应气候变化行动

重点区域适应气候变化行动是指针对受气候变化影响显著、生态脆弱或社会经济重要性突出的特定地理区域，制定并实施的系统性应对措施，旨在通过增强生态韧性、优化资源配置和调整人类活动，降低气候变化带来的负面影响，保障区域可持续发展。

开展重点区域适应气候变化行动的目标是降低气候风险（减少极端天气如洪水、干旱、热浪等造成的生命财产损失）、保护生态系统（维护生物多样性，防止气候加剧生态退化如冰川退缩、海岸侵蚀）、保障关键领域（确保粮食安全、水资源供应、城市运行与公共卫生稳定）、促进绿色转型（推动产业与生活方式适应低碳、韧性发展需求）。

在沿海地区，面临的挑战主要是台风频发、风暴潮加剧、海水入侵、海岸侵蚀等问题。适应气候变化行动采取的措施主要是开展红树林恢复、升级海堤等生态防护工程建设，通过海绵城市建设和提高地下空间防洪标准提升城市韧性，通过产业调整减少自然灾害带来的损失。

在干旱半干旱地区，面临的挑战主要是降水减少、蒸发增强、土地荒漠化、农业减产等问题。适应气候变化行动采取的措施主要是推广智能灌溉节水技术，建立和完善雨水收集系统，通过退牧还草、光伏治沙等开展生态修复，调整作物结构，推广耐旱品种。

在青藏高原，面临的挑战主要是冰川退缩、冻土消融、生态系统失衡、灾害风险增加。适应气候变化行动采取的措施主要是加大冰川与冻土监测力度，通过生态廊道建设、牧区草畜平衡等保护生物多样性，建立灾害预警体系。

在长江中下游地区，面临的挑战主要是暴雨洪涝、城市内涝、高温热浪、农业病虫害加剧。适应气候变化行动采取的措施主要是开展蓄滞洪区、城市地下管廊等防洪排涝工程建设，通过推广耐涝水稻品种、开展病虫害绿色防控等开展农业适应性调整，建设城市通风廊道、增设社区降温设施有效应对热浪。

美丽中国先行区建设

在黄河流域，面临的挑战主要是水资源短缺、水土流失、河口湿地退化、凌汛风险等问题。适应气候变化行动采取的措施主要是通过跨流域调水、改革农业水价，优化配置水资源，通过淤地坝建设、梯田改造开展水土保持工程建设，通过湿地补水、种植耐盐碱作物开展河口生态修复。

开展重点区域适应气候变化行动，沿海地区是应对海平面上升与极端天气，干旱半干旱地区是保障水资源与生态安全，青藏高原是守护"亚洲水塔"与生物多样性，长江中下游地区是应对洪涝与热浪，黄河流域是统筹水资源与生态保护。

提升重点领域气候韧性和深化气候适应型城市建设也是适应气候变化行动的重要内容。

气候韧性指的是社会、生态系统和经济部门在气候变化压力下的适应、恢复和转型能力。在农业领域，干旱、洪涝、病虫害、气候不稳定影响粮食安全；在能源领域，高温干旱影响水电、风电和太阳能发电效率，造成用电紧张；在自然生态系统中，气候变化带来森林火灾、物种减少、湿地退化、生物多样性下降；城市中的极端高温、暴雨内涝、空气污染、能源压力增大，严重影响经济和社会的正常秩序；道路、桥梁、供水系统等基础设施，在极端天气下易受损。面对全球变暖、极端天气、自然灾害等挑战，我国需要加强重点领域的气候韧性，以确保经济安全、生态平衡和社会稳定。推广气候适应型农业，优化水资源管理，强化农业气象监测与预警；建设海绵城市增强雨洪管理能力，发展低碳智慧城市，提高能源利用效率，优化城市绿地布局，缓解热岛效应；优化能源结构，提升清洁能源适应性，提升能源基础设施气候适应能力；加强生态恢复和保护，增强森林防火和生物多样性保护，提高碳汇能力；优化基础设施抗灾能力，推动智慧交通发展。

气候适应型城市是指能够应对和适应气候变化挑战，基础设施韧性、生态承载力和社会适应能力强，同时保持社会、经济和生态可持续发展的城市。深化气候适应型城市建设，要以提高城市应对极端天气、自然灾害和环境变化的能力为中心进行。首先，强化城市基础设施的气候适应能力。其次，依托生态系统增强城市气候调节能力。再次，构建智慧化气候预警与灾害响应体系。最后，完善政策、法规与国际合作机制。

《关于进一步优化重污染天气应对机制的指导意见》提出，优化重污染天气应急响应规则，规范重污染天气应对工作，强化区域应急联动，加快重污染天气应急预案制修订，加强重污染天气应对效果评估。

《国家气候变化健康适应行动方案（2024—2030年）》提出，健全完善多部门气候变化与健康工作协作机制，完善气候变化与健康相关政策和标准体系，加强气候敏感疾病的预警提醒，强化气候变化健康风险、脆弱性和适应能力动态评估，提升气候变化健康风险防范和综合干预能力，增强应对气候变化卫生保障能力，增强健康与公共卫生系统气候韧性，营造全社会气候变化健康适应的友好环境，加快气候变化健康适应科技创新，推进气候变化健康适应全球行动。

《中国应对气候变化的政策与行动2024年度报告》提出，我国主动适应气候变化。

《国家适应气候变化战略2035》提出，适应气候变化区域格局初步形成，构建适应气候变化区域格局。

《关于推进海绵城市建设的指导意见》提出，统筹推进新老城区海绵城市建设，推进海绵型建筑和相关基础设施建设，推进公园绿地建设和自然生态修复。

《城市适应气候变化行动方案》提出，加强城市规划引领，提高城市基础设施设计和建设标准，提高城市建筑适应气候变化能力，发挥城市生态绿化功能，保障城市水安全，建立并完善城市灾害风险综合管理系统，增强城市适应气候变化科技支撑能力。

《关于加强城市内涝治理的实施意见》提出，系统建设城市排水防涝工程体系，提升城市排水防涝工作管理水平，统筹推进城市内涝治理工作。

《关于进一步明确海绵城市建设工作有关要求的通知》提出，建立健全长效机制，以扎实推动海绵城市建设和增强城市防洪排涝能力，使城市在适应气候变化、抵御暴雨灾害等方面具有良好"弹性"和"韧性"。

《"十四五"全国城市基础设施建设规划》提出，持续增强城市基础设施安全韧性能力，完善城市生态基础设施体系，构建连续完整的城市生态基础设施体系，开展城市水系体系化建设行动，开展城市园林绿化提升行动。

《关于深化气候适应型城市建设试点的通知》提出，完善城市适应气候变化治理体系，提升城市基础设施气候韧性，提升城市水安全保障水平，推进城市气候变化健康适应行动。

91. 核与辐射安全监管

核与辐射安全监管是指通过法律法规、技术标准和行政手段，对核设施、放射性物质及辐射活动进行全生命周期监督与管理，确保其安全运行，防止放射性事故，保护公众健康和环境安全。

有效提升核与辐射安全监管、风险监测预警与应急响应能力：一是构建严密的核安全责任和监管体系。二是开展运行核设施安全评价。三是加强核技术利用安全和电磁辐射环境管理。四是提升风险预警监测和应急响应能力。

《关于全面加强生态环境保护坚决打好污染防治攻坚战的意见》提出，完善国家核安全工作协调机制，强化对核安全工作的统筹。

《"十四五"规划和2035年远景目标纲要》提出，安全稳妥推动沿海核电建设。

《关于深入打好污染防治攻坚战的意见》提出，确保核与辐射安全，实行最严格的安全标准和最严格的监管。

《"十四五"现代能源体系规划》提出，全面加强核电安全管理，实行最严格的安全标准和最严格的监管。

十、深化生态文明体制改革

92. 生态保护补偿制度

生态保护补偿制度是指通过财政纵向补偿、地区间横向补偿、市场机制补偿等机制，对按照规定或者约定开展生态保护的单位和个人予以补偿的激励性制度安排。通常采取资金补偿、对口协作、产业转移、人才培训、共建园区、购买生态产品和服务等多种补偿方式。健全生态保护补偿制度，旨在预防生态环境遭受破坏，推动生态系统实现良性循环与可持续发展。

实施生态保护补偿制度，是破解人民群众高度关注的突出生态环境问题的坚实保障，是完善美丽中国建设保障体系的关键一环，更是拓宽生态产品价值实现路径的有效途径。作为生态文明制度的关键构成部分，生态保护补偿秉持"谁开发谁保护、谁受益谁补偿"原则，是践行"绿水青山就是金山银山"理念的核心路径，是明确生态保护权责、激发各方参与生态保护积极性的重要制度保障。

生态保护补偿制度作为生态文明制度的重要组成部分，是落实生态保护权责、调动各方参与生态保护积极性、推进生态文明建设的重要手段。要完善法律与政策体系，强化市场化补偿机制，优化区域协同机制，拓宽资金来源与使用效率，实施科技赋能与精准管理，提升公众参与度，推广"个人碳账户"，创新补偿方式，突破重点领域的补偿，建立长效保障机制。

《生态文明体制改革总体方案》提出，完善生态补偿机制。探索建立多元化补偿机制，制定横向生态补偿机制办法，鼓励各地区开展生态补偿试点。

《关于健全生态保护补偿机制的意见》提出，推进体制机制创新。

《建立市场化、多元化生态保护补偿机制行动计划》提出，健全资源开发补偿制度，优化排污权配置，完善水权配置，健全碳排放权抵消机制，发展生态产业，完善绿色标识，推广绿色采购，发展绿色金融，建立绿色利益分享机制。

《生态综合补偿试点方案》提出，创新森林生态效益补偿制度，建立流域上下游生态补偿制度，发展生态优势特色产业，推动生态保护补偿工作制度化。

《"十四五"规划和2035年远景目标纲要》提出，健全生态保护补偿机制。

《关于深化生态保护补偿制度改革的意见》提出，聚焦重要生态环境要素，完善分类补偿制度；围绕国家生态安全重点，健全综合补偿制度；发挥市场机制作用，加快推进多元化补偿；完善相关领域配套措施，增强改革协同；树牢生态保护责任意识，强化激励约束。

《生态保护补偿条例》明确了生态保护补偿的含义、原则和政府的职责，规范了财政纵向补偿、地区间横向补偿、市场机制补偿、保障和监督管理。

《中共中央关于进一步全面深化改革　推进中国式现代化的决定》提出，推进生态综合补偿，健全横向生态保护补偿机制。

93. 生态产品价值实现机制

生态产品是指生态系统为经济活动和其他人类活动提供且被使用的货物和服务贡献，可分为物质供给、调节服务和文化服务产品。生态产品价值实现机制是将生态系统提供的物质产品和调节服务等"无形"生态价值转化为可量化、可交易的经济价值，从而激励保护者、反哺生态保护的制度安排。

生态产品价值实现机制是生态文明体制改革的关键制度安排，对于推进人与自然和谐共生的现代化意义重大。通过合理的机制设计与实践探索，能够实现生态产品价值的市场化和社会化，推动生态保护与经济发展的良性互动。

健全生态产品价值实现机制，对于促进绿色发展、提高生态保护的积极性、推动乡村振兴等方面具有重要作用。健全这一机制，可以推动生态保护与经济发展双赢，解决"绿水青山"与"金山银山"转换难题，激励社会资本投入生态保护；能促进乡村振兴增加农民收入，释放农村生态资源的市场价值，促进农民增收；可以推动碳达峰、碳中和目标实现，碳交易市场化促进低碳经济发展，鼓励企业发展生态产业；促进生态治理与生态修复，推动"谁受益，谁补偿"，提高社会环保意识，推动绿色消费；促进生态文明建设，实现可持续发展，加快形成"生态优先、绿色发展"的新模式，助力国家生态文明建设战略。

建立健全生态产品价值实现机制，对推动经济社会发展全面绿色转型具有重要意义。要健全生态资产产权和法律制度，要推动生态产业化，要完善生态产品的市场交易机制，要完善生态金融支持体系，要强化政策支持和政府引导。

《关于建立健全城乡融合发展体制机制和政策体系的意见》提出，探索生态产品价值实现机制。开展生态产品价值核算，完善自然资源资产产权制度，完善自然资源价格形成机制。

《"十四五"规划和2035年远景目标纲要》提出，建立生态产品价值实现机制，在长江流域和三江源国家公园等开展试点。

《关于建立健全生态产品价值实现机制的意见》提出，建立生态产品调查监测机制，建立生态产品价值评价机制，健全生态产品经营开发机制，健全生态产品保护补偿机制，健全生态产品价值实现保障机制，建立生态产品价值实现推进机制。

《中共中央关于进一步全面深化改革　推进中国式现代化的决定》提出，健全生态产品价值实现机制。

《关于高水平保护高效率利用自然资源推动生态产品价值实现的意见》提出，夯实生态产品价值实现的资源和空间基础，提升生态产品价值实现的资源要素供给和配置效能，创新生态产品价值实现新机制。

《乡村全面振兴规划（2024—2027年）》提出，完善生态产品价值实现机制。

94. 生态环境损害赔偿

生态环境损害是指因污染环境、破坏生态造成大气、地表水、地下水、土壤、森林等环境要素和植物、动物、微生物等生物要素的不利改变，以及上述要素构成的生态系统功能退化。生态环境损害赔偿是针对因人为活动致使生态环境遭受污染或破坏情形，由责任主体依法履行生态环境修复、功能恢复或价值替代等法律责任的一项制度安排。其核心是"环境有价、损害担责"的原则，将生态破坏行为所产生的外部成本予以内部化，借助经济手段反向推动污染者切实履行生态保护主体责任。

生态环境损害赔偿聚焦于对大气、水体、土壤、生物多样性等自然要素所遭受的直接损害开展量化评估，明确要求责任方通过修复受损生态环境、缴纳赔偿金，或是实施替代性修复项目等途径，达成"应赔尽赔、应修尽修"的生态治理目标。作为生态文明法治体系的关键构成部分，生态环境损害赔偿制度以《中华人民共和国民法典》《中华人民共和国环境保护法》等法律法规为坚实依据，同时结合生态环境损害鉴定评估技术规范，构建起涵盖责任认定、资金管理以及修复验收等环节的全流程闭环管理机制，为破解"企业污染、社会买单"的难题，筑牢美丽中国生态安全屏障提供了至关重要的制度支撑。

生态环境损害赔偿制度以"谁损害、谁修复"为基本原则，构建跨部门协同、全要素覆盖的追偿体系，有效破解生态修复资金短缺、责任主体界定模糊等难题。依托卫星遥感、大数据监测等前沿科技手段，精准锁定污染源与生态损害范围，推动企业从"被动担责"向"主动防损"转变，形成"源头严防、过程严管、后果严惩"的闭环管理体系。在浙江、福建等先行区，生态损害赔偿资金专项用于滨海湿地修复、生物多样性保护等项目，同步催生"生态银行""碳汇交易"等市场化补偿模式，让绿水青山的"生态账"转化为可量化、可流通的"经济账"。随着生态损害赔偿与检察公益诉讼、环保信用评价等制度的联动深化，其在优化国土空间格局、保障生态安全屏障方面的基础性作用愈发凸显，为美丽中国建设筑牢了制度根基与实践路径。

生态环境损害赔偿制度作为我国生态文明制度体系的重大创新，标志着生态环境保护从"软约束"向"硬制度"的深刻转变。该制度的全面推行，不仅填补了"企业污染、群众受害、政府买单"的制度空白，更通过市场化、法治化手段推动形成"环境有价、损害担责"的社会共识，为美丽中国建设构筑起坚实的制度保障。

《关于全面深化改革若干重大问题的决定》提出，探索编制自然资源资产负债表，对领导干部实行自然资源资产离任审计。建立生态环境损害责任终身追究制。

《党政领导干部生态环境损害责任追究办法（试行）》提出，强化党政领导干部生态环境和资源保护职责，实行生态环境损害责任终身追究制。

《生态文明体制改革总体方案》提出，对领导干部实行自然资源资产离任审计，建立生态环境损害责任终身追究制。

《关于深入打好污染防治攻坚战的意见》提出，健全生态环境损害赔偿制度。

《关于深化生态环境领域依法行政 持续强化依法治污的指导意见》提出，健全生态环境损害赔偿磋商、司法确认与诉讼衔接机制。

《生态环境损害赔偿管理规定》提出，生态环境损害是因污染环境、破坏生态造成大气、地表水、地下水、土壤、森林等环境要素和植物、动物、微生物等生物要素的不利改变，以及上述要素构成的生态系统功能退化。生态环境受到损害至修复完成期间服务功能丧失导致的损失、生态环境功能永久性损害造成的损失、生态环境损害调查和鉴定评估等费用、清除污染和修复生态环境的费用、防止损害的发生和扩大所支出的合理费用必须赔偿。

《中共中央关于进一步全面深化改革 推进中国式现代化的决定》提出，统筹推进生态环境损害赔偿。

95. 河湖长制、林长制

河湖长制和林长制是我国生态文明建设的重要制度创新。针对水生态环境保护和森林、草原资源管理，由各级党政主要负责人担任河长、湖长或林长，实行分级负责、属地管理，以实现生态环境保护的长效机制。

河湖长制是在"河长制"的基础上拓展而来的治理模式，涵盖河流和湖泊的生态环境保护。各级党政主要负责人担任省、市、县、乡四级的河长、湖长，负责辖区内水资源保护、水污染防治、水生态修复、岸线管理与执法、社会共治等。

林长制是针对森林和草原生态保护的管理制度，由各级党政负责人担任省、市、县、乡、村五级的林长，负责辖区内森林资源保护、草原生态修复、防火防灾、生物多样性保护、林草经济发展等。

近年来，我国全面推行河湖长制、林长制，在水生态保护、森林资源管理、生态修复等方面取得了显著成效。强化河湖长制、林长制，推动水清、山绿、林茂，改善生态环境，助力美丽中国建设。

强化河湖长制，首先，完善责任体系落实属地管理，明确各级河湖长职责，确保责任到人、治理到位，强化跨区域、跨部门协同治理，建立联动机制，解决上下游、左右岸治理不均衡问题。其次，加强水生态监测与预警，利用大数据、卫星遥感、无人机等技术，实现水质、水量、水生态实时监测，建立动态预警机制，提高污染溯源能力和应急处置能力。再次，推进水污染综合治理，严格控制工业、农业、生活污染排放，落实排污许可管理制度，加强黑臭水体治理，修复河湖生态系统，实施生态补水工程。复次，强化执法监管与问责机制，加大对违法排污、非法采砂、侵占水域等行为的打击力度，建立"督查+考核+问责"机制，对治理不力、监管失职的责任人严肃追责。最后，提高公众参与度，推进社会共治，建立"民间河长"制度，吸纳社会力量共同参与河湖保护，开展环保宣传与科普教育，提高公众水生态保护意识。

强化林长制，首先明确责任分工形成层级管理，落实五级林长制，确保森林资源责任到人，重点关注生态功能区、国家公园、天然林等重点区域的保护与修复。其次，加强森林生态监测与防灾减灾，依托卫星遥感、无人机巡查、AI识别等技术，实现森林资源动态监测，完善森林火灾、病虫害监测预警系统，提升防灾减灾能力。再次，推动森林生态修复和可持续利用，继续推进退耕还林、荒漠化治理和湿地恢复工程，发展生态林业经济，推广"森林+"等模式。复次，强化执法监管，遏制破坏行为，严厉打击毁林开荒、乱砍滥伐、非法占用林地等违法行为，建立生态补偿机制，对因生态保护受损的地区和个人给予合理补偿。最后，鼓励全民参与，共建绿色生态，推动"全民义务植树"活动，设立"护林员""民间林长"等机制，发挥社会监督作用。

《关于全面推行河长制的意见》提出，在全国江河湖泊全面推行河长制，明确各级河长职责，实行一河一策、一湖一策，各级河长负责组织领导相应河湖的管理和保护工作。

《关于在湖泊实施湖长制的指导意见》提出，全面建立省、市、县、乡四级湖长体系。

《关于全面推行林长制的意见》提出，按照山水林田湖草沙系统治理要求，在全国全面推行林长制。

《关于科学绿化的指导意见》提出，全面推行林长制，明确地方领导干部保护发展森林草原资源目标责任。

《关于深入打好污染防治攻坚战的意见》提出，充分发挥河长制、湖长制作用，巩固城市黑臭水体治理成效，建立防止返黑返臭的长效机制。

《关于加强河湖水域岸线空间管控的指导意见》提出，强化河湖长制。明确河湖水域岸线空间管控边界，严格河湖水域岸线用途管制，规范处置涉水违建问题，推进河湖水域岸线生态修复，提升河湖水域岸线监管能力。

《关于全面推进美丽中国建设的意见》提出，强化河湖长制、林长制。

96. 排污许可制

排污许可制是借助法治化、精细化的行政许可方式，将污染物排放行为全面纳入全流程监管体系。它要求排污单位必须先获取许可，再严格依照法定条件与要求开展污染物排放活动，以此推动环境管理从传统的"粗放管控"模式，迈向更为科学、高效的"精准治理"新阶段。

排污许可制作为环境治理的关键制度设计，其核心目标在于构建系统化、法治化的排污管理体系，以实现对污染物排放的全流程精准管控，进而推动生态环境质量稳步提升与经济社会可持续发展同频共振。这一目标的实现，贯穿于环境治理的多个关键维度。

在污染防控层面，排污许可制为污染物排放划定了清晰的"红线"。在责任落实与监管体系构建上，排污许可制压实了企业主体责任，驱动企业从被动应对转向主动作为。在环境管理效能提升方面，排污许可制以许可证为信息中枢，统一规范排污行为监管标准与流程，避免重复审批与监管盲区，大幅提升环境管理的系统性与科学性。在绿色发展转型驱动上，排污许可制成为企业绿色升级的"助推器"。在社会共治格局塑造上，排污许可制搭建了公众参与环境治理的桥梁。

《中华人民共和国环境保护法》规定，国家依照法律规定实行排污许可管理制度。实行排污许可管理的企业事业单位和其他生产经营者应当按照排污许可证的要求排放污染物，未取得排污许可证的，不得排放污染物。

《排污许可管理条例》明确了实行排污许可管理的范围和类别，规范了申请与审批排污许可证的程序，加强了排污管理，严格了监督检查，强化了法律责任。

《"十四五"规划和2035年远景目标纲要》提出，全面实行排污许可制，实现所有固定污染源排污许可证核发，推动工业污染源限期达标排放。

《关于加强排污许可执法监管的指导意见》提出，全面落实责任，严格执法监管，优化执法方式，强化支撑保障。

《"十四五"环境影响评价与排污许可工作实施方案》提出，深化体制机制改革，推进完善闭环管理体系，加强生态环境分区管控，守好高质量发展生态环境底线，提升重点领域环评管理效能，筑牢绿水青山第一道防线，全面实行排污许可制，构建固定污染源监管核心制度体系，夯实基础支撑保障，提升环评与排污许可治理能力。

《全面实行排污许可制实施方案》提出，持续深化排污许可制度改革，落实以排污许可制为核心的固定污染源监管制度，全面落实固定污染源"一证式"管理，作好排污许可基础保障建设。

97. 现代化生态环境监测体系

现代化生态环境监测体系是以现代信息技术为支撑，由完善的监测网络、先进的监测技术、系统的监测业务、严格的质量控制、高效的监测管理等组成的有机系统，实现对生态环境的全方位、实时、动态监控和管理，为生态环境保护提供科学依据和技术保障。

现代化的生态环境监测体系可以提供实时、精准的数据支持，帮助政府和相关机构更科学地制定生态环境保护政策，提高生态环境治理的效率和效果。通过全面监测空气、水、土壤等生态要素，可以及早发现环境污染问题，及时采取应对措施，降低污染对生态系统和人类健康的影响，提升生态环境风险防范能力，保障生态安全，推动经济发展与生态保护协调并进。

当前，重点要健全天空地海一体化监测网络，加速监测技术数智化转型，筑牢高质量监测数据根基，强化高效能监测管理，实现高水平业务支撑，更好发挥生态环境监测对污染治理、生态保护、应对气候变化的支撑、引领和服务作用。在数据采集层，通过部署在陆地、水体、大气中的各类传感器，用于实时采集环境数据；在数据传输层，通过光纤、4G/5G、LoRa等通信技术将采集到的数据传输到数据中心或云平台；在数据存储与管理层，存储海量环境数据，提供高效的数据管理和备份服务；在数据处理与分析层，利用大数据处理框架进行清洗、整合和分析，进行数据挖掘、模式识别和预测分析；在应用服务层，基于实时数据分析，提供环境质量预警和应急响应服务，为政府、企业和公众提供科学决策支持。

《生态环境监测网络建设方案》提出，全面完善生态环境监测网络，健全生态环境监测制度与保障体系。

《关于深化环境监测改革提高环境监测数据质量的意见》提出，坚决防范地方和部门不当干预，大力推进部门环境监测协作，严格规范排污单位监测行为，准确界定环境监测机构数据质量责任，严厉惩处环境监测数据弄虚作假行为，加快提高环境监测质量监管能力。

《关于全面加强生态环境保护 坚决打好污染防治攻坚战的意见》提出，建立独立权威高效的生态环境监测体系，构建天地一体化的生态环境监测网络，实现国家和区域生态环境质量预报预警和质控。

《"十四五"生态环境监测规划》提出，推进生态环境监测现代化。实施国家生态环境监测网络建设与运行保障、中央本级生态环境监测提质增效两大工程。

《关于深入打好污染防治攻坚战的意见》提出，建立完善现代化生态环境监测体系。

《关于全面推进美丽中国建设的意见》提出，加快建立现代化生态环境监测体系，健全天空地海一体化监测网络，加强生态质量监督监测，推进生态环境卫星载荷研发。

《关于加快建立现代化生态环境监测体系的实施意见》提出，健全天空地海一体化监测网络，塑造数智化监测技术新优势，强化高水平监测业务支撑，筑牢高质量监测数据根基，推进高效能监测管理。

98. 自然资源资产管理制度体系

自然资源资产管理制度体系是指国家为合理开发、利用、保护和管理自然资源，确保生态安全与可持续发展而建立的一整套法律、政策、技术和经济手段的体系，涵盖资源确权登记、用途管制、开发利用、保护修复、监督考核、责任追究等方面，旨在推动资源节约集约利用，实现人与自然和谐共生。

完善自然资源资产管理制度体系，能合理管理自然资源，防止资源破坏和环境退化，维护生态平衡；优化资源配置，提高资源利用效率，促进经济可持续发展；推动自然资源保护和修复，提升生态系统服务功能；建立科学规范的资源管理体系，增强资源监管和政策执行力；确保资源公平分配，提高生态环境质量，增加人民福祉。

构建完善的自然资源资产管理制度体系，是建设生态文明、保障国家资源安全和促进高质量发展的关键。要完善自然资源确权登记制度，完善自然资源用途管制制度，完善自然资源开发利用制度，完善自然资源生态保护与修复制度，完善自然资源资产监督考核制度，完善自然资源资产产权交易与市场化制度，完善自然资源资产责任追究制度。

《生态文明体制改革总体方案》提出，健全自然资源资产产权制度，建立国土空间开发保护制度，建立空间规划体系，完善资源总量管理和全面节约制度，健全资源有偿使用和生态补偿制度，健全环境治理和生态保护市场体系，完善生态文明绩效评价考核和责任追究制度。

《关于全面深化改革若干重大问题的决定》提出，健全自然资源资产产权制度和用途管制制度。健全国家自然资源资产管理体制，完善自然资源监管体制，实行资源有偿使用制度和生态补偿制度。

《关于全民所有自然资源资产有偿使用制度改革的指导意见》提出，完善国有土地资源有偿使用制度，完善水资源有偿使用制度，完善矿产资源有偿使用制度，建立国有森林资源有偿使用制度，建立国有草原资源有偿使用制度，完善海域海岛有偿使用制度。

《关于统筹推进自然资源资产产权制度改革的指导意见》提出，健全自然资源资产产权体系，明确自然资源资产产权主体，开展自然资源统一调查监测评价，加快自然资源统一确权登记，强化自然资源整体保护，促进自然资源资产集约开发利用，推动自然生态空间系统修复和合理补偿，健全自然资源资产监管体系，完善自然资源资产产权法律体系。

《关于建立国土空间规划体系并监督实施的若干意见》提出，分级分类建立国土空间规划体系，明确各级国土空间总体规划编制重点，强化对专项规划的指导约束作用，在市县及以下编制详细规划。

《关于建立以国家公园为主体的自然保护地体系的指导意见》提出，构建科学合理的自然保护地体系。

《自然资源统一确权登记暂行办法》明确对水流、森林、山岭、草原、荒地、滩涂以及探明储量的矿产资源等自然资源的所有权和所有自然生态空间统一进行确权登记，清晰界定各类自然资源资产的产权主体和边界。

《关于坚持和完善中国特色社会主义制度推进国家治理体系和治理能力现代化若干重大问题的决定》提出，全面建立资源高效利用制度。

《关于全面推进美丽中国建设的意见》提出，完善自然资源资产管理制度体系，健全国土空间用途管制制度。

《关于健全资源环境要素市场化配置体系的意见》提出，完善资源环境要素配额分配制度，优化资源环境要素交易范围，健全资源环境要素交易制度，加强资源环境要素交易基础能力建设。

99. 国家生态文明试验区建设

国家生态文明试验区是通过建设形成符合主体功能定位的开发格局，资源循环利用体系初步建立，节能减排和碳强度指标下降，资源产出率、单位建设用地生产总值、万元工业增加值用水量、农业灌溉水有效利用系数、城镇（乡）生活污水处理率、生活垃圾无害化处理率等处于前列，城镇供水水源地全面达标，森林、草原、湖泊、湿地等面积逐步增加、质量逐步提高，水土流失和沙化、荒漠化、石漠化土地面积明显减少，耕地质量稳步提高，物种得到有效保护，覆盖全社会的生态文化体系基本建立，绿色生活方式普遍推行，最严格的耕地保护制度、水资源管理制度、环境保护制度得到有效落实，生态文明制度建设取得重大突破，成为可复制、可推广的生态文明建设典型地区。

《国家生态文明先行示范区建设方案（试行）》提出，国家生态文明先行示范区建设的主要任务是科学谋划空间开发格局、调整优化产业结构、着力推动绿色循环低碳发展、节约集约利用资源、加大生态系统和环境保护力度、建立生态文化体系、创新体制机制、加强基础能力建设。

《关于支持福建省深入实施生态省战略　加快生态文明先行示范区建设的若干意见》提出，生态文明先行示范区的战略定位是国土空间科学开发先导区、绿色循环低碳发展先行区、城乡人居环境建设示范区、生态文明制度创新实验区。优化国土空间开发格局，加快推进产业转型升级，促进能源资源节约，加大生态建设和环境保护力度，提升生态文明建设能力和水平，加强生态文明制度建设。

《生态文明体制改革总体方案》提出，将各部门自行开展的综合性生态文明试点统一为国家试点试验，各部门要根据各自职责予以指导和推动。

《"十三五"规划纲要》提出，设立统一规范的国家生态文明试验区。

《关于设立统一规范的国家生态文明试验区的意见》提出，要以改善生态环境质量、推动绿色发展为目标，以体制创新、制度供给、模式探索为重点，设立统一规范的国家生态文明试验区。福建省、江西省和贵州省被列为首批国家生态文明试验区。

《"十三五"生态环境保护规划》提出推进国家生态文明试验区建设，积极推进绿色社区、绿色学校、生态工业园区等"绿色细胞"工程。

《"十四五"规划和2035年远景目标纲要》提出，深化生态文明试验区建设。

《关于深入打好污染防治攻坚战的意见》提出，深入推动生态文明建设示范创建、"绿水青山就是金山银山"实践创新基地建设和美丽中国地方实践。

2024年2月，生态环境部修订了《生态文明建设示范区（市）建设指标》《生态文明建设示范区（县）建设指标》《生态文明建设示范区管理规程》《"绿水青山就是金山银山"实践创新基地建设管理规程》，进一步加强了生态文明示范建设和管理工作。

截至2023年10月，生态环境部命名了7批572个生态文明建设示范区和240个"绿水青山就是金山银山"实践创新基地。

十一、高标准建设美丽城市

100. 美丽城市

美丽城市是指符合绿色低碳、环境优美、生态宜居、安全健康、智慧高效建设目标要求，聚焦城市生态环境重点领域和突出问题，探索以城市为载体的美丽中国建设实践路径的城市。

城市是以服务业和非农业人口集聚形成的人工生态系统，其功能是由城市在一定区域范围内的生态、经济、政治、文化、科技、社会活动中所具有的能力和所起的作用决定的。自然条件是城市功能形成和发展的基础，城市的综合实力是城市发展的决定性条件，行政区划是城市功能的重要前提。城市的主要功能是管理、服务、创新、协调、集散、生产，城市规模的不同产生了城市功能的差异。

《美丽城市建设实施方案》提出美丽城市建设的主要目标：到2027年，城市生产生活方式绿色低碳转型成效明显，突出生态环境问题得到有效解决，城区环境明显改善、生态宜居更加凸显、治理效能有效提升，推动50个左右美丽城市建设取得标志性成果，成为美丽中国先行区建设示范标杆。到2035年，城市绿色生产生活方式广泛形成，生态环境实现根本好转，生态系统多样性稳定性持续性显著提升，形成智慧高效、多元共治的城市生态环境治理体系，美丽城市建设实现全覆盖。

美丽城市建设的主要任务是提升城市绿色低碳发展水平、生态环境质量、生态宜居品质、环境健康安全保障能力、数智治理效能，通过打造美丽城市示范标杆、建设高品质生态社区、引导建设各类美丽细胞、强化全过程管理、多渠道加强资金支持，推进美丽城市建设。

《关于加快建立健全绿色低碳循环发展经济体系的指导意见》提出，建立"美丽城市"评价体系，开展"美丽城市"建设试点。

《关于推动城乡建设绿色发展的意见》提出，建设人与自然和谐共生的美丽城市。推动绿色城市、森林城市、"无废城市"建设。

《关于全面推进美丽中国建设的意见》提出，建设美丽城市。

《国家新型城镇化规划（2014—2020年）》提出，发展有历史记忆、文化脉络、地域风貌、民族特点的美丽城镇。

101. 绿色低碳城市

绿色低碳城市是指以生态文明观为核心理念，通过优化资源配置、降低能源消耗、减少污染排放和提升生态环境质量，实现经济、社会和生态效益协同发展的城市发展模式，其目标是在人口、资源、环境和经济之间建立良性循环。通过发展城市绿色产业、实现工业园区绿色低碳发展、推动城市交通运输低碳发展、提升城市建筑绿色低碳水平，建设美丽城市。

《美丽城市建设实施方案》提出，完善国土空间治理体系，优化城市内部空间结构，促进生态空间与生产生活空间衔接融合。大力发展绿色产业和绿色服务业，不断提升绿色生产力发展水平，积极培育新业态新模式新动能。推动城乡接合部、城郊工业园区绿色低碳发展，完善产业园区环境基础设施。加快城市交通运输与能源体系融合发展，推动交通基础设施绿色低碳改造，推广节能低碳交通运输工具，推进城市货运配送绿色低碳、集约高效发展，深入实施城市公共交通优先发展战略，加强城市慢行交通系统建设，鼓励引导绿色出行。严格执行建筑节能降碳强制性标准，提升新建建筑中星级绿色建筑比例，加快既有建筑节能改造。积极推广使用绿色环保广告材料。深化国家低碳城市试点。

绿色低碳城市建设的参考指标包括：绿色生产（单位地区生产总值二氧化碳排放降低/%、单位地区生产总值能源消耗降低/%、碳市场覆盖行业单位产出碳排放降低/%）、低碳建设（社区低碳能源设施覆盖率/%、绿色建筑面积占比/%）、绿色生活（年人均二氧化碳排放量/吨/人、绿色出行比例/%）。

推进绿色低碳城市建设，要发展城市绿色产业，推动工业园区绿色低碳发展，推动城市交通运输绿色低碳发展，提升城市建筑绿色低碳水平。

《关于加快建立健全绿色低碳循环发展经济体系的指导意见》提出，开展绿色社区创建行动，大力发展绿色建筑。

《关于完整准确全面贯彻新发展理念做好碳达峰碳中和工作的意见》提出，推进城乡建设和管理模式低碳转型。

《2030年前碳达峰行动方案》提出，推动建立以绿色低碳为导向的城乡规划建设管理机制。

《"十四五"推动长江经济带发展城乡建设行动方案》提出，推广上海市低碳发展实践区、低碳社区建设经验，开展绿色社区建设工作。在长三角一体化示范区、国家级新区、绿色生态示范城区，持续推动绿色生态城区创建，探索社区建设碳排放减量化目标、措施和机制。

《"十四五"黄河流域生态保护和高质量发展城乡建设行动方案》提出，推进绿色社区创建，推进居住社区基础设施绿色化改造。

《"十四五"建筑节能与绿色建筑发展规划》提出，开展绿色低碳城市建设，树立建筑绿色低碳发展标杆。推动开展绿色低碳城区建设，全面提升建筑节能与绿色建筑发展水平。

《长株潭都市圈发展规划》提出，广泛开展绿色社区创建活动。

《城乡建设领域碳达峰实施方案》提出，建设绿色低碳城市，打造绿色低碳县城和乡村。

《"十四五"全国城市基础设施建设规划》提出，推进城市基础设施体系化建设增强城市安全韧性能力。实施城市交通设施体系化与绿色化提升行动、城市水系统体系化建设行动、城市能源系统安全保障和绿色化提升行动、城市环境卫生提升行动、城市园林绿化提升行动、城市基础设施智能化建设行动、城市居住区市政配套基础设施补短板行动、城市燃气管道等老化更新改造行动。

102. 环境优美城市

环境优美城市是指注重自然与人文景观协调发展，致力于提供清洁的空气、水体、土壤和宜居的生活环境，同时实现城市功能与景观美感和谐统一的城市类型。

美丽中国先行区建设

其核心目标是让城市具备高质量的生态环境、优美的景观和舒适的居住条件，提升居民幸福感和城市整体吸引力。通过城市空气质量达标、生活污水管网建设和运行维护、建设城市美丽河湖、建设沿海城市的美丽海湾、提升城市垃圾分类管理水平、绿色低碳修复污染地块，建设美丽城市。

《美丽城市建设实施方案》提出，加强生态环境分区管控成果应用，有效降低生态环境重点管控单元主要污染物排放强度。深入实施城市空气质量达标管理，推动城市移动源结构优化和高效监管，推进扬尘精细化管控。合理规划建设布局，源头解决餐饮油烟及恶臭异味扰民问题。规范室外照明设施建设管理。加强城市生活污水管网建设和运行维护，建设城市生活污水管网全覆盖样板区。有序推进城区建设"清水绿岸、鱼翔浅底"的美丽河湖，实现城区水环境长治久清。沿海城市深入推进美丽海湾建设，"一湾一策"协同推进近岸海域污染防治、生态保护修复和岸滩环境整治，加强海洋垃圾治理。持续提升垃圾分类管理水平，推进地级及以上城市居民小区垃圾分类全覆盖，建立健全建筑垃圾治理体系，加强各环节规范管理。依法合理规划受污染建设用地用途，鼓励优先用于拓展生态空间，推动受污染地块绿色低碳修复。

环境优美城市建设的参考指标包括：空气清新（《环境空气质量标准》GB3095-2012规定的6项基本污染物）、水体洁净（城区内美丽河湖建设情况、沿海城市近岸海域水质优良比例/%）、土壤安全（重点建设用地安全利用情况）。

推进环境优美城市建设，要实现城市空气质量达标管理，完善城市生活污水管网建设和运行维护，推进城市美丽河湖建设，推进沿海城市的美丽海湾建设，提升城市垃圾分类管理水平，加快污染地块绿色低碳修复。

《关于进一步加强城市规划建设管理工作的若干意见》提出，营造城市宜居环境。

《关于培育发展现代化都市圈的指导意见》提出，强化生态环境共保共治。

《绿色社区创建行动方案》提出，建立健全社区人居环境建设和整治机制，推进社区基础设施绿色化，营造社区宜居环境。

《"十四五"规划和2035年远景目标纲要》提出，加强城市大气质量达标管理。

《环境基础设施建设水平提升行动（2023—2025年）》提出，加快补齐城市和县城污水处理能力缺口，加快完善生活垃圾分类设施体系，积极推动固体废弃物处置及综合利用设施建设，全面提升设施处置及综合利用能力。

103. 生态宜居城市

生态宜居城市是指人类居住的城市与自然环境达到一种相对平衡状态，人们能够在健康、安全和舒适的环境中生存和发展，其核心特征是环境友好、绿色空间充足、资源高效利用、宜居性强。通过合理布局城市生态廊道、修复城市湿地生态和水环境、保护城市生物多样性、防治城市噪声污染、建设"无废城市"、发展城市绿色旅游，建设美丽城市。

《美丽城市建设实施方案》提出，统筹推进生态廊道、通风廊道、城市绿道、景观廊道及基础设施一体布局，利用街头、社区小微空间等见缝插绿，因地制宜建设社区公园、口袋公园。加强城市湿地生态和水环境修复。大力推进城市生物多样性保护，将生物多样性保护要求纳入城市规划建设和相关标准，开展城市生态功能及生物多样性调查、监测和评估，鼓励有条件的城市对重要物种和特殊生境实施精细化保护管理，支持建设一批生物多样性开放地、体验地。持续实施噪声污染防治行动，智能应用噪声地图，全面推动宁静小区建设。加快推进"无废城市"建设，推进固体废物源头减量和资源化利用。鼓励积极发展绿色旅游，依托城市文化底蕴研发推广生态环境文化产品，打造城市生态文化品牌。

生态宜居城市建设的参考指标包括：空间有序（蓝绿空间比例/%、城区15分钟社区生活圈覆盖率/%）、生态优良（城市生态功能指数）、宁静和谐（城市声环境功能区夜间达标率/%）、安居无废（"无废城市"建设进展情况）、绿色旅游（城市积极发展绿色旅游的情况）。

推进生态宜居城市建设，要建设城市生态廊道，推进城市湿地生态修复，修复城市水环境，开展城市生物多样性保护，防治城市噪声污染，推进"无废城市"建设，发展城市绿色旅游，发展城市生态文化，发展生态社区。

《关于科学绿化的指导意见》提出，合理安排绿化用地，提升城乡居民绿色宜居感受。

《关于完整准确全面贯彻新发展理念做好碳达峰碳中和工作的意见》提出，推动城市组团式发展，建设城市生态和通风廊道，提升城市绿化水平，加快推进绿色社区建设。

《城乡建设领域碳达峰实施方案》提出，积极开展绿色低碳城市建设，推动组团式发展，加强生态廊道、景观视廊、通风廊道、滨水空间和城市绿道统筹布局，留足城市河湖生态空间和防洪排涝空间，开展绿色低碳社区建设。

《"十四五"全国城市基础设施建设规划》提出，推动城市绿色低碳发展。

《扩大内需战略规划纲要（2022—2035年）》提出，按照绿色低碳循环理念规划建设城乡基础设施；完善城市生态和通风廊道，提升城市绿化水平；推进绿色社区建设。

《关于加强新时代水土保持工作的意见》提出，实施城市更新行动，推动绿色城市建设。

《环境基础设施建设水平提升行动（2023—2025年）》提出，支持开展"无废城市"建设的地区率先探索，形成可复制、可推广的实施模式。

《关于持续推进城市更新行动的意见》提出，打造宜居、韧性、智慧城市。加强既有建筑改造利用，推进城镇老旧小区整治改造，开展完整社区建设，推进老旧街区、老旧厂区、城中村等更新改造，完善城市功能，加强城市基础设施建设改造，修复城市生态系统，保护传承城市历史文化。

104. 安全健康城市

安全健康城市是指在城市规划、治理和发展过程中，综合考虑环境、公共卫生、安全管理和社会福祉等因素，确保城市居民在健康、安全、宜居的环境中生活和工作，其核心目标是降低健康和安全风险，提高居民的生活质量。通过保障饮用水安全、防控环境风险、加强生物安全、气候适应型城市建设和提升居民健康水平，建设美丽城市。

《美丽城市建设实施方案》提出，加强城市集中式饮用水水源地保护，优化城市备用水源地布局，多渠道多水源保障城市饮用水安全。提高危险废物全过程信息化监管覆盖率，严密防控危险废物环境风险。开展本地特征污染物和新污染物治理。以一次性塑料制品为重点，加强塑料制品生产、流通、消费、回收利用、末端处置等全链条治理。加强电磁辐射污染防治，提升电磁辐射环境监管与监测能力。健全生物安全监管预警防控体系，开展外来入侵物种普查、监测预警、影响评估。深化气候适应型城市建设试点，推进海绵城市建设，划定城市洪涝风险控制线，有效提升城市适应气候变化能力。开展居民生态环境健康素养提升行动。

安全健康城市建设的参考指标包括：环境健康（环境健康风险源管控率）、生物多样（本土物种生物多样性水平）、城市韧性（城区透水面积占比）。

推进安全健康城市建设，要保障城市饮用水安全，防控危险废物环境风险，开展本地特征污染物和新污染物治理，加强城市塑料污染治理，加强电磁辐射污染防治，加强城市生物安全，建设气候适应型城市，提升居民环境健康水平。

《关于进一步加强城市规划建设管理工作的若干意见》提出，切实保障城市安全。

《"健康中国2030"规划纲要》提出，把健康城市和健康村镇建设作为推进健康中国建设的重要抓手。

《关于推进城市安全发展的意见》提出，加强城市安全源头治理，健全城市安全防控机制，提升城市安全监管效能，强化城市安全保障能力。

《关于进一步加强塑料污染治理的意见》提出，禁止、限制部分塑料制品的生产、销售和使用，推广应用替代产品和模式，规范塑料废弃物回收利用和处置。

《强化危险废物监管和利用处置能力改革实施方案》提出，完善危险废物监管体制机制，强化危险废物源头管控，强化危险废物收集转运等过程监管，强化废弃危险化学品监管，提升危险废物集中处置基础保障能力，促进危险废物利用处置产业高质量发展，建立平战结合的医疗废物应急处置体系，强化危险废物环境风险防控能力。

《"十四五"塑料污染治理行动方案》提出，积极推动塑料生产和使用源头减量，加快推进塑料废弃物规范回收利用和处置，大力开展重点区域塑料垃圾清理整治。

《"十四五"时期"无废城市"建设工作方案》提出，科学编制实施方案、强化顶层设计引领，加快工业绿色低碳发展、降低工业固体废物处置压力，促进农业农村绿色低碳发展、提升主要农业固体废物综合利用水平，推动形成绿色低碳生活方式，促进生活源固体废物减量化和资源化，加强全过程管理、推进建筑垃圾综合利用，强化监管和利用处置能力、切实防控危险废物环境风险。

《关于进一步明确海绵城市建设工作有关要求的通知》提出，科学编制海绵城市建设规划，建立健全长效机制。建设海绵城市缓解城市内涝，使城市在适应气候变化、抵御暴雨灾害等方面具有良好"弹性"和"韧性"。

《危险废物重大工程建设总体实施方案（2023—2025年）》提出，加快建设国家技术中心，布局建设区域技术中心，推进建设区域处置中心。

《环境基础设施建设水平提升行动（2023—2025年）》提出，强化特殊类别危险废物处置能力建设，加快建设国家和6个区域性危险废物风险防控中心、20个区域性特殊危险废物集中处置中心。

105. 智慧高效城市

智慧高效城市是通过大数据、人工智能、物联网、云计算、5G等技术，优化资源配置、提高公共服务效率，实现城市运行的智能化、协同化、高效化的城市发展模式。其核心是数字驱动、智能管理、高效运作、精准服务、绿色低碳、安全韧性、宜居宜业。当前，要全领域推进城市数字化转型、全方位增强城市数字化转型支撑、全过程优化城市数字化转型生态、推进新型城市基础设施建设打造韧性城市，建设美丽城市。

《美丽城市建设实施方案》提出，加强数字赋能，提高生态环境监管治理协同水平，推动生态环境领域数据平台与城市智能中枢等共性支撑平台互联互通。加强跨部门生态环境治理业务集成、数据联动和共享使用。丰富综合集成、多领域协同的数字化应用场景。强化用能在线监测系统建设。加强城市国土空间监测，动态掌握城市国土空间变化情况，支撑提升城市规划、建设、治理水平。建立健全从山顶到海洋"天空地海"一体化生态环境监测网络体系，鼓励有基础有条件的城市率先建设生态环境监测现代化城市，实现智慧高效生态环境数字化监测。推进实景三维中国建设，搭建统一时空基底。聚焦住宅电梯、供水、供热、供气、污水处理、环卫、城市基础设施生命线安全工程等，分类推进建筑和市政基础设施设备更新。完善生态环境保护公众参与机制，加强生态环境志愿服务队伍建设，激发城市基层环境管理活力。

智慧高效城市建设的参考指标包括：设施完善（城市生活污水集中收集率）、感知高效（生态环境监测网络覆盖情况）、管理智能（城市智慧环保信息平台应用场景）、公众满意（公众对城市生态环境满意度）。

推进智慧高效城市建设，要全领域推进城市数字化转型，全方位增强城市数字化转型支撑，全过程优化城市数字化转型生态，推进新型城市基础设施建设打造韧性城市，建立现代化生态环境监测体系。

《关于促进智慧城市健康发展的指导意见》提出，科学制定智慧城市建设顶层设计，切实加大信息资源开发共享力度，积极运用新技术新业态，着力加强网络信息安全管理和能力建设，完善组织管理和制度建设。

《关于进一步加强城市规划建设管理工作的若干意见》提出，推进城市智慧管理，加强城市管理和服务体系智能化建设。

《"十四五"规划和2035年远景目标纲要》提出，以数字化助推城乡发展和治理模式创新，全面提高运行效率和宜居度。

《上海市建设具有全球影响力的科技创新中心"十四五"规划》提出，开展智能高效的城市规划建设。

《"十四五"数字经济发展规划》提出，深化新型智慧城市建设。

《"十四五"全国城市基础设施建设规划》提出，加快新型城市基础设施建设，推进城市智慧化转型发展。推动城市基础设施智能化建设与改造，构建信息通信网络基础设施系统。

《关于深化智慧城市发展 推进城市全域数字化转型的指导意见》提出，全领域推进城市数字化转型，全方位增强城市数字化转型支撑，全过程优化城市数字化转型生态。

《深入实施以人为本的新型城镇化战略五年行动计划》提出，推进绿色智慧城市建设。推进基于数字化、网络化、智能化的新型城市基础设施建设。

106. 城市环境基础设施

城市环境基础设施是指支持城市生态环境保护、资源循环利用的城市基础设施。一个完善有效的城市环境基础设施能提高城市宜居性，改善生态环境质量，促进资源高效利用，推动循环经济发展，增强城市抵御自然灾害的能力，提高生态安全水平，推动绿色低碳转型，建设美丽城市。

城市环境基础设施主要包括"污染治理"与"生态服务"两大类，具体包括污水处理系统、固体废物处理系统、危险废物处理系统、供水与节水系统、大气污染防治设施、生态绿色系统、环境监测与应急系统等。

提升城市环境基础设施建设水平是建设美丽城市的关键任务，一是强化顶层设计与科学规划，统筹"多规合一"。二是创新投融资机制，加大中央财政投入。三是推动技术升级与智慧管理，构建"城市环境基础设施智慧平台"。四是完善全生命周期管理。五是促进区域协同与城乡统筹，跨区域设施共建共享。六是健全制度保障与公众参与，加快环境基础社会的相关条例的修订。

《关于加快建立健全绿色低碳循环发展经济体系的指导意见》提出，推进城镇环境基础设施建设升级，提升交通基础设施绿色发展水平。

《"十四五"规划和2035年远景目标纲要》提出，全面提升环境基础设施水平。构建集污水、垃圾、固废、危废、医废等处理处置设施和监测监管能力于一体的环境基础设施体系。

《"十四五"城镇生活垃圾分类和处理设施发展规划》提出，加快完善垃圾分类设施体系，全面推进生活垃圾焚烧设施建设，有序开展厨余垃圾处理设施建设，规范垃圾填埋处理设施建设，健全可回收物资源化利用设施，加强有害垃圾分类和处理，强化设施二次环境污染防治能力建设，开展关键技术研发攻关和试点示范，鼓励生活垃圾协同处置，完善全过程监测监管能力建设。

《"十四五"城镇污水处理及资源化利用发展规划》提出，有效缓解我国城镇污水收集处理设施发展不平衡不充分的矛盾，系统推动补短板强弱项，全面提升污水收集处理效能，加快推进污水资源化利用，提高设施运行维护水平。

《关于深入打好污染防治攻坚战的意见》提出，实施环境基础设施补短板行动。

《关于加快推进城镇环境基础设施建设的指导意见》提出，加快补齐能力短板，着力构建一体化城镇环境基础设施，推动智能绿色升级，提升建设运营市场化水平，健全保障体系。

《"十四五"全国城市基础设施建设规划》提出，完善城市生态基础设施体系，推动城市绿色低碳发展。

《黄河生态保护治理攻坚战行动方案》提出，开展城镇环境治理设施补短板行动。推进城镇污水收集管网补短板，加强污水污泥处理处置，综合整治城市黑臭水体。

107. 生态社区

生态社区是以生态学原理为基础，通过系统整合自然、社会与经济要素，构建人与自然和谐共生的人居单元。其本质是通过空间重构、系统循环和社区治理，实现资源利用效率最大化、环境影响最小化和社区韧性可持续化。

《美丽城市建设实施方案》提出，建设高品质生态社区。持续推动低碳、宜居、清洁、宁静、和谐的生态社区建设。新建社区将低碳节能、生物友好等理念融入社区规划、建设、管理和居民生活之中，积极优化15分钟生活圈要素配置和空间布局，合理规划和建设各类社区绿地，不断提升社区居民生活方式、运营管理、楼宇建筑、基础设施等各方面的绿色低碳及生物多样性友好水平。结合存量住房改造提升、城市老旧小区改造、完整社区建设、市政基础设施设备更新等工作积极推动社区基础设施绿色化、城区环境生态化。城市积极组织生态社区试点示范，开展社区生态环境志愿服务展示交流活动。

建设生态社区，必须围绕生态社区的五大核心要素进行。一是通过原系统保护、生物廊道构建、土壤活化技术采用，实现生态基底保留与修复；二是通过建立能源自给体系、实行微电网智能调控、广泛应用负碳技术，打造闭环式能源系统；三是通过提高雨洪管理标准、建设中水循环系统、应用生态净化工艺，实现水系统零排放；四是通过规定本土物种占比、建设动物迁徙通道、提高生态服务价值，打造生物多样性网络；五是通过建立社区碳账户体系、共建花园制度、制定生态公约，建立共享治理机制。

在中国，进入21世纪后绿色社区和生态社区得到发展，《国家康居工程建设要点》《小康型城乡住宅科技产业工程城市示范小区规划设计导则》（2000）、《绿色生态住宅小区建设要点与技术导则》（2001）等出台，使中国居住区正向绿色社区方向发展。

《关于开展低碳社区试点工作的通知》指出，以低碳理念统领社区建设全过程，营造优美宜居的社区环境。

《绿色社区创建行动方案》提出，建立健全社区人居环境建设和整治机制，明确了绿色社区16项具体创建标准。

《绿色繁荣社区——以"15分钟城市"为特征的迈向净零排放之路》全球指南是全球第一个为社区实现"净零"排放提供完整框架和路径的指南，"绿色"和"繁荣"是指南的核心目标。指南介绍的十种关键方法包括完整社区、以人为本的交通、互联互通、包容共享、清洁建造、绿色建筑与能源、循环资源、绿色和基于自然的解决方案、可持续的生活方式、绿色经济，提出了"准备项目—建立基线—设定愿景—确定行动—实施计划"5个阶段和步骤的实施路径，为城市级和次城市级政府、私营部门、居民和社区等利益相关方在构建绿色繁荣社区的过程中提供重要的借鉴和参考。

建设生态社区，对于建设生态文明，解决生态破坏及环境污染问题，将发挥着不可或缺的重大作用。生态社区建设有利于实现生态建设、社会建设和人自身发展的统一，是缓解世界各国所面临严峻的人口、资源、环境和生态压力的必然选择，也是中国在推进经济社会全面绿色转型进程中的必然选择。

十二、高标准建设美丽乡村

108. 美丽乡村

乡村是指城市建成区以外具有自然、社会、经济特征和生产、生活、生态、文化等多重功能的地域综合体，包括乡镇和村庄等。

美丽乡村是指干净整洁、农业绿色低碳、生态环境优美的人与自然和谐共生的乡村，美丽乡村山清水秀、天蓝地绿、村美人和，是新时代的一幅"富春山居图"。

乡村的主要功能是生产和服务，一方面作为农业生产的基地为人类提供食物和休闲服务，另一方面作为农业人口的聚居区域也是一个相对完整的自然生态系统和人工生态系统的结合体。

《美丽乡村建设实施方案》提出美丽乡村建设的主要目标：到2027年，美丽乡村整县建成比例达到40%。农业绿色发展进展明显，重点区域农业面源污染得到有效遏制，新增完成6万个行政村环境整治，有条件的设区的市或者县（市、区）率先全域基本消除较大面积农村劣V类水体。到2035年，美丽乡村基本建成。农村绿色生产生活方式广泛形成，乡政府驻地、中心村等重点村庄全面完成环境整治，基本消除较大面积农村劣V类水体，有条件的设区的市或者县（市、区）率先重现乡村"河里游泳、溪里捉鱼"的亲水记忆。

整县推进美丽乡村建设基本指标包括：农村生态环境质量（农村生活污水治理/管控率、农村生活垃圾、农村黑臭水体、畜禽养殖污染、水土保持率、生态清洁小流域建设及乡村河湖长效管护）、农业绿色低碳发展（耕地土壤有机质含量、农药包装废弃物回收率、农膜生产使用、秸秆利用和管控）、农村幸福宜居品质（乡村形态、乡风建设）。

当前整县推进美丽乡村建设，要构建各美其美、美美与共的美丽乡村格局，全面改善农村生态环境质量，大力推进农业绿色低碳发展，持续提升农村幸福宜居品质。

《国家新型城镇化规划（2014—2020年）》提出，建设各具特色的美丽乡村。

《"十四五"规划和2035年远景目标纲要》提出，持续改善村容村貌和人居环境，建设美丽宜居乡村。

《关于加快建立健全绿色低碳循环发展经济体系的指导意见》提出，加快推进农村人居环境整治，打造干净整洁、有序美丽的村庄环境。

《中华人民共和国乡村振兴促进法》提出，健全重要生态系统保护制度和生态保护补偿机制，实施重要生态系统保护和修复工程，加强乡村生态保护和环境治理，绿化美化乡村环境，建设美丽乡村。

《关于推动城乡建设绿色发展的意见》提出，打造绿色生态宜居的美丽乡村。

《"十四五"推进农业农村现代化规划》提出，实施乡村建设行动，建设宜居宜业乡村。

《关于开展美丽宜居村庄创建示范工作的通知》提出，"十四五"期间，争取创建示范美丽宜居村庄1500个左右，引领带动各地因地制宜推进省级创建示范活动，打造不同类型、不同特点的宜居宜业和美乡村示范样板，推动乡村振兴。《美丽宜居村庄创建示范标准指标》设置了3个一级指标和12个二级指标，包括：环境优美（整体风貌、自然风光、田园景观、环境保护，共30分）、生活宜居（宜居农房、街巷院落、基础设施、公共服务，共40分）、治理有效（共治共建、共同富裕、文化传承、乡风文明，共30分）。

《关于全面推进美丽中国建设的意见》提出，建设美丽乡村。

《关于进一步深化农村改革 扎实推进乡村全面振兴的意见》提出，深入打好农业农村污染治理攻坚战，建设美丽乡村。

109. "千万工程"

"千万工程"是浙江省的"千村示范、万村整治"工程，工程提供了改善农村人居环境、促进乡村振兴的典范。深入学习运用"千万工程"经验建设美丽乡村，要坚持系统思维，统筹生态、生产、生活空间规划，实施"一村一策"精准施策，推动基础设施向村覆盖、公共服务向户延伸；突出生态优先，深化垃圾、污水、厕所"三大革命"，构建"山水林田湖草沙"生命共同体，发展乡村旅游、现代农业等绿色产业；强化党建引领，健全村民自治机制，培育乡贤文化，通过"四议两公开"激发群众参与热情；要建立长效管护机制，推动数字技术赋能乡村治理，注重保留乡愁记忆与现代功能提升相融合，实现从环境整治到全面振兴的迭代升级，打造宜居宜业的和美乡村新图景。

经过长期探索实践，"千万工程"不仅造就了浙江万千美丽乡村，惠及千万农民群众，而且在实践中取得显著成效，成为乡村振兴的先行探索和成功范例。2018年9月，联合国将浙江"千万工程"授予"地球卫士奖"这一最高环境荣誉，国际社会评价其为"极度成功的生态恢复项目"。此后，党中央、国务院高度重视推广

"千万工程"经验。2019年中央一号文件提出在全国推广浙江经验，2024年中央一号文件将学习运用"千万工程"经验列为推进乡村全面振兴的重要举措。

浙江省的"千万工程"围绕农村人居环境整治、规划引领与基础设施提升、数字技术赋能治理、培育乡村产业与美丽经济、创新治理模式与群众参与等展开，成功地推进了中国式现代化的实践。"千万工程"开展到现在，浙江农村人居环境全面改善，经济发展稳步提升，农村基础设施和公共服务达到前所未有的完善程度，农民生活品质显著提高。

《美丽乡村建设实施方案》提出，深入学习运用"千万工程"经验。坚持"问需于农""问计于农""问效于农"，集中力量抓好办成一批群众可感可及的实事，推进村庄生态环境质量、农业绿色低碳发展水平、农村居民生活品质全面提升，建成一批生态宜居的美丽乡村，为老百姓留住鸟语花香、田园风光，让农村成为安居乐业的美丽家园。

《农村人居环境整治三年行动方案》提出，各地区要借鉴浙江"千村示范万村整治"等经验做法。

《关于学习推广浙江"千村示范、万村整治"经验深入推进农村人居环境整治工作的通知》提出，学习推广浙江"千村示范、万村整治"经验。

《农村人居环境整治提升五年行动方案（2021—2025年）》提出，深入学习推广浙江"千村示范、万村整治"工程经验。

《关于深入学习浙江"千万工程"经验的通知》提出，深刻认识学习运用浙江"千万工程"经验的重大意义。

《关于有力有序有效推广浙江"千万工程"经验的指导意见》提出，充分认识推广"千万工程"经验的重大意义。

《关于补齐公共卫生环境设施短板开展城乡环境卫生清理整治的通知》提出，推广浙江"千万工程"经验做法。

《关于进一步推进农村生活污水治理的指导意见》提出，学习运用"千万工程"经验，走出一条新时代农村生活污水治理之路。

《关于学习运用"千村示范、万村整治"工程经验有力有效推进乡村全面振兴的意见》提出，以学习运用"千万工程"经验为引领，打好乡村全面振兴漂亮仗，绘就宜居宜业和美乡村新画卷。

《关于学习运用"千万工程"经验提高村庄规划编制质量和实效的通知》提出，学习运用浙江"千万工程"经验，更好引领宜居宜业和美乡村建设、推进乡村全面振兴。

《乡村全面振兴规划（2024—2027年）》提出，学习运用"千万工程"经验，推动农业全面升级、农村全面进步、农民全面发展。

110. 美丽乡村的空间开发

美丽乡村的空间开发是通过系统性规划与生态技术应用，重构乡村生产、生活、生态空间的可持续发展模式。其本质是以国土空间规划为框架，通过生态安全格局优化、资源集约利用和地域文化传承三大维度，实现乡村空间价值的多重提升。

建设美丽乡村，必须在空间格局上进行科学合理的规划，以县域为单元编制全域风貌导则，划定村庄风貌分区（如传统村落、现代田园），充分考虑当地的地质、地貌、水文、日照、风向、气候、资源、景观等方面的因素，挖掘乡土文化基因，尽可能满足当地人的生活需要，同步建立"设计下乡"机制，形成"一村一韵、全域和谐"的乡村美学体系。

保护和发展传统村落，是重塑中国文化之魂的关键，是建设美丽乡村的重要内容。要保护好传统村落的生态环境，建设绿水青山的生态村落；要重构传统村落的生态经济体系，打造传统村落的金山银山；要创新社会治理模式，重建传统村落自治能力；要传承传统村落的文化，重塑中华民族之魂；要再造传统村落的社区，唤起人们的乡愁。实施乡村振兴发展战略，必须全方位重新审视农村和农业的发展模式，准确定位乡村的"生态位"，通过规划先行、生活优先、建设基础设施、保护生态环境、凸显村落特色、重视村落管理、强调公众参与，走出一条既回归乡村发展规律又体现与时俱进的传统村落保护和发展之路。

《美丽乡村建设实施方案》提出，强化乡村空间设计和风貌引导。结合自然条件、传统特色和民风民俗，合理确定宅基地及其他乡村建设项目的布局、规模及空间形态，塑造美丽乡村特色风貌。对历史文化名村、传统村落等历史文化遗产及其整体环境实施严格保护和管控，促进活化利用。

《关于切实加强中国传统村落保护的指导意见》提出，保护文化遗产，实现保持传统村落的完整性、真实性和延续性。

《全国重点文物保护单位和省级文物保护单位集中成片传统村落整体保护利用工作实施方案》提出，全面提升270个全国重点文物保护单位和省级文物保护单位集中成片传统村落整体保护利用水平。

《关于实施中华优秀传统文化传承发展工程的意见》提出，加强历史文化名城名镇名村、历史文化街区、名人故居保护和城市特色风貌管理，实施中国传统村落保护工程。

《关于实施中国传统村落挂牌保护工作的通知》提出，统一传统村落保护标志设计样式，落实传统村落挂牌要求，完善传统村落相关信息。

《关于全面推进乡村振兴加快农业农村现代化的意见》提出，加快推进村庄规划工作，明确村庄布局分类，加强村庄风貌引导，保护传统村落、传统民居和历史文化名村名镇，加大农村地区文化遗产遗迹保护力度。

《中华人民共和国乡村振兴促进法》提出，鼓励农村住房设计体现地域、民族和乡土特色。

《农村人居环境整治提升五年行动方案（2021—2025年）》提出，优化村庄生产生活生态空间，突出乡土特色和地域特点，弘扬优秀农耕文化，加强传统村落和历史文化名村名镇保护。

《乡村全面振兴规划（2024—2027年）》提出，因地制宜编制村庄规划，充分利用各类已建设施，严禁使用财政资金建设景观项目。

《关于进一步深化农村改革 扎实推进乡村全面振兴的意见》提出，提高村庄规划编制质量和实效，合理确定村庄建设重点和优先序，探索具有地域特色的乡村建设模式。

《加快建设农业强国规划（2024—2035年）》提出，编制村容村貌提升导则，保护乡村特色风貌。

111. 乡村生态环境综合治理

乡村生态环境综合治理是以生态文明理念为指导，通过系统性、整体性手段解决农村生态退化、环境污染和资源利用低效问题，旨在构建"山水林田湖草沙"生命共同体与人类生产生活和谐共生的新型乡村生态系统，通过空间重构、产业转型、设施升级和治理创新，实现乡村生态系统的自我修复与永续发展。

（1）梯次推进农村生活污水治理

《美丽乡村建设实施方案》提出，强化农村生活污水水量水质调查，因地制宜选择资源化利用、纳入城镇污水管网/厂、相对集中式或集中式处理等治理模式。对采取相对集中式或者集中式处理的，选择当地经济可承受、与管理水平相适应的技术工艺，确保设施规模合理、可靠稳定运行。积极探索人口"潮汐"现象明显的村庄生活污水治理模式。以设计日处理能力100吨及以上的设施为重点，加强监管。到2027年和2035年，全国农村生活污水治理（管控）率分别达到60%、85%。

在美丽乡村建设中梯次推进农村生活污水治理，需遵循"因地制宜、分步实施"的原则。优先治理饮用水源地、旅游村、人口密集区等敏感区域，分阶段覆盖一般村和分散户；城郊村接入城镇管网，聚集村建集中式生态设施，分散户采用三格化粪池或小型净化槽，高寒地区推广资源化利用技术；专业公司管护集中设施，村级组织负责分散设备，运用数字化平台实时监测水质，纳入村规民约引导村民参与。同时要强化与厕所革命、垃圾处理的协同。

《关于全面推进乡村振兴加快农业农村现代化的意见》提出，统筹农村改厕和污水、黑臭水体治理，因地制宜建设污水处理设施。

《"十四五"规划和2035年远景目标纲要》提出，稳步解决"垃圾围村"和乡村黑臭水体等突出环境问题。

《农村人居环境整治提升五年行动方案（2021—2025年）》提出，建立健全促进水质改善的长效运行维护机制。

《农业农村污染治理攻坚战行动方案（2021—2025年）》提出，加快推进农村生活污水垃圾治理，开展农村黑臭水体整治，实施化肥农药减量增效行动，深入实施农膜回收行动，加强养殖业污染防治。

《关于进一步推进农村生活污水治理的指导意见》提出，健全农村生活污水治理机制。

《乡村全面振兴规划（2024—2027年）》提出，推进农村厕所革命与生活污水治理有机衔接，鼓励联户、联村、村镇一体处理。

《关于进一步深化农村改革 扎实推进乡村全面振兴的意见》提出，因地制宜选择农村生活污水治理模式，推动厕所粪污和生活污水协同治理，基本消除农村较大面积黑臭水体。

《加快建设农业强国规划（2024—2035年）》提出，分区分类推进农村生活污水垃圾治理，健全农村人居环境长效管护机制。

（2）有效治理农村生活垃圾

《美丽乡村建设实施方案》提出，完善农村生活垃圾收运处置设施，明确设施管理维护责任主体和经费来源，保障收运处置体系常态化运行。因地制宜在偏远村镇建设小型化分散式焚烧处理设施。

美丽乡村建设中，有效治理农村生活垃圾要遵循"减量化、资源化、无害化"原则。实行源头分类，建立"村收集—镇转运—县处理"体系，偏远地区建设阳光堆肥房、沼气池等就地处理设施，加强资源利用，易腐垃圾堆肥还田，废旧衣物、塑料等引入再生企业回收，有害垃圾专存专处。通过村规民约、积分超市等激励村民参与，开展"垃圾不落地"宣传，运用数字化平台监测收运效率，政府购买服务强化专业运维，构建生态循环治理闭环。

《关于支持长江经济带农业农村绿色发展的实施意见》提出，推进农村生活垃圾治理，推进农村生活污水治理。

《农村人居环境整治提升五年行动方案（2021—2025年）》提出，全面提升农村生活垃圾治理水平。

《关于进一步加强农村生活垃圾收运处置体系建设管理的通知》提出，形成农村生活垃圾收运处置体系建设管理工作合力。

《乡村全面振兴规划（2024—2027年）》提出，提高生活垃圾治理水平，推进源头分类减量、就地就近处理和资源化利用，完善收运处置机制，提升有毒有害垃圾处置能力。

《关于进一步深化农村改革 扎实推进乡村全面振兴的意见》提出，推动农村生活垃圾源头减量、就地就近处理和资源化利用。

（3）基本消除农村黑臭水体和较大面积劣V类水体

《美丽乡村建设实施方案》提出，持续开展农村黑臭水体动态排查。以农村居住集聚区、非正规或简易垃圾填埋场周边、群众反映强烈的水体为重点，开展农村较大面积劣V类水体摸底排查，建立清单并动态更新。坚持以控源截污为根本，统筹农村生活污水垃圾、农业源、工业（小作坊）源和内源等污染源，优先采用资源化、生态化治理措施，结合水系连通，综合治理农村黑臭水体、较大面积劣V类水体。鼓励将水体治理与改善村庄生活环境相结合。建立健全长效管护机制，畅通举报和反馈渠道。到2027年，基本消除农村黑臭水体。

在美丽乡村建设中，消除农村黑臭水体和劣V类水体，需采取"控源截污—内源治理—生态修复"三步策略。严控废水直排，推进畜禽养殖粪污资源化利用，建设污水管网和处理设施，实现生活污水全收集、全处理；清除河塘底泥污染物，恢复水流连通性，辅以生态补水增强水体自净能力；种植沉水植物、放养滤食性鱼类，构建人工湿地和生态浮岛，重建水生态系统。落实"河长制+网格化"长效管护，运用卫星遥感、智能传感器动态监测水质，并结合奖惩机制遏制返黑返臭。

《"十四五"推进农业农村现代化规划》提出，基本消除较大面积的农村黑臭水体。

《农村人居环境整治提升五年行动方案（2021—2025年）》提出，加快推进农村生活污水治理。

《"十四五"土壤、地下水和农村生态环境保护规划》提出，整治农村黑臭水体，治理农村生活污水，治理农村生活垃圾。

《农业农村污染治理攻坚战行动方案（2021—2025年）》提出，分区分类治理生活污水，加强农村改厕与生活污水治理衔接，健全农村生活垃圾收运处置体系，推行农村生活垃圾分类减量与利用；明确农村黑臭水体整治重点，系统开展农村黑臭水体整治，推动"长治久清"。

《乡村全面振兴规划（2024—2027年）》提出，分类开展生活污水治理，以乡镇政府驻地和中心村为重点分批次推进实施，基本消除较大面积黑臭水体。

（4）协同推进畜禽养殖氨等臭气治理

《美丽乡村建设实施方案》提出，加强畜禽粪污综合管理，推进氨等臭气污染防控。开展京津冀及周边地区大气氨排放控制试点，到2025年，京津冀及周边地区大型规模化畜禽养殖场大气氨排放总量比2020年下降5%。对群众反映强烈的恶臭异味等扰民问题加强排查整治。

在美丽乡村建设中，协同推进畜禽养殖氨等臭气治理，要建立"源头减量—过程控制—资源利用"链条。升级养殖模式，推广低蛋白饲料配方，减少氨排放，推行"发酵床养殖""种养循环"等生态养殖技术，实现粪污原位降解；收集处理臭气，规模化养殖场加装负压集气罩，采用生物滤塔、光催化氧化等技术净化废气，散户采用覆膜堆肥、添加微生物菌剂抑制臭味扩散；实现粪污资源转化，建设区域性沼气工程，将粪污转化为清洁能源，生产有机肥反哺农田，构建"养殖—能源—种植"的循环农业。同时将臭气治理纳入环保督察，建立智能监测平台，实现环境改善与产业绿色转型双赢。

《乡村全面振兴规划（2024—2027年）》提出，降低农业甲烷和畜禽养殖臭气排放。

（5）综合治理乡村水土流失

《美丽乡村建设实施方案》提出，统筹生产生活生态，以流域水系为单元，整沟、整村、整乡、整县一体化推进水土流失综合治理。以水系、村庄和城镇周边为重点，大力推进生态清洁小流域建设。

在美丽乡村建设中，要坚持生态修复与工程治理并重，综合治理水土流失。对陡坡地推行退耕还林，修建梯田、水平沟等截蓄径流，沟道布设谷坊、拦沙坝固土防冲；种植根系发达的乡土树种构建水土保持林，坡面铺设草毯或草灌混交缓冲带，增强地表抗蚀力；采用石笼网、生态袋等柔性材料加固河岸与边坡，配套建设截排水沟和沉砂池，减少泥沙入河；推广等高耕作、间作套种等保护性耕作，果园推行生草覆盖，减少表土扰动，同步发展经济林果、林下经济等生态产业。实现水土流失"控增量、减存量"，建设生态清洁小流域。

（6）长效保护乡村自然生态

《美丽乡村建设实施方案》提出，落实生态保护红线管理制度。保护乡村山体田园、河湖、海洋、湿地、原生植被、珍稀濒危物种。加强天然林和公益林、天然草原、水产种质资源保护区、小微水体等保护修复。保护古树名木及其自然生境，对古树名木实行挂牌保护，及时抢救复壮。开展护村林、护路林、护岸林建设，构建乡村生态廊道体系。充分利用农村道路、沟渠、田坎等现有空间，加强农田（牧场）防护林建设。完善河长制湖长制体系，建立健全乡村河湖长效管护机制。

美丽乡村建设离不开长效保护乡村自然生态，要坚守生态保护红线，建立负面清单，严控开发强度，保护山水林田湖草沙原生脉络；推进退化林地恢复、小微湿地修复，建设河湖生态缓冲带，连通生物迁徙廊道；发展生态种养、林下经济、自然教育等低碳产业，严控高污染业态下乡；探索横向生态补偿、碳汇交易机制，使生态保护者获经济激励；运用卫星遥感、物联网实时监控生态变化，建立"天空地"一体化预警体系；推广"生态积分制""自然管家"等模式，激活村民的内生动力。

《乡村振兴战略规划（2018—2022年）》提出，加强乡村生态保护与修复。

《关于以生态振兴巩固脱贫攻坚成果　进一步推进乡村振兴的指导意见》提出，巩固拓展脱贫攻坚成果，打造生态宜居美丽乡村；培育生态资源优势，发展乡村生态经济；弘扬乡村生态文化，推动践行绿色生活方式；健全乡村生态环境监管体系，推进乡村环境治理能力现代化；完善脱贫攻坚与乡村振兴有效衔接的机制保障。

《"十四五"推进农业农村现代化规划》提出，建设绿色美丽乡村。

《乡村全面振兴规划（2024—2027年）》提出，开展重点河湖治理修复。

《关于进一步深化农村改革　扎实推进乡村全面振兴的意见》提出，大力推进"三北"工程，推进生态清洁小流域建设，强化长江珍稀濒危物种拯救和重要栖息地生态修复。

112. "两山"转化

"两山"转化是绿水青山就是金山银山转化的简称，是通过生态资源市场化、资本化、产业化等路径，将自然生态系统的生态价值转化为经济价值的实践模式。"两山"转化具体表现为初始转化、直接转化和间接转化。

初始转化就是自然生态化。适宜人类生存的气候、生态环境是绿水青山的重要组成部分，绿水青山是生存之本。人类要可持续生存和发展，必须加强环境治理、生态保护修复，开展全球气候行动。

直接转化就是生态经济化。以优良的绿水青山为基础，把良好的生态环境直接转化为经济系统中的金山银山。通过生态产品的价值实现和资源多维度转化等，实现绿水青山本身生态功能增值和市场价值增值。

间接转化就是经济绿色化。通过建立绿色经济体系和发展绿色产业，借助中介系统获得财富增长，同时在发展中反哺绿水青山，形成"自然—社会—经济"复合生态系统的良性循环。

"自然生态化"是初始转化路径，守护和修复"绿水青山"；"生态经济化"是直接转化路径，通过生态产品价值实现等创造"金山银山"；"经济绿色化"是间接转化路径，通过生态附加值的增值创造"金山银山"。

《关于建立健全生态产品价值实现机制的意见》，提出以培育经济高质量发展新动力、塑造城乡区域协调发展新格局、引领保护修复生态环境新风尚、打造人与自然和谐共生新方案为战略取向，到2025年，生态产品价值实现的制度框架初步形成，比较科学的生态产品价值核算体系初步建立，生态保护补偿和生态环境损害赔偿政策制度逐步完善，生态产品价值实现的政府考核评估机制初步形成，生态产品"难度量、难抵押、难交易、难变现"等问题得到有效解决，保护生态环境的利益导向机制基本形成，生态优势转化为经济优势的能力明显增强。到2035年，完善的生态产品价值实现机制全面建立，具有中国特色的生态文明建设新模式全面形成，广泛形成绿色生产生活方式，为基本实现美丽中国建设目标提供有力支撑。

113. 农业绿色低碳发展

农业绿色低碳发展是以减少温室气体排放、提升碳汇能力为核心，通过技术创新和模式变革实现农业生产与生态保护协同增效的农业发展模式，通过资源高效化、排放最小化、碳汇最大化和价值多元化，构建环境友好型、气候适应型的现代农业体系。

（1）加强农用地土壤保护

《美丽乡村建设实施方案》提出，分阶段推进农用地土壤重金属污染溯源和整治全覆盖。各省级生态环境部门明确农用地土壤重金属污染溯源和整治全覆盖的任务和时限要求，整县或整市推进。重点县（市、区）到2027年，基本完成污染溯源；到2030年，基本完成污染源整治。到2035年，涉及受污染农用地的县（市、区）基本完成污染源整治。加强农用地分类管理，动态调整耕地土壤环境质量类别。实施耕地有机质提升行动。加强盐碱地综合利用中的生态环境风险防范，保护黑土地，推动土壤健康永续利用。在重点地区开展土壤微塑料试点调查。严厉打击危险废物非法排放、倾倒、利用、处置等环境违法犯罪行为。

土壤保护是农业绿色发展的重要内容。农用地土壤重金属污染溯源与整治、监测预警及长效管理是当前乡村振兴中要关注的重点。通过溯源分析精准识别重金属污染来源，建立动态数据库，实施分类管控，采取修复技术，降低污染风险；严控工业废水、生活污水及农业面源污染，推广绿色防控技术，加强土壤微塑料污染监测，使用生物降解农膜减少塑料残留；推行有机肥替代化肥、秸秆还田和轮作休耕制度，有效提升土壤有机质。

《关于全面推进乡村振兴加快农业农村现代化的意见》提出，推进农业绿色发展。

《关于加快建立健全绿色低碳循环发展经济体系的指导意见》提出，加快农业绿色发展。

《"十四五"全国农业绿色发展规划》提出，通过加强耕地保护与质量建设、提高农业用水效率、保护农业生物资源，加强农业资源保护利用，提升可持续发展能力。

《乡村全面振兴规划（2024—2027年）》提出，推广绿色生产技术。

（2）加强生态养殖和健康养殖引导

《美丽乡村建设实施方案》提出，科学布局，促进养殖规模与资源环境相匹配，推进畜禽粪污资源化利用，在散养密集区因地制宜建立畜禽粪污收运利用系统，鼓励实施畜禽粪污养分平衡管理。推广绿色健康养殖模式，开展养殖池塘标准化改造及水产养殖尾水达标治理。鼓励出台水产养殖尾水排放地方标准。将规模化畜禽养殖、水产养殖等排污口纳入监管范围。到2030年，畜禽粪污综合利用率达到85%以上。

在美丽乡村建设中，要加强生态养殖和健康养殖引导。发展循环农业，推广种养循环模式，推动畜禽粪污资源化利用，发展"鱼菜共生""稻田养鱼"等生态农业；严格规范饲料、兽药使用，减少抗生素依赖；强化养殖污染治理，完善粪污处理设施，实施雨污分流与无害化处理；加强疫病防控，严格产品质量安全追溯监管。

《关于加快推进水产养殖业绿色发展的若干意见》提出，大力发展生态健康养殖。开展水产健康养殖示范创建，发展生态健康养殖模式。推进养殖尾水治理，加强养殖废弃物治理，发挥水产养殖生态修复功能。

《"十四五"全国渔业发展规划》提出，加强渔业资源养护和水生野生动物保护，实现渔业资源可持续利用，促进人与自然和谐共生。

（3）加强农膜科学使用处置

《美丽乡村建设实施方案》提出，严厉打击生产销售非标地膜、不按规定回收废旧地膜等违法行为。推广使用加厚高强度地膜和全生物降解地膜，因地制宜建立废旧地膜科学处置体系，鼓励将废旧农膜纳入低值可回收物回收体系，加强回收利用。健全农田地膜残留监测制度。

在美丽乡村建设中，加强农膜科学使用与处置，需从源头减量、过程管控和末端治理协同发力。推广加厚高标农膜和全生物降解地膜替代传统产品，通过补贴政策鼓励农户选用环保材料；建立"谁使用、谁回收"责任制，完善"企业+站点+农户"回收网络，依托押金返还、以旧换新等机制提升回收率；强化技术支撑，研发智能揭膜设备，建立残留监测体系，动态评估污染风险；严格执法监管，禁止生产销售超薄农膜，严查随意弃置焚烧行为。通过全链条管理减少白色污染，促进农业绿色转型。

《"十四五"规划和2035年远景目标纲要》提出，推进农业绿色转型，深入实施农药化肥减量行动，治理农膜污染。

《建设国家农业绿色发展先行区 促进农业现代化示范区全面绿色转型实施方案》提出，开展农膜回收利用行动，推动将没有利用价值的废旧农膜纳入农村垃圾收集处置体系。

（4）加强秸秆综合利用和有效管控

《美丽乡村建设实施方案》提出，多渠道拓宽秸秆综合利用途径，提高秸秆还田科学化、标准化、规范化水平。健全秸秆收储运服务体系，提高离田效能。结合实际对秸秆禁烧范围等作出具体规定，进行精准划分，大气污染防治重点区域禁止露天焚烧秸秆。综合运用卫星遥感等手段，提高秸秆焚烧火点监测精准度。完善网格化监管体系，开展秸秆焚烧重点时段专项巡查，严防因秸秆集中焚烧引发重污染天气。到2027年，全国秸秆综合利用率稳定在88%以上。

在美丽乡村建设进程中，要加强秸秆综合利用与有效管控。需推广秸秆还田、饲料化、基料化、燃料化等综合利用模式，提高秸秆资源价值；政府应提供补贴和技术支持，鼓励农民和企业参与秸秆收集、加工与利用；加强禁烧监管，建立收储运体系，完善秸秆利用产业链，确保秸秆高效利用，减少环境污染，助力农业绿色发展。

《"十四五"循环经济发展规划》提出，加强农作物秸秆综合利用，坚持农用优先，加大秸秆还田力度，发挥耕地保育功能，鼓励秸秆离田产业化利用，开发新材料新产品，提高秸秆饲料、燃料、原料等附加值。

《"十四五"全国农业绿色发展规划》提出，推进秸秆综合利用。

《"十四五"全国清洁生产推行方案》提出，完善秸秆收储运服务体系，积极推动秸秆综合利用。

《农业农村减排固碳实施方案》提出，实施秸秆综合利用行动。

《"十四五"生物经济发展规划》提出，推动提高秸秆综合利用效率。

《建设国家农业绿色发展先行区 促进农业现代化示范区全面绿色转型实施方案》提出，促进农作物秸秆综合利用。

《关于进一步深化农村改革 扎实推进乡村全面振兴的意见》提出，支持秸秆综合利用，精准划定禁烧范围，依法依规落实禁烧管控要求。

（5）加强重点区域系统治理

《美丽乡村建设实施方案》提出，识别主要由农业面源污染导致氮、磷等污染突出的水体及所涉及区域，强化流域内统一协调、系统治理。聚焦主要流域和重点区域实施一批农业面源污染综合治理项目。加快农业投入品减量增效技术集成创新和推广应用。加强农业废弃物回收处理。开展农业面源污染治理成效评估。

系统治理农业面源污染，可以有效减少污染物排放，加强农业废弃物资源化利用，提升农业废弃物处理产业化水平，保护农村生态环境，实现农业可持续发展，这是建设美丽乡村的重要途径。

《农业面源污染治理与监督指导实施方案（试行）》提出，实施农业面源污染综合治理等项目，建设一批以污染防治、调查监测、绩效评估等为主要内容的试点示范工程。

《"十四五"全国农业绿色发展规划》提出，加强农业面源污染防治。

《"十四五"推进农业农村现代化规划》提出，加强农业面源污染防治。

《"十四五"土壤、地下水和农村生态环境保护规划》提出，推进农业面源污染防治，实施农业面源污染防治工程。

《减污降碳协同增效实施方案》提出，深入实施化肥农药减量增效行动，加强种植业面源污染防治。

《"十四五"重点流域农业面源污染综合治理建设规划》提出，推进化肥农药减量增效、畜禽粪污资源化利用、池塘养殖尾水治理、秸秆综合利用、农膜回收利用。

《建设国家农业绿色发展先行区 促进农业现代化示范区全面绿色转型实施方案》提出，提高畜禽粪污资源化利用水平，促进农作物秸秆综合利用。

《国家农业绿色发展先行区整建制全要素全链条推进农业面源污染综合防治实施方案》提出，强化农业面源污染全链条综合防治。

《关于促进畜牧业高质量发展的意见》提出，推动畜牧业绿色循环发展。

《中华人民共和国乡村振兴促进法》提出，推动种养结合、农业资源综合开发，优先发展生态循环农业。

《"十四五"循环经济发展规划》提出，建立循环型农业生产方式。

《"十四五"推进农业农村现代化规划》提出，全面实施秸秆综合利用行动，开展农药肥料包装废弃物回收利用。

《农业农村减排固碳实施方案》提出，实施秸秆综合利用行动。

《减污降碳协同增效实施方案》提出，提升秸秆综合利用水平，强化秸秆焚烧管控，提高畜禽粪污资源化利用水平。

《乡村全面振兴规划（2024—2027年）》提出，强化农业面源污染防治，发展生态循环农业，开展生态环境突出问题治理，建立农村生态环境监测评价制度。

《关于进一步深化农村改革 扎实推进乡村全面振兴的意见》提出，强化农业面源污染突出区域系统治理。

《加快建设农业强国规划（2024—2035年）》提出，加快推进农业全面绿色转型。

114. 农村幸福宜居品质

农村幸福宜居品质是以提升农民生活幸福感为核心，通过环境优化、服务完善、产业振兴和文化传承等多维协同，构建人与自然和谐共生、物质与精神共同富裕的乡村发展新形态，实现人居环境美、生态基底牢、生活配套优、生产动能足、治理效能高。

（1）扎实推进农村厕所革命

《美丽乡村建设实施方案》提出，科学选择适宜技术模式，鼓励推广节水型、少水型设施设备。对于暂时无法开展水冲式厕所改造的地区，积极推进厕所粪污就地就近资源化利用。加强农村厕所革命与生活污水治理有机衔接，因地制宜推进厕所粪污分散处理、集中处理与纳入污水管网统一处理。持续完善厕所管护机制，健全日常巡检、设备维修和粪污清掏等管护体系。

扎实推进农村厕所革命对美丽乡村建设具有重要意义，它能有效改善农村人居环境，促进农民生活质量提高，厕所粪污可以资源化利用，农村厕所革命与乡村旅游、产业升级相结合，推动乡村振兴，提升乡村整体形象，加快现代化美丽乡村建设进程。

《关于全面推进乡村振兴加快农业农村现代化的意见》提出，分类有序推进农村厕所革命。

《关于深入打好污染防治攻坚战的意见》提出，因地制宜推进农村厕所革命、生活污水治理、生活垃圾治理，基本消除较大面积的农村黑臭水体。

《"十四五"推进农业农村现代化规划》提出，因地制宜推进农村厕所革命。

《农村人居环境整治提升五年行动方案（2021—2025年）》提出，加强农村厕所革命与生活污水治理有机衔接，因地制宜推进厕所粪污分散处理、集中处理与纳入污水管网统一处理，鼓励联户、联村、村镇一体处理。

《关于加强农村公共厕所建设和管理的通知》提出，要因需建设和科学布局农村公共厕所。

《乡村全面振兴规划（2024—2027年）》提出，因地制宜扎实推进农村厕所革命，引导农民开展户内改厕，完善农村厕所建设管理制度。

《关于进一步深化农村改革 扎实推进乡村全面振兴的意见》提出，健全农村改厕实施机制，完善社会化管护和服务体系。

《加快建设农业强国规划（2024—2035年）》提出，扎实推进农村厕所革命。

（2）大力推进农村地区清洁能源替代

《美丽乡村建设实施方案》提出，推进农村地区特别是大气污染防治重点区域涉及的散煤、小锅炉、小窑炉治理。坚持先立后破，因地制宜成片推进北方地区清洁取暖，加大民用、农用散煤替代力度，到2025年底，大气污染防治重点区域平原地区散煤基本清零，有条件的地区逐步推进山区散煤清洁能源替代。推广生物质能、太阳能等绿色用能模式，加快农业设施等清洁能源替代。

在美丽乡村建设进程中，要大力推进农村清洁能源替代。大力倡导和鼓励农民使用清洁能源，如生物质能、太阳能、风能等；推广高效节能炉具、农村光伏发电、沼气池等技术，提高清洁能源利用率；完善农村电网和燃气管道建设，优化能源供应体系，确保稳定可及；开展清洁能源示范村创建，以点带面引导观念转变。通过清洁能源替代，减少污染排放，改善农村生态环境，助力美丽乡村建设和绿色低碳发展。

《关于全面推进乡村振兴加快农业农村现代化的意见》提出，实施乡村清洁能源建设工程。

《加快农村能源转型发展助力乡村振兴的实施意见》提出，风电、太阳能、生物质能、地热能等占农村能源的比重持续提升，新能源产业成为农村经济的重要补充和农民增收的重要渠道，绿色、多元的农村能源体系加快形成。

《农业农村减排固碳实施方案》提出，实施可再生能源替代行动。

（3）深入实施乡村绿化美化工程

《美丽乡村建设实施方案》提出，统筹山水林田湖草沙系统治理，因地制宜增加乡村绿量。持续实施农村"四旁"（水旁、宅旁、路旁、村旁）绿化，优先采用乡土树种。引导村民打造小花园、小果园、小菜园，见缝插绿、应绿尽绿。开展村庄公共空间整理，清理私搭乱建、乱堆乱放，整治残垣断壁，结合盘活农村零散闲置土地、死角盲区清理等，实施村庄微改造、精提升。

推进乡村绿化美化是提升农村人居环境、促进乡村旅游和经济发展、建设美丽乡村的重要内容。各地要制定乡村绿化美化规划，出台支持政策；通过道路绿化、村庄绿化、水体绿化等多样化绿化措施，美化环境；开展植树造林改善生态环境，推广经济林种植提高农民收入；进行庭院绿化美化设计，提升庭院景观；建立绿化美化维护管理机制，确保长期绿化美化工作效果。

《关于全面推进乡村振兴加快农业农村现代化的意见》提出，深入推进村庄清洁和绿化行动，开展美丽宜居村庄和美丽庭院示范创建活动。

《"十四五"规划和2035年远景目标纲要》提出，深入开展村庄清洁和绿化行动，实现村庄公共空间及庭院房屋、村庄周边干净整洁。

《关于科学绿化的指导意见》提出，充分利用城乡废弃地、边角地、房前屋后等见缝插绿，推进立体绿化，提升城乡绿地生态功能。

《农村人居环境整治提升五年行动方案（2021—2025年）》提出，深入实施乡村绿化美化行动。

《"十四五"乡村绿化美化行动方案》提出，稳步增加乡村绿量，着力提升绿化质量。

115. 乡村振兴

乡村振兴是以系统性重构城乡关系为内核，通过乡村生态位重构、产业升级、生态环境保护、文化繁荣、治理创新、人才引育、城乡融合联动，实现农业农村现代化与农民共同富裕的国家战略，通过城乡要素双向流动、生态价值转化、数字技术赋能等创新路径，破解乡村发展不平衡不充分问题，构建新型工农城乡关系。

《乡村全面振兴规划（2024—2027年）》制定的主要目标是：到2027年，乡村全面振兴取得实质性进展，农业农村现代化迈上新台阶。国家粮食安全根基更加稳固，农业综合生产能力稳步提升，确保中国人的饭碗牢牢端在自己手中；乡村产业更加兴旺，实现乡村产业全链条升级；乡村更加生态宜居，人居环境明显改善，农村基础设施更加完备，城乡基本公共服务均等化水平不断提升；乡风文明持续提升，中华优秀传统文化充分传承发展，农民综合素质全面提高；乡村治理更加有效，乡村治理体系和治理能力现代化水平明显提升；农民生活更加美好，收入水平持续提高，农村低收入人口和欠发达地区分层分类帮扶制度基本建立。东部发达地区、中西部具备条件的大中城市郊区乡村率先基本实现农业农村现代化。到2035年，乡村全面振兴取得决定性进展，农业现代化基本实现，农村基本具备现代生活条件。

《乡村全面振兴规划（2024—2027年）》制定了2024—2027年乡村振兴的内容：优化城乡发展格局，分类有序推进乡村全面振兴；加快现代农业建设，全方位夯实粮食安全根基；推动乡村产业高质量发展，促进农民收入增长；大力培养乡村人才，吸引各类人才投身乡村全面振兴；繁荣乡村文化，培育新时代文明乡风；深入推进乡村生态文明建设，加快发展方式绿色转型；建设宜居宜业和美乡村，增进农民福祉；深化农业农村改革，激发农村发展活力；加强农村基层组织建设，推进乡村治理现代化。

《关于进一步深化农村改革扎实推进乡村全面振兴的意见》提出，持续增强粮食等重要农产品供给保障能力，持续巩固拓展脱贫攻坚成果，着力壮大县域富民产业，着力推进乡村建设，着力健全乡村治理体系，着力健全要素保障和优化配置体制机制。

十三、资金支持

116. 财政资金投入机制

财政资金投入机制是以《关于全面推进美丽中国建设的意见》《关于建设美丽中国先行区的实施意见》和国家发展战略为引领，通过财政与金融协同、政策与市场联动，保持投入力度，完善财税政策，培育绿色低碳转型发展的内生动力，推动建设美丽中国先行区。

中央财政一方面持续优化财政资源配置，不断提高资金政策的精准性，大力支持构建清洁低碳安全高效的能源体系、重点行业领域低碳转型、生态系统碳汇能力提升、绿色低碳科技创新等工作，积极引导绿色低碳循环发展；另一方面，不断深化绿色税制改革，强化税收政策的激励约束作用，以环境保护税为主，资源税、消费税、耕地占用税等为辅，初步构建了中国特色绿色税制体系。同时，持续优化政府绿色采购政策，更好发挥政府示范引领作用，各级财政部门上下联动，不断健全支持"双碳"政策措施，低碳经济、绿色经济、美丽经济已成为我国经济发展新的增长点。

建立健全稳定的美丽中国先行区建设财政资金投入机制，一是中央专项资金引导，重点投向先行区建设的核心领域。二是地方配套资金保障，在美丽乡村建设中整合农村环境整治与农业绿色发展资金，形成政策合力。三是跨区域生态补偿机制试点，通过财政转移支付平衡区域生态保护责任。四是加大科技研发与成果转化支持，优先支持减污降碳、生物多样性保护、新污染物治理等领域的科研攻关。五是优化资金整合与绩效管理，统筹生态环保、乡村振兴、城市更新等领域的资金。六是通过政府投资基金带动社会资本投向绿色产业，形成可持续资金链。七是加强跨区域资金统筹，联合争取中央专项资金支持，同时开展政策协同创新。

《关于全面推进美丽中国建设的意见》提出，强化税收政策支持，严格执行环境保护税法，完善征收体系。加强清洁生产审核和评价认证结果应用。完善以农业绿色发展为导向的经济激励政策。健全生态产品价值实现机制，推进生态环境导向的开发模式和投融资模式创新。推进生态综合补偿，深化横向生态保护补偿机制建设。强化财政对美丽中国建设支持力度，优化生态文明建设领域财政资源配置，确保投入规模与建设任务相匹配。

《关于加快经济社会发展全面绿色转型的意见》提出，健全绿色转型财税政策。

117. 财政资金和金融支持项目储备库

财政资金和金融支持项目储备库是指依规统筹纳入财政资金和金融支持项目的平台，旨在聚焦减污降碳协同、环境品质提升、生态保护修复和现代化生态环境基础设施建设等重点领域，推动美丽中国先行区建设。资金主要来源于财政资金（如中央和地方专项资金、转移支付等）和金融支持（包括政策性开发性金融工具、绿色金融产品如EOD模式、国债及专项资金等）。

近年来，生态环境部坚持"两手抓"，一方面争取中央财政资金支持，建成中央生态环境资金项目储备库；另一方面，引导金融资金支持，建立生态环保金融支持项目储备库。两个项目储备库相互补充、互不重叠、错位发展，共同为深入打好污染防治攻坚战提供资金支持。截至2022年7月底，中央生态环境资金项目储备库共储备项目1万多个，总投资需求6500多亿元。2021年下半年以来，分别与国家开发银行、中国农业发展银行、中国银行等10家金融机构建立合作机制，建立了生态环保金融支持项目储备库，印发《生态环保金融支持项目储备库入库指南（试行）》，支持大气、水、土壤污染防治等八大领域项目，引导金融机构提供更加精准的资金支持。

国家层面，通过单行政策文件或部委合作，财政与金融在"财政+贷款""财政+保险""财政+债券"等方面开展了协同工作。中国人民银行推出碳减排支持工具，通过"先贷后借"的直达机制，对金融机构向碳减排重点领域内相关企业发放的碳减排贷款，按贷款本金的60%提供低利率的资金支持。财政部印发《中央财政农业保险保费补贴管理办法》，明确为关系国计民生和粮食、生态安全的主要大宗农产品提供保险费补贴；发布《中华人民共和国绿色主权债券框架》，为在境外发行中国绿色主权债券、吸引国际资金支持国内绿色低碳发展提供政策保障；发行超长期国债，发挥政府投资带动作用，引导各类资本加大对长江经济带生态保护、绿色低碳示范项目等"两重"与"两新"领域投入。

生态环境部积极开展EOD模式试点工作，初步建立政府债券、政府投资基金、政府与社会资本合作（PPP）等多元化投融资机制。生态环境部印发了《生态环保金融支持项目管理规程》，发布《生态环保金融支持项目储备库入库指南（试行）》，与国家开发银行、中国农业发展银行、国家绿色发展基金等10家金融机构建立合作关系，推进金融资金精准投入。

国家层面建立了较为完善的工作机制，各地也结合实际开展了政策创新。安徽、福建、江苏、山东、浙江、湖北、广西等省区相继开展省级EOD试点。各级生态环境部门与金融机构密切合作，助力绿色发展。

《关于全面推进美丽中国建设的意见》提出，大力发展绿色金融，支持符合条件的企业发行绿色债券，引导各类金融机构和社会资本加大投入，探索区域性环保建设项目金融支持模式，稳步推进气候投融资创新，为美丽中国建设提供融资支持。

《关于发挥绿色金融作用 服务美丽中国建设的意见》提出，按照协同推进降碳、减污、扩绿、增长的要求，统筹谋划金融支持美丽中国建设项目，制定指导目录、建设项目库，有效衔接现行绿色金融标准、生态环保金融支持项目储备库等。

十四、市场化机制

118. 绿色金融支持先行区建设政策体系

绿色金融支持先行区建设政策体系是指通过绿色金融工具创新、政策协同和市场化机制，为美丽中国先行区建设提供资金保障和风险管理支持的多层次政策体系，涵盖信贷、债券、混合金融等工具，并强化标准、科技与政策协同，精准引导资金流向降碳、减污、扩绿领域，助力先行区实现生态效益与经济效益双赢。

近年来，金融部门不断完善绿色金融政策框架，提升绿色金融服务质效，形成较为完备的绿色金融体系，为经济社会绿色低碳发展提供了有力支持。《关于进一步强化金融支持绿色低碳发展的指导意见》《关于发挥绿色金融作用 服务美丽中国建设的意见》《银行业保险业绿色金融高质量发展实施方案》《关于做好金融"五篇大文章"的指导意见》都提出完善绿色金融体系，统筹对绿色发展和低碳转型的支持。

建立健全绿色金融支持先行区建设政策体系，完善美丽中国建设的项目标准是绿色金融精准发力的关键。要尽快制定明确的美丽中国建设项目标准，要区别各美丽中国建设先行区的项目特点，建立风险分担基金，降低金融机构的投资风险，推动财政资金、金融资金和国际捐赠款的融合，形成混合金融模式，推动绿色金融与其他优惠金融政策的结合。

《关于进一步强化金融支持绿色低碳发展的指导意见》提出，深化绿色金融区域改革。

《关于发挥绿色金融作用 服务美丽中国建设的意见》提出，支持美丽中国先行区建设。引导金融机构服务京津冀、长江经济带、粤港澳大湾区、长三角地区、黄河流域等区域发展重大战略。加大对美丽省域建设的金融支持力度。

119. 生态环境治理与绿色低碳产业一体推进的投融资机制

生态环境治理与绿色低碳产业一体推进的投融资机制是指在生态环境保护和绿色低碳产业发展协同推进的背景下，构建支持这两个领域协调发展的投融资体系，以实现经济高质量发展与环境可持续性的双赢。一体推进的投融资机制意味着在生态环境治理和绿色低碳产业在统筹协同设计、联动推进条件下，用于筹集、配置和管理资金的制度和工具，包括政府投入、金融机构贷款、社会资本参与、碳市场等，比如通过建设绿色基础设施，既改善生态又带动绿色产业发展。

生态环境治理与绿色低碳产业一体推进的投融资机制的基本特征，一是多元化资金来源，有政府财政投入（尤其是引导资金）、绿色金融工具（绿色债券、绿色信贷、绿色基金等）、市场机制（碳交易、生态补偿等）、社会资本（PPP模式、产业基金等）；二是投融资政策联动，如通过绿色信贷优惠利率鼓励企业投向绿色项目，或者通过生态补偿机制为生态治理项目提供持续回报；三是收益和风险协同设计，生态项目往往周期长、回报慢，绿色产业项目则有明确盈利模式，一体推进可以通过产业收益补贴解决生态治理的低回报问题；四是"绩效导向+环境约束"，投融资行为需设置生态环境绩效指标（如碳减排量、水质改善等），并与资金发放挂钩，形成正向激励。

探索建立支持生态环境治理与绿色低碳产业一体推进的投融资机制，能提升生态治理项目的可融资性和可持续性，吸引社会资本参与环保和绿色发展，推动经济向绿色转型，助力实现"双碳"目标。

探索建立支持生态环境治理与绿色低碳产业一体推进的投融资机制，关键是要打通"生态效益"与"经济效益"之间的通道，从制度、金融、政策和项目层面统筹设计。一是完善顶层设计与政策保障。明确政策导向与发展路径，将生态环境治理与绿色低碳产业协同发展纳入国家和地方五年发展规划、"双碳"目标等政策体系，鼓励在京津冀、长三角、粤港澳、长江经济带等重点区域开展试点，建立综合性政策支持体系，设立"绿色低碳发展引导基金"等专项基金，完善生态补偿制度、排污权和碳排放权交易机制。二是推动绿色金融工具创新。丰富绿色金融产品体系，支持发行绿色债券、可持续发展挂钩债券、碳中和债券等；开发生态资产收益权质押贷款、绿色保险等新型工具；鼓励绿色信贷与低碳项目挂钩，银行对绿色项目提供优惠利率贷款，降低融资成本；将生态环境治理项目纳入绿色信贷目录，提升其可融资性；建立绿色金融评价标准体系；统一绿色项目认定标准，解决"洗绿"问题；加强环境信息披露与绩效评估。三是推动投融资机制与市场机制深度融合。发展碳市场、用"碳"融资，将碳排放权、碳汇资产转化为可交易资产，为项目提供收益来源；建立碳资产评估、质押与转让机制；支持生态项目市场化运作，鼓励生态修复项目与绿色产业项目"打包"融资，通过产业化运营带动生态回报；鼓励通过PPP模式引入社会资本参与环境治理。四是打造区域性试点与创新示范。建设"绿色金融改革创新试验区"，在广东、江苏等地已开展试点的基础上复制成功经验，向全国推广；允许金融机构尝试差异化监管政策；试点"生态+产业"一体化投融资平台，设立平台公司，将生态治理项目和绿色产业项目打包统筹管理，提升资金使用效率。五是完善风险保障机制。建立政府风险兜底机制或担保基金，特别是前期缺乏稳定收益的生态治理项目，可提供部分财政担保；推动绿色保险发展，为生态修复失败、碳交易风险等设立专业险种，增强金融机构的风险承受能力。六是加强数据支撑与绩效评估。建立统一的绿色项目数据库与信息共享平台，包括项目类型、资金流向、减排效果、生态效益等；完善投融资绩效评估机制，在评估财务收益的基础上，纳入水质改善、碳减排等环境绩效指标。

《关于发挥绿色金融作用 服务美丽中国建设的意见》提出，加大重点领域支持力度。支持美丽中国先行区建设，支持绿色低碳发展，支持深入推进污染防治攻坚，支持生态保护修复。

120. 绿色金融、转型金融产品和服务

绿色金融是为支持环境改善、应对气候变化和资源节约高效利用的经济活动，针对环保、节能、清洁能源、绿色交通、绿色建筑等领域的项目投融资、项目运营、风险管理等所提供的金融服务。绿色金融是支持生态环境改善、应对气候变化和资源节约高效利用的重要金融工具。

转型金融作为促进高碳行业转型发展的新型金融模式，与绿色金融形成优势互补，有效助推了"双碳"目标实现。引导金融机构将绿色低碳转型因素纳入资产组合管理考量，丰富绿色金融和转型金融产品服务。

发挥绿色金融作用，助力美丽中国建设，是金融系统、生态环境系统共同的使命和责任。金融管理部门、生态环境部门、金融机构和有关企业要加强跨部门、跨领域协同合作，加强统筹谋划，进一步强化顶层设计。推动环境要素市场建设，分阶段逐步扩大我国碳市场行业覆盖范围，完善全国温室气体自愿减排交易市场。利用好生态环境有关机构和单位的专业性优势，强化在碳核算、第三方评估认证等方面的技术支持。发挥金融机构、金融基础设施等的积极作用，进一步助力碳市场建设。加强政银企三方融资对接，建立服务美丽中国建设重点项目联合推介机制。

转型金融重点服务具有显著碳减排效益的产业和项目，为高排放或难以减排领

域的低碳转型提供合理必要的资金支持，可在确保"安全降碳"前提下，推动绿色产业和绿色项目在经济活动中的占比不断提高。当前绿色金融产品主要集中在绿色信贷与绿色债券，在引导企业转变生产方式、注重环境保护方面的作用还未充分发挥。因此，推动转型金融深入发展，做好转型金融与绿色金融的衔接，是未来一项重要工作。

《关于构建绿色金融体系的指导意见》提出，大力发展绿色信贷；推动证券市场支持绿色投资；设立绿色发展基金，通过政府和社会资本合作（PPP）模式动员社会资本；发展绿色保险；完善环境权益交易市场、丰富融资工具；支持地方发展绿色金融；推动开展绿色金融国际合作；防范金融风险，强化组织落实。

《关于进一步强化金融支持绿色低碳发展的指导意见》指出，促进绿色金融产品和市场发展。

《关于加快经济社会发展全面绿色转型的意见》提出，丰富绿色转型金融工具。

《关于发挥绿色金融作用 服务美丽中国建设的意见》提出，提升绿色金融专业服务能力，丰富绿色金融产品和服务。

121. 区域性环保建设项目金融支持模式

区域性环保建设项目金融支持模式是指针对特定地理区域的生态治理与绿色发展需求，通过政策协同、市场化工具创新和多方资源整合，构建差异化、可持续的资金供给框架。其核心在于打破行政壁垒，以区域协同和产业反哺为核心，形成"治理—融资—收益"闭环。

区域性环保建设项目金融支持模式主要有跨域协同型模式、产业反哺型模式（EOD模式）、金融特区试点模式。

鼓励金融机构和地方政府共同探索区域性环保建设项目金融支持模式，要构建政策协同机制，金融工具与产品创新，项目储备与动态管理，风险分担与收益闭环设计，科技赋能与评估优化。

《关于进一步强化金融支持绿色低碳发展的指导意见》提出，建立健全长三角环境信息共享机制，推动绿色金融信息管理系统在长三角地区率先推广，支持京津冀、粤港澳大湾区等国家区域重大战略实施区域发展绿色金融产业。

《关于发挥绿色金融作用 服务美丽中国建设的意见》提出，引导金融机构服务京津冀、长江经济带、粤港澳大湾区、长三角地区、黄河流域等区域发展重大战略。探索区域性生态环保项目金融支持模式，鼓励金融机构积极服务区域性生态环保项目建设。

122. 温室气体自愿减排项目开发

温室气体自愿减排交易是通过市场机制控制和减少温室气体排放，推动实现碳达峰碳中和目标的重要制度创新。全国温室气体自愿减排交易市场与全国碳排放权交易市场共同组成我国碳交易体系。自愿减排交易市场启动后，各类社会主体可以按照相关规定，自主自愿开发温室气体减排项目，项目减排效果经过科学方法量化核证并申请完成登记后，可在市场出售，以获取相应的减排贡献收益。

启动自愿减排交易市场有利于支持林业碳汇、可再生能源、甲烷减排、节能增效等项目发展，激励更广泛的行业、企业和社会各界参与温室气体减排行动，推动经济社会绿色低碳转型。

优先支持美丽中国建设先行区符合条件的温室气体自愿减排项目开发，应通过科学评估筛选重点领域，优化审批流程并提供专项资金与技术扶持，重点培育林业碳汇、可再生能源项目，联动碳市场扩大减排量交易应用场景，完善监测体系确保项目实效性。

《碳排放权交易管理办法（试行）》规定了全国碳排放权交易及相关活动，包括碳排放配额分配和清缴，碳排放权登记、交易、结算，温室气体排放报告与核查等活动，以及对前述活动的监督管理。

《碳排放权登记管理规则（试行）》《碳排放权交易管理规则（试行）》和《碳排放权结算管理规则（试行）》规范全国碳排放权登记、交易、结算活动，保护全国碳排放权交易市场各参与方合法权益。

《温室气体自愿减排交易管理办法（试行）》明确全国自愿减排市场的管理框架，包括项目审定与登记、减排量核查与登记、减排量交易、审定与核查机构管理、监督管理。

《温室气体自愿减排注册登记规则（试行）》和《温室气体自愿减排项目设计与实施指南》规范了全国温室气体自愿减排注册登记活动和温室气体自愿减排项目设计与实施。

《温室气体自愿减排交易和结算规则（试行）》规定了全国温室气体自愿减排交易市场的交易产品为核证自愿减排量（CCER），以及根据国家有关规定适时增加的其他交易产品，采取挂牌协议、大宗协议、单向竞价为主要交易方式，以"每吨二氧化碳当量价格"为计价单位，确定了交易纠纷解决方式。

《温室气体自愿减排项目审定与减排量核查实施规则》对项目审定与减排量核查的依据、基本程序和通用要求作出明确规定，指导审定与核查机构规范开展相关审定与核查活动，提升审定与核查活动一致性、科学性。

123. 基于各类资源环境权益的金融产品

基于各类资源环境权益的金融产品是指以资源环境要素所蕴含的"权益"（水权、排污权、碳排放权、碳汇、用能权等）基础资产，进行设计和交易的各类金融工具。通俗地说，就是把"山水林田湖草沙碳"等生态资源或其衍生权益"变现"成可以投资、融资、交易的金融产品，以支持绿色发展和生态保护。这类产品通过创新担保方式或融资模式，将环境权益的生态价值转化为经济价值，助力企业绿色转型。

用水权、水资源权对应水权交易、水权融资租赁等，排污权对应排污权质押贷款、交易平台衍生品等，碳排放权对应碳信用贷款、碳中和债、碳交易基金等，碳汇权对应森林碳汇债券、碳资产收益权转让等，生态修复收益权对应生态资产证券化（ABS）、PPP融资等。如某地造林项目未来十几年产生的碳汇的基础资产，通过设计将未来碳汇预期收益进行评估，向银行贷款，经过碳汇登记确权、第三方监测、政府担保等风险控制程序，完成碳汇质押贷款；若干企业未来排污权收益的基础资产，打包成资产池→发行证券→投资者购买，企业可提前获得现金，投资者也能获得稳定收益，实现资产证券化。

有序发展基于各类资源环境权益的金融产品，完善市场化环境权益定价机制，可以盘活生态资源，让"绿水青山"真正变成"金山银山"，解决生态治理融资难题，提前兑现未来生态收益，撬动社会资本，推动环境治理市场化机制，以市场方式分配资源，激励主体节能减排，拓宽绿色资产池，为绿色金融产品提供基础，促进绿色金融的发展。

基于资源环境权益的金融产品，是把"绿"变成"钱"的金融创新方式，是推动绿色低碳发展的重要抓手，要在绿色发展的实践中，逐步解决确权难、评估难、交易机制不完善、二级市场缺失、流动性差、风控机制不足等问题，通过"确权、定价、交易、风控"，让资源环境要素成为真正可以流通、可融资、可定价的市场资产。

要有序发展基于各类资源环境权益的金融产品，并完善市场化环境权益定价机制，一是有序发展环境权益金融产品的路径。推进资源环境权益的确权登记，明确碳排放权、碳汇、水权、排污权、生态服务权等权益的法律属性和归属主体，建立全国统一的生态资产登记制度，推动"谁拥有、谁受益"的产权机制；丰富环境权益金融产品体系，开发碳中和债、碳排放权质押贷款，建立碳金融交易生态圈，实现碳汇收益权证券化和开发碳汇贷款；支持林业、草原等碳汇项目融资，发展排污权质押贷款、交易权期货，支持高污染行业环保升级改造，开展用水权/用能权等权益转让、融资租赁，促进水资源节约与市场配置，推动绿色REITs发展，同时规范PPP和ABS市场，为生态修复与保护项目融资；推动产品标准化与风险管理，建立统一的绿色项目认定标准、环境权益评估体系，明确资产评估、信用评级和信息披露要求，发展环境责任保险和绿色担保机制，降低市场风险；构建环境权益交易市场体系，健全碳市场、水权交易市场、排污权交易平台等多层次交易体系。发展二级市场、现货+期货交易机制，提高流动性与定价功能，推动区域性市场对接，逐步实现全国统一市场。二是完善市场化定价机制。建立多元化定价机制，通过拍卖、竞价、双边协商等方式，探索资源要素真实价值，将环境外部成本（如污染、碳排）内部化，反映在价格中；强化数据支持与估值模型建设，建设全国统一的生态资产大数据平台，收集排放、碳汇、水资源等实时数据，引入AI、大数据、遥感等技术，提高评估精度，建立科学的收益预测与贴现模型，支撑金融产品估值；引导价格合理浮动，实行价格区间管理与风险熔断机制，防止投机炒作，同时保留价格发现功能，让市场在资源配置中发挥决定性作用。三是强化制度保障与监管体系。推动《环境权益交易管理条例》《生态资产管理办法》等制度出台，明确环境权益产品在金融监管体系中的地位与边界，加强对绿色金融市场的穿透式监管和风险预警。总之，要通过制度化建设与金融创新协同发力，推动资源环境权益"能变现、可交易、值得投、风险可控"。

《环境权益融资工具》（JR/T 0228—2021）规定了环境权益融资工具的分类、总体要求和实施流程。有利于拓宽企业绿色低碳融资渠道，引导金融资源向绿色低碳发展领域倾斜；有利于完善全国统一的碳排放权等环境权益市场，推动环境权益市场为排碳等行为合理定价。

《关于深化生态保护补偿制度改革的意见》提出，研究发展基于水权、排污权、碳排放权等各类资源环境权益的融资工具，建立绿色股票指数，发展碳排放权期货交易。扩大绿色金融改革创新试验区试点范围，把生态保护补偿融资机制与模式创新作为重要试点内容。推广生态产业链金融模式。鼓励银行业金融机构提供符合绿色项目融资特点的绿色信贷服务。鼓励符合条件的非金融企业和机构发行绿色债券。鼓励保险机构开发创新绿色保险产品参与生态保护补偿。

《碳金融产品》（JR/T 0244—2022）明确了碳金融产品是建立在碳排放权交易的基础上，服务于减少温室气体排放或者增加碳汇能力的商业活动，以碳配额和碳信用等碳排放权益为媒介或标的的资金融通活动载体。规定了碳金融产品分类和碳金融产品实施要求，碳市场融资工具包括但不限于碳债券、碳资产抵押融资、碳资产回购、碳资产托管等，碳市场交易工具包括但不限于碳远期、碳期货、碳期权、碳掉期、碳借贷等，碳市场支持工具包括但不限于碳指数、碳保险、碳基金等。作为服务于减少温室气体排放的金融支持制度安排，能为碳中和的项目提供大规模、长期限、低利率的金融融资，同时各类资产将在碳中和进程中被重新定价。有助于全国统一的碳排放权交易市场的建设，引导金融资源进入绿色领域。

《关于发挥绿色金融作用　服务美丽中国建设的意见》提出，丰富绿色金融产品和服务。探索区域性生态环保项目金融支持模式，发挥碳市场作用。稳妥开发资源环境要素融资产品和服务，加强对生态环境导向的开发（EOD）项目金融支持，拓展多元化气候投融资服务，发展绿色消费金融业务。

十五、强化科技支撑

124. 重点领域基础科学研究和关键技术攻关

美丽中国先行区重点领域的基础科学研究与关键技术攻关，聚焦生态治理与绿色低碳发展，通过前沿探索与核心技术突破支撑生态文明实践。

美丽中国先行区重点领域的基础科学研究与关键技术攻关，主要集中在减污降碳（工业固废资源化技术、清洁能源装备技术、污水处理降碳技术等）、多污染物协同减排（团聚协同治理技术、移动通量监测系统等）、应对气候变化（温室气体监测与预测技术、碳汇评估与核算技术等）、生物多样性保护（数字化智慧保护技术、生态修复技术等）、新污染物治理（快速识别与协同治理技术、风险预警与管控技术等）、核与辐射安全（辐射剂量溯源技术、核应急监测技术等）等重点领域。

在美丽中国先行区推进重点领域科技攻关，要强化顶层设计，制定专项规划，完善环境权益交易、生态补偿等政策法规，建立跨部门协同机制；构建创新体系，布局国家级科研平台，推动"政产学研用"协同攻关，支持企业牵头实施"揭榜挂帅"项目；优化资金配置，加大财政投入，引导绿色金融工具（如转型债券、碳减排支持工具）定向支持技术研发与转化；完善市场机制，健全碳排放权、排污权等环境权益定价交易体系，激活技术应用的市场驱动力；深化国际合作，参与全球环境治理标准制定，推动技术、数据与人才跨境流动；夯实基础能力，建设生态监测大数据平台，统一核算标准，强化风险预警与长效评估。通过制度创新、资源整合与开放合作，系统性提升科技支撑能力。

《2030年前碳达峰行动方案》提出，实施一批具有前瞻性、战略性的国家重大前沿科技项目，推动低碳零碳负碳技术装备研发取得突破性进展。聚焦化石能源绿色智能开发和清洁低碳利用、可再生能源大规模利用、新型电力系统、节能、氢能、储能、动力电池、二氧化碳捕集利用与封存等重点领域，深化应用基础研究。积极研发先进核电技术，加强可控核聚变等前沿颠覆性技术研究。集中力量开展复杂大电网安全稳定运行和控制、大容量风电、高效光伏、大功率液化天然气发动机、大容量储能、低成本可再生能源制氢、低成本二氧化碳捕集利用与封存等技术创新，加快碳纤维、气凝胶、特种钢材等基础材料研发，补齐关键零部件、元器件、软件等短板。推广先进成熟绿色低碳技术，开展示范应用。建设全流程、集成化、规模化二氧化碳捕集利用与封存示范项目。推进熔盐储能供热和发电示范应用。加快氢能技术研发和示范应用，探索在工业、交通运输、建筑等领域规模化应用。

《关于全面推进美丽中国建设的意见》提出，加强科技支撑。推进绿色低碳科技自立自强，创新生态环境科技体制机制，构建市场导向的绿色技术创新体系。把减污降碳、多污染物协同减排、应对气候变化、生物多样性保护、新污染物治理、核安全等作为国家基础研究和科技创新的重点领域，加强关键核心技术攻关。加强企业主导的产学研深度融合，引导企业、高校、科研单位共建一批绿色低碳产业创新中心，加大高效绿色环保技术装备产品供给。

《关于保护和永续利用自然资源扎实推进美丽中国建设的实施意见》提出，以科技创新赋能美丽中国建设，强化深地探测、深海极地探测、深空对地观测"三深引领"攻关，统筹推进科技研发、科技平台、科技人才、科技合作"四维支撑"布局，推进耕地保护与能源资源保障、国土空间规划、生态保护修复、灾害监测防治、调查监测与智能化测绘技术"五系协同"建设。

《关于加强生态环境领域科技创新 推动美丽中国建设的实施意见》提出，实施生态环境领域基础研究提升行动。加强基础研究前沿布局，加大基础研究支持力度。

125. 重大科技项目和科技工程

美丽中国先行区的重大科技项目是聚焦区域性或跨领域复合型环境问题（如大气污染、流域治理、减污降碳协同等），通过基础研究、技术研发与示范应用相结合，为形成可推广的系统性解决方案提供技术支撑的科技项目。美丽中国先行区的科技工程是围绕清洁能源、生态修复、绿色制造等领域，实施全链条技术集成与应用示范，推动科技成果规模化落地，支撑绿色转型而实施的工程。

在区域环境综合治理领域，如京津冀环境综合治理国家科技重大专项是针对区域复合污染问题，研发空地一体化环境感知、多介质污染协同治理技术，开展工业聚集区、农业农村地区的减污降碳综合示范，目标到2030年形成系统化解决方案；长江、黄河流域联合研究项目是聚焦流域生态保护与高质量发展，开发跨省污染溯源、水资源优化配置等技术。在清洁能源与低碳技术领域，开展零碳能源示范工程，建设光伏、风能、氢能产业基地，推广智慧分布式能源网络，开发碳捕集利用与封存（CCUS）技术，降低捕集能耗和成本；开展氢基工业与电能替代，研发电炉流程集成、氢能还原炼钢等技术，推动钢铁、水泥等高碳行业源头降碳。在生态修复与生物多样性保护领域，开展山水林田湖草沙一体化修复工程，在青藏高原、三江源等区域，应用遥感监测与生态物联网技术，实施生态功能与碳汇协同提升示范；建设生物多样性保护网络，建设濒危物种保护网络，开发数字化监测与评估技术，提升生态系统稳定性。在智慧环境治理与绿色交通领域，建设城市群智慧交通工程，构建多式联运体系，推广新能源汽车与低碳物流技术，优化运输全生命周期管理；建设环境大数据平台，集成卫星遥感、物联网设备，建立污染物排放总量监测系统，支撑精准管控与风险预警。在循环经济与绿色制造领域，建设工业园区资源循环工程，推动废物交换利用、能量梯级利用技术，构建"资源—再生资源"闭环体系；发展绿色化工与低碳材料，研发无害化原料、清洁生产工艺，降低化工行业环境足迹。

《生态环境卫星中长期发展规划（2021—2035年）》提出，实施全球碳排放遥感监测、城市碳排放核算立体遥感监测、重点行业甲烷排放异常主动识别与实时响应遥感监测、全球碳汇遥感监测、全国和区域生态质量（状况）综合监测评估、生态保护红线和自然保护地等重要生态空间人类活动及生态状况监测评估、生态修复重大工程实施成效监测评估、重大建设工程生态影响监测评估、生物多样性监测评估、国家重点生态功能区县域生态环境质量监测评价等。构建高低轨协同的碳（大气）监测卫星遥感能力体系，形成全球碳（大气）和排放源相结合的主要温室气体和大气污染物协同监测能力，同时兼顾生态系统碳汇监测能力。

《关于全面推进美丽中国建设的意见》提出，实施生态环境科技创新重大行动，推进"科技创新2030—京津冀环境综合治理"重大项目，建设生态环境领域大科学装置和重点实验室、工程技术中心、科学观测研究站等创新平台。加强生态文明领域智库建设。支持高校和科研单位加强环境学科建设。实施高层次生态环境科技人才工程，培养造就一支高水平生态环境人才队伍。加快实施减污降碳协同工程，支持能源结构低碳化、移动源清洁化、重点行业绿色化、工业园区循环化转型等。加快实施环境品质提升工程，支持重点领域污染减排、重要河湖海湾综合治理、土壤污染源头防控、危险废物环境风险防控、新污染物治理等。加快实施生态保护修复工程，支持生物多样性保护、重点地区防沙治沙、水土流失综合防治等。加快实施现代化生态环境基础设施建设工程，支持城乡和园区环境设施、生态环境智慧感知和监测执法应急、核与辐射安全监管等。

《关于加强生态环境领域科技创新 推动美丽中国建设的实施意见》提出，推进实施一批关键重大技术攻关项目，围绕减污降碳增汇、多污染物协同减排、固体废物综合治理、新污染物治理、应对气候变化、生物多样性保护、生态安全、河湖生态环境、核安全、数智化环境监测与治理等推动布局国家科技攻关任务，推进工业、能源、交通运输、城乡建设、农业、水利等重点领域绿色低碳和污染防治关键技术攻关；开展国家区域重大战略和重点地区生态环境科技集成示范，围绕京津冀环境综合治理，突破一批关键技术，形成系统化解决方案、标准化建设指南、规模化样板工程，围绕国家重大战略区域、重点流域海域、重要生态系统保护和修复重大工程等的突出生态环境问题和绿色高质量发展需求，谋划开展一批生态环境科技集成应用示范。

126. 高端智库

建设美丽中国高端智库是通过跨学科研究、政策咨询和技术创新，为美丽中国先行区及全国生态环境治理提供智力支持的咨询研究机构。

推动建设美丽中国高端智库，才能为先行区建设提供人才和智力支持。一要强化顶层设计与政策衔接，依托"1+1+N"政策体系，发展高端智库，制定智库成果转化绩效评价标准，将政策采纳率、技术应用效果等纳入考核，确保研究成果与地方需求精准对接。二是构建跨学科研究平台，整合多领域专家资源，形成跨学科研究团队，建设数据驱动决策系统。三是推动产学研协同创新，打造技术转化示范基地。四是完善人才引育机制，优化人才政策激励，强化高校人才培养体系。五是深化国际合作与数据共享，参与全球环境治理规则制定，构建跨境数据共享平台。

《关于全面推进美丽中国建设的意见》提出，加强生态文明领域智库建设。支持高校和科研单位加强环境学科建设。实施高层次生态环境科技人才工程，培养造就一支高水平生态环境人才队伍。

《关于加强生态环境领域科技创新 推动美丽中国建设的实施意见》提出，实施高水平科技人才引领提升行动。加强生态环境科技人才队伍建设，加强环境学科建设和人才培育，提升全民生态环境科学素质。

参考文献

[1] 京津风沙源治理工程情况[EB/OL]. （2007-06-15）[2025-03-24]. https://www.gov.cn/ztzl/fszs/content_650497.htm.

[2] 国务院关于印发大气污染防治行动计划的通知EB/OL]. （2013-09-30）[2025-03-24]. https://www.gov.cn/gongbao/content/2013/content_2496394.htm.

[3] 国务院关于印发水污染防治行动计划的通知[EB/OL]. （2015-04-16）[2025-03-24]. https://www.gov.cn/zhengce/content/2015-04/16/content_9613.htm.

[4] 国务院印发《土壤污染防治行动计划》[EB/OL]. （2016-05-31）[2025-03-24]. https://www.gov.cn/xinwen/2016-05/31/content_5078467.htm.

[5] 关于印发《长江经济带生态环境保护规划》的通知[EB/OL]. （2017-07-17）[2025-04-02]. https://www.mee.gov.cn/gkml/hbb/bwj/201707/t20170718_418053.htm.

[6] 河北雄安新区规划纲要[EB/OL]. （2018-04-21）[2025-03-24]. https://www.gov.cn/xinwen/2018/04/21/content_5284800.htm.

[7] 中共中央 国务院关于全面加强生态环境保护 坚决打好污染防治攻坚战的意见[EB/OL]. （2018-06-16）[2025-03-24]https://www.gov.cn/gongbao/content/2018/.content_5303427.htm.

[8] 国务院关于印发打赢蓝天保卫战三年行动计划的通知[EB/OL]. （2018-07-03）[2025-03-24]. https://www.gov.cn/zhengce/zhengceku/2018-07/03/content_5303158.htm.

[9] 中共中央 国务院关于支持河北雄安新区全面深化改革和扩大开放的指导意见[EB/OL]. （2019-01-24）[2025-03-24]. https://www.gov.cn/zhengce/2019-01/24/content_5360927.htm.

[10] 中共中央 国务院印发《粤港澳大湾区发展规划纲要》[EB/OL]. （2019-02-18）[2025-

04-02]. https://www.gov.cn/zhengce/202203/content_3635372.htm#1.

[11] 中共中央办公厅 国务院办公厅印发《关于建立以国家公园为主体的自然保护地体系的指导意见》[EB/OL]. （2019-06-26）[2025-03-24]. https://www.gov.cn/zhengce/2019-06/26/content_5403497.htm.

[12] 长三角生态绿色一体化发展示范区总体方案[EB/OL]. （2019-11-09）[2025-03-24]. https://www.gov.cn/xinwen/2019-11/19/5453512/files/1ea2d01619194ceeadbd0160215ffb66.pdf.

[13] 中共中央 国务院印发《长江三角洲区域一体化发展规划纲要》[EB/OL]. （2019-12-01）[2025-03-24]. https://www.gov.cn/zhengce/202203/content_3635428.htm.

[14] 中共中央办公厅 国务院办公厅印发《关于构建现代环境治理体系的指导意见》[EB/OL]. （2020-03-03）[2025-05-02]. https://www.gov.cn/zhengce/2020-03/03/content_5486380.htm.

[15] 人民银行 银保监会 证监会 外汇局关于金融支持粤港澳大湾区建设的意见[EB/OL]. （2020-07-20）[2025-04-02]. https://www.gov.cn/gongbao/content/2020/content_5528190.htm.

[16] 深圳经济特区绿色金融条例[EB/OL]. （2020-11-18）[2025-04-02]. http://www.jr.sz.gov.cn/sjrb/ztzl/yshjzck/zcfg/content/post_8303711.html.

[17] 生态环境部有关负责人就《长江三角洲区域生态环境共同保护规划》答记者问[EB/OL]. （2021-01-14）[2025-03-24]. https://www.mee.gov.cn/zcwj/zcjd/202101/t20210114_817431.shtml.

[18] 关于印发《农业农村污染治理攻坚战行动方案（2021—2025年）》的通知[EB/OL]. （2022-01-29）[2025-05-02]. https://www.mee.gov.cn/xxgk2018/xxgk/xxgk03/202201/t20220129_968575.html?zbb=true.

[19] 国务院关于加快建立健全绿色低碳循环发展经济体系的指导意见[EB/OL]. （2021-02-02）[2025-05-02]. https://www.gov.cn/zhengce/content/2021/02/22/content_5588274.htm.

[20] 广东省人民政府办公厅关于印发广东省推进"无废城市"建设试点工作方案的通知[EB/OL]. （2021-03-10）[2025-04-02]. https://gdee.gd.gov.cn/shbtwj/content/

post_3250960.html.

[21] 中华人民共和国国民经济和社会发展第十四个五年规划和2035年远景目标纲要[EB/OL]. （2021-03-13）[2025-04-02]. http://www.gov.cn/xinwen/2021/03/13/content_5592681. htm.

[22] 中共中央办公厅 国务院办公厅印发《关于建立健全生态产品价值实现机制的意见》[EB/OL]. （2021-04-26）[2025-05-02]. https://www.gov.cn/zhengce/2021-04-26/content_5602763.htm.

[23] 国家发展改革委关于印发"十四五"循环经济发展规划的通知[EB/OL]. （2021-07-07）[2025-05-02]. https://www.gov.cn/zhengce/zhengceku/2021-07-07/content_5623077. htm.

[24] 中共中央办公厅 国务院办公厅印发《关于深化生态保护补偿制度改革的意见》[EB/OL]. （2021-09-12）[2025-03-24]. https://www.gov.cn/zhengce/2021-09-12/content_5636905.htm.

[25] 黄河流域生态保护和高质量发展规划纲要[EB/OL]. （2021-10-08）[2025-05-02]. https://www.gov.cn/zhengce/2021-10-08/content_5641438.htm.

[26] 中共中央办公厅 国务院办公厅印发《关于进一步加强生物多样性保护的意见》[EB/OL]. （2021-10-19）[2025-05-02]. https://www.gov.cn/zhengce/2021-10-19/content_5643674.htm.

[27] 国务院关于印发2030年前碳达峰行动方案的通知[EB/OL]. （2021-10-26）[2025-04-02]. https://www.gov.cn/zhengce/content/2021-10/26/content_5644984.htm.

[28] 介绍"十四五"长江经济带发展"1+N"规划政策体系有关情况[EB/OL]. （2021-11-05）[2025-04-02]. https://www.ndrc.gov.cn/fzggw/jgsj/zys/sjdt/202111/t20211105_1303217. html.

[29] 中共中央 国务院关于深入打好污染防治攻坚战的意见[EB/OL]. （2021-11-07）[2025-03-24]. https://www.gov.cn/zhengce/2021-11-07/content_5649656.htm.

[30] 国家发展改革委关于加强长江经济带重要湖泊保护和治理的指导意见[EB/OL]. （2021-11-24）[2025-04-02]. https://www.ndrc.gov.cn/xxgk/zcfb/tz/202111/

t20211124_1304885.html.

[31]　关于印发《"十四五"时期"无废城市"建设工作方案》的通知[EB/OL].
（2021-12-15）[2025-03-24]. https://www.mee.gov.cn/xxgk2018/xxgk/xxgk03/202112/
t20211215_964275.html.

[32]　中共中央办公厅 国务院办公厅印发《农村人居环境整治提升五年行动方案（2021—
2025年）》[EB/OL].（2021-12-20）[2025-04-02]. https://www.gov.cn/gongbao/
content/2021/content_5661975.htm.

[33]　国务院关于印发"十四五"数字经济发展规划的通知[EB/OL].（2022-01-12）[2025-
04-02]. https://www.gov.cn/zhengce/content/2022/01/12/content_5667817.htm.

[34]　国家发展改革委关于印发"十四五"重点流域水环境综合治理规划的通知[EB/
OL].（2022-01-12）[2025-03-24]. https://www.gov.cn/zhengce/zhengceku/2022-01-12/
content_5667781.htm.

[35]　北京市深入推进京津冀生态环保协同十周年新闻发布会[EB/OL].（2024-02-22）
[2025-03-24]. https://www.beijing.gov.cn/ywdt/zwzt/jjjyth/bjdt/202402/t20240222_3567345.
html?utm_source=chatgpt.com.

[36]　国务院关于印发"十四五"节能减排综合工作方案的通知[EB/OL].（2022-01-24）
[2025-04-02]. https://www.gov.cn/zhengce/content/2022/01/24/content_5670202.htm.

[37]　国家发展改革委关于印发长江中游城市群发展"十四五"实施方案的通知[EB/
OL].（2022-03-15）[2025-04-02]. https://www.ndrc.gov.cn/xxgk/zcfb/tz/202203/
t20220315_1319307.html.

[38]　国务院办公厅关于印发新污染物治理行动方案的通知[EB/OL].（2022-05-24）[2025-
03-24]. https://www.gov.cn/zhengce/zhengceku/2022/05/24/content_5692059.htm.

[39]　六五环境日 三地共话协同环保故事 持之以恒推进美丽京津冀建设取得新进展
[EB/OL].（2022-06-06）[2025-03-24]. https://www.beijing.gov.cn/ywdt/gzdt/202308/
t20230831_3238659.html.

[40]　国务院关于印发广州南沙深化面向世界的粤港澳全面合作总体方案的通知[EB/
OL].（2022-06-14）[2025-04-02]. https://www.gov.cn/zhengce/zhengceku/2022-06/14/

content_5695623.htm.

[41] 京津冀三地生态环境部门联合签署"十四五"合作框架协议[EB/OL]. （2022-06-22）[2025-03-24]. https://www.mee.gov.cn/ywdt/dfnews/202206/t20220622_986288.shtml.

[42] 关于印发《黄河流域生态环境保护规划》的通知[EB/OL]. （2022-06-30）[2025-05-02]. https://www.gov.cn/zhengce/zhengceku/2022-06/30/content_5698491.htm.

[43] 国家发展改革委关于印发"十四五"新型城镇化实施方案的通知[EB/OL]. （2022-07-12）[2025-04-02]. https://www.gov.cn/zhengce/zhengceku/2022-07/12/content_5700632.htm.

[44] 长三角生态绿色一体化发展示范区碳达峰实施方案[EB/OL]. （2022-08-15）[2025-03-24]. https://www.zjkfq.org.cn/newsinfo/3233884.html.

[45] 关于印发《黄河生态保护治理攻坚战行动方案》的通知[EB/OL]. （2022-09-07）[2025-05-02]. https://www.gov.cn/zhengce/zhengceku/2022-09/07/content_5708710.htm.

[46] 关于印发《深入打好长江保护修复攻坚战行动方案》的通知[EB/OL]. （2022-09-19）[2025-04-02]. https://www.mee.gov.cn/xxgk2018/xxgk/xxgk03/202209/t20220919_994278.html.

[47] 工业和信息化部 国家发展改革委 住房城乡建设部 水利部关于深入推进黄河流域工业绿色发展的指导意见[EB/OL]. （2022-12-13）[2025-05-02]. https://www.gov.cn/zhengce/zhengceku/2022-12/13/content_5731663.htm.

[48] 广东省人民政府关于印发广东省碳达峰实施方案的通知[EB/OL]. （2023-02-07）[2025-04-02]. https://www.gd.gov.cn/zwgk/wjk/qbwj/yf/content/post_4091117.html.

[49] 长三角生态绿色一体化发展示范区国土空间总体规划（2021—2035年）[EB/OL]. （2023-09-20）[2025-03-24]. https://ghzyj.sh.gov.cn/cmsres/c8/c8811656441b4afc9ffe3da881066726/b1320777286ffad6256e265af4bec574.pdf.

[50] 长三角生态绿色一体化发展示范区生态环境专项规划（2021—2035年）[EB/OL]. （2023-09-21）[2025-03-24]. https://sthj.sh.gov.cn/hbzhywpt6030/hbzhywpt1041/20230921/941449708e0347078c7b9fe802fa6a8e.html.

[51] 国务院关于印发《空气质量持续改善行动计划》的通知[EB/OL]. （2023-12-07）[2025-03-24]. https://www.gov.cn/zhengce/content/202312/content_6919000.htm.

[52] 《长三角生态绿色一体化发展示范区建设三年行动计划》正式发布[EB/OL]. （2023-12-15）[2025-03-24]. https://ghzyj.sh.gov.cn/gzdt/20231218/0f17c608a3e044db9e1069b5a64cbc23.html.

[53] 广东省人民政府办公厅关于印发广东省发展绿色金融支持碳达峰行动实施方案的通知[EB/OL]. （2024-01-24）[2025-04-02]. https://sqzc.gd.gov.cn/rdzt/lsfz/gdzc/content/post_4339617.html.

[54] 中共中央 国务院关于全面推进美丽中国建设的意见[EB/OL]. （2024-01-30）[2025-05-02]. https://www.gov.cn/gongbao/2024/issue_11126/202401/content_6928805.html.

[55] 国务院关于《长江经济带—长江流域国土空间规划（2021—2035年）》的批复[EB/OL]. （2024-02-09）[2025-04-02]. https://www.gov.cn/gongbao/2024/issue_11186/202402/content_6934545.html.

[56] 国务院新闻办发布会介绍京津冀协同发展十年来有关情况[EB/OL]. （2024-02-27）[2025-03-24]. https://www.gov.cn/lianbo/fabu/202402/content_6935067.htm.

[57] 中共中央办公厅 国务院办公厅关于加强生态环境分区管控的意见[EB/OL]. （2024-03-17）[2025-05-02]. https://www.gov.cn/zhengce/202403/content_6939837.htm.

[58] 中共中央关于进一步全面深化改革、推进中国式现代化的决定[EB/OL]. （2024-07-21）[2025-05-02]. https://www.gov.cn/zhengce/202407/content_6963770.htm.

[59] 国务院办公厅关于印发《加快构建碳排放双控制度体系工作方案》的通知[EB/OL]. （2024-08-02）[2025-05-02]. https://www.gov.cn/zhengce/zhengceku/202408content_6966080.htm.

[60] 中国人民银行等四部门印发《关于发挥绿色金融作用 服务美丽中国建设的意见》[EB/OL]. （2024-10-12）[2025-05-02]. https://www.gov.cn/zhengce/zhengceku/202410/content_6979595.htm.

[61] 关于印发《土壤污染源头防控行动计划》的通知[EB/OL]. （2024-11-06）[2025-03-24]. https://www.gov.cn/zhengce/zhengceku/202411/content_6986349.htm.

[62] 广东省人民政府关于印发美丽广东建设规划纲要（2024—2035年）的通知[EB/OL]. （2024-12-03）[2025-04-02]. https://www.gd.gov.cn/xxts/content/post_4608409.html.

[63] 广东省人民政府关于印发广东省空气质量持续改善行动方案的通知[EB/OL]. （2024-12-10）[2025-04-02]. https://www.gd.gov.cn/zzzq/zxzc/content/post_4613621.html.

[64] 2024年，京津冀三地细颗粒物平均浓度同比均改善[EB/OL]. （2025-01-12）[2025-03-24]. https://finance.sina.com.cn/jjxw/2025-01-12/doc-ineeszpx3253348.shtml.

[65] 中共中央 国务院印发《乡村全面振兴规划（2024—2027年）》[EB/OL]. （2025-01-12）[2025-05-02]. https://www.gov.cn/zhengce/202501/content_7000493.htm.

[66] 国务院办公厅转发生态环境部《关于建设美丽中国先行区的实施意见》的通知[EB/OL]. （2025-01-15）[2025-05-02]. https://www.gov.cn/zhengce/content/202501/content_6998719.htm.

[67] 关于印发《美丽城市建设实施方案》的通知[EB/OL]. （2025-01-20）[2025-05-02]. https://www.gov.cn/zhengce/zhengceku/202501/content_7000079.htm.

[68] 关于印发《美丽乡村建设实施方案》的通知[EB/OL]. （2025-01-20）[2025-05-02]. https://www.gov.cn/zhengce/zhengceku/202501/content_7000084.htm.

[69] 关于印发《长三角长江水系生态廊道建设保护专项规划》的通知[EB/OL]. （2025-01-24）[2025-03-24]. https://lhsr.sh.gov.cn/zcqfzgh/20250124/eb637b28-b4a2-4f86-9347-0a4270e3fbb7.html.

[70] 中共中央 国务院关于学习运用"千村示范、万村整治"工程经验有力有效推进乡村全面振兴的意见[EB/OL]. （2025-02-03）[2025-05-02]. https://www.gov.cn/zhengce/202402/content_6929934.htm.

[71] 关于加强生态环境领域科技创新 推动美丽中国建设的实施意见[EB/OL]. （2025-02-21）[2025-05-02]. https://www.gov.cn/zhengce/zhengceku/202502/content_7004695.htm.

[72] 中共中央 国务院关于进一步深化农村改革 扎实推进乡村全面振兴的意见[EB/OL]. （2025-02-23）[2025-05-02]. https://www.gov.cn/zhengce/202502/content_7005158.htm.

[73] 中共广东省委 广东省人民政府关于全面推进美丽广东建设的实施意见[EB/OL]. （2025-03-25）[2025-04-02]. https://gdee.gd.gov.cn/hbxw/content/post_4686332.html.

[74] 国务院关于《黄河流域国土空间规划（2021—2035年）》的批复[EB/OL]. （2025-04-08）[2025-05-02]. https://www.gov.cn/zhengce/zhengceku/202504/content_7017568.htm.

2012年以来，"努力建设美丽中国"一直是中国生态文明建设的主线，也是引领中国发展的关键词之一。经过十多年的发展，美丽中国的秀美画卷已经徐徐展开，美丽地球建设的"中国方案"正向全球呈现。

在"美丽中国"正逐步由愿景走向现实的关键时刻，一系列顶层设计适应形势的变化，与时俱进地陆续出台。2023年12月，中共中央、国务院印发《关于全面推进美丽中国建设的意见》，美丽中国建设进入一个全新阶段，明确了美丽中国建设新阶段的目标愿景和任务路径。2025年1月，国务院办公厅转发了《关于建设美丽中国先行区的实施意见》，生态环境部等11个部门印发了《美丽城市建设实施方案》，生态环境部等9个部门印发了《美丽乡村建设实施方案》，并就美丽中国建设的行动制定了完整的实施方案，明确了行动的指导思想、目标和路径，初步构建起以"1+1+N"为主体架构的政策体系。

美丽中国先行区建设是美丽中国建设的重要内容，为了深入全面理解美丽中国先行区建设，研究当前在美丽中国先行区建设进程中碰到的绿色转型与永续发展的相关问题，正确理解国家的相关政策和部署，我们依据国家发布的相关文件、各行政主管部门发布的政策，从中梳理出美丽中国先行区建设的路径，编写了《美丽中国先行区建设》一书，聚焦绿色发展高地、美丽中国建设主体、美丽城乡、政策机制，探讨加快推进美丽中国先行区建设。

本书在编写过程中，中国气候变化事务原特使、全国政协人口资源环境委员会原副主任、国家发展和改革委员会原副主任、原国家环境保护总局局长解振华给予了指导，并欣然为本书作序。为了使读者迅速厘清本书的逻辑，我们始终以中国政府网、相关省市政府网、国家行政主管部门官网发布的规划和政策为直接依据进行整理编写。我们也参阅了大量资料，同时众多专家学者、从事美丽城市建设一线的实际工作者也给予了大量的指导和支持；湖州师范学院可持续发展研究院的专家给予了巨大的支持；云南人民出版社的领导和责任编辑，为本书的出版付出了辛勤的劳动。在此，我们表示深深的谢意！

　　本书的编写时间紧、任务重，加之作者水平和经验有限，在内容上难免存在缺点和不足，衷心希望读者多提宝贵意见，以便我们进一步修改完善。

作　者

2025年5月